苏·区·振·兴·智·库

赣南苏区都市区工业振兴研究

田延光◎主编   刘善庆◎著

RESEARCH ON INDUSTRIAL REVITALIZATION IN
GANZHOU METROPOLITAN AREA

经济管理出版社
ECONOMY & MANAGEMENT PUBLISHING HOUSE

图书在版编目（CIP）数据

赣南苏区都市区工业振兴研究/ 田延光主编，刘善庆著 . —北京：经济管理出版社，
2019. 4
ISBN 978-7-5096-6514-5

Ⅰ. ①赣… Ⅱ. ①田… ②刘 Ⅲ. ①赣南革命根据地—工业基地—区域经济发展—
研究 Ⅳ. ①F427. 6

中国版本图书馆 CIP 数据核字（2019）第 063845 号

组稿编辑：丁慧敏
责任编辑：丁慧敏 张莉琼 张广花 乔倩颖
责任印制：黄章平
责任校对：董杉珊

出版发行：经济管理出版社
　　　　　（北京市海淀区北蜂窝 8 号中雅大厦 A 座 11 层 100038）
网　　　址：www. E-mp. com. cn
电　　话：（010）51915602
印　　刷：三河市延风印装有限公司
经　　销：新华书店
开　　本：720mm×1000mm/16
印　　张：13. 75
字　　数：204 千字
版　　次：2019 年 4 月第 1 版 2019 年 4 月第 1 次印刷
书　　号：ISBN 978-7-5096-6514-5
定　　价：58. 00 元

第一章 绪 论

第一节 引 言

一、研究背景、研究目的及意义

（一）研究背景

世界工业发展的历史和我国改革开放的实践均说明，工业化是经济社会由传统向现代转变的必由之路。放眼全球，无论是英国、美国、德国、日本等西方发达国家的崛起，还是韩国、新加坡等亚洲四小龙的起飞，都伴随着工业化的快速推进。改革开放几十年，广东、浙江等沿海发达地区高速发展，也主要得益于工业化的快速推进。

工业化是一个国家或地区经济增长的"发动机"。1978 年以来，赣南形成了有色金属冶炼、矿产加工、新材料和化工、家具、电子科技、新能源等产业体系，现代工业格局初步形成。2011 年，工业企业上缴税金同比增长51.67%，对全市财政收入增长的贡献率达到 45.41%，工业成为全市经济增长的主导力量。但是，从整体看，赣南苏区工业实力并不强，创新能力也较弱，产业结构单一；重大产业项目偏少，战略新兴产业规模较小，优势骨干企业不多；自身"造血"功能亟待加强。产业结构层次较低，第一产业所占比重仍然较高。2010 年中央苏区第一产业增加值为 594.22 亿元，第二产业增

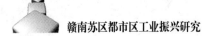
加值为 1146.02 亿元，第三产业增加值为 966.67 亿元，三次产业结构总体上表现为"二、三、一"的形式。但与全国相比，赣南苏区的第一产业所占比重偏高，比全国第一产业比重高出 11.7 个百分点。工业是苏区经济发展的最大短板，规模以上工业增加值仅占全省的 10.9%，工业化率低于全省 4.4 个百分点，还没有主营业务收入过百亿元的大型企业，与到 2020 年基本建立现代产业体系的目标还有较大差距。稀有金属产业核心竞争力欠缺，传统的稀土、钨等有色产业占工业产值的 40% 以上，但稀土企业产品同质化严重，加工环节发展滞后；高端装备制造、生物医药等战略性新兴产业发展时间短、经济体量小，产业公共服务平台能力弱，科技企业孵化基地、小微企业创业创新基地等创新载体不多，创新创业环境还有较大差距，缺少物联网、云计算中心和大数据中心等信息技术支撑平台。R&D 经费支出占 GDP 比重为 0.79%，分别低于全国、全省 1.28、0.25 个百分点。

上述分析说明：①工业化是一个不可逾越的发展阶段。作为欠发达地区，赣南苏区更要牢牢抓住工业这个"牛鼻子"，把工业摆在更加突出的位置，集中更大的力量加快发展。②工业化是解决赣南苏区振兴发展问题的关键之举和核心驱动力。赣南苏区经济发展的短板在工业、瓶颈在工业，如果再不下大力气"补课"，稳增长、促发展就没有支撑，加快振兴发展就会成为一句空话，赣州就会在区域竞争中落伍、在全面建成小康中掉队。③赣南苏区加快工业发展已经具备一定的条件和基础（李炳军，2015）。工业发展主要依靠规模以上工业企业的发展，主要体现在企业户数的增加、企业规模的壮大。进入新时代以来，赣南苏区大力实施新型工业化战略，着力发展壮大高端矿产产业、战略性新兴产业和承接转移产业，工业经济发展态势良好。只要发挥优势、发掘潜力，赣南苏区工业完全可以迎头赶上、跨越发展。

（二）研究目的及意义

习近平总书记指出，革命老区是党和人民军队的根，"抓好革命老区振兴发展具有特殊的政治意义"。如上所述，赣南等革命老区振兴发展的关键是工业化，工业化是赣南苏区振兴发展的短板。必须主攻赣南苏区工业，做大工业总量，提升工业品质，加快新旧发展动能接续转换，不断增强赣南苏区振兴发展动力。

按照省委副书记、市委书记李炳军（2015）的说法，赣南苏区主攻工业特别需要加强如下六个方面的工作。

一是优化工业布局。按照"区域一体、各具特色"原则，制定赣州市工业主导产业发展规划，促进资源有效整合、要素优化配置、产业集聚延伸。依托赣州都市核心区建设，重点发展稀土钨新材料、新能源汽车及配套、生物医药、高端装备、家具等产业，打造中部核心增长板块；依托瑞兴于经济振兴试验区建设，重点发展现代轻纺、食品药品、氟盐化工、新型建材等产业，打造东部增长板块；依托"三南"加工贸易重点承接地建设，重点发展稀土钨深加工、电子信息、食品加工等产业，打造南部增长板块。科学谋划高铁沿线产业布局，建设赣闽、赣粤产业合作区，拓展产业发展空间。

二是培育产业集群。立足赣州的资源优势和产业基础，坚定不移地以"两城两谷一带"为主攻方向，做大做强主导产业，向特色优势要竞争力。围绕特色优势产业，引进和培育一批带动性强的龙头项目，打造若干个千亿支柱产业集群和一批百亿新兴产业集群。建设"稀金谷"，打造全国知名的稀有金属产业聚集区，推动稀土、钨等资源型产业向高端新材料及应用升级；建设"新能源汽车科技城"，引进整车生产企业及配套零部件生产企业，推动新能源汽车产业集聚发展；促进纺织服装、食品加工、家具等消费性产业向品牌化发展、个性化定制转型；推动"互联网+"协同制造，加快培育新一代信息技术、生物制药、高端装备、高档数控机床等新兴产业。

三是推动园区发展提升。深入贯彻国家和省关于促进开发区改革和创新发展的意见，推动集约节约用地，促进产业集聚发展。加快园区基础设施及配套建设，拓展发展空间，推进园区项目化、实体化，提高项目入园率、土地利用率、投入产出率。做大做强赣州、龙南、瑞金 3 个国家级开发区及国家级赣州高新区，成为工业发展排头兵；综合保税区在保税加工、物流、跨境电子商务等方面先取得突破；15 个省级工业园区要突出主业、错位发展，分别打造 1~2 个特色产业，实现良性互动、竞合发展。

四是助力企业提质增效。拿出有效措施降低企业运行成本，帮助企业解决融资、用工、用地等实际问题。大力实施中小微企业成长工程，促进其加快发展。坚持市场化方向推进国资国企改革，完善现代企业制度，做大做强国有企业。着力加强供给侧结构性改革，推动过剩产能有效化解，推动产业优化重组，激发企业活力。

五是强化招商引资。树立招商、亲商、安商、富商理念，以最大诚意、最优服务吸引客商投资。创新招商方式。突出招商重点，千方百计引进世界500强、央企和大型民企，落户一批总部型、旗舰型大企业、大集团。实施"赣商回归"工程，鼓励和吸引在外赣商回乡创业兴业。加强校地合作，发挥市属、驻市高校的人才优势，满足工业发展的人才需求。

六是坚持创新驱动引领。以获批全省首个"中国制造2025"试点示范城市为契机，大力实施创新驱动战略，促进工业高质量发展。强化创新平台建设，充分发挥赣南现有国家级研发平台的引领作用，整合科研力量，引进创新人才，提高创新能力。坚持企业研发主体地位，鼓励骨干企业加大研发投入、实施技术改造，增强自主创新能力。推进政产学研用一体化发展，推动企业转型升级、创新发展（李炳军，2015）。推动大众创业、万众创新，培育一批有示范效应的"双创示范基地"和"双创服务平台"，引进和推广创客空间、创业咖啡、创新工场、梦想小镇等新型孵化模式。建立创投、风投等基金和各种信贷担保中心，助推创业。

二、主要研究方法

（一）数据收集的主要方法

1. 实地调研

在江西省赣南等原中央苏区振兴发展工作办公室、赣南苏区振兴发展工作办公室鼎力支持下，江西师范大学苏区振兴研究院在笔者带领下，于2019年1月13~28日对赣南十八县以及蓉江新区、赣州经开区进行了实地调研。

通过召开座谈会、前往工厂参观考察、发放问卷等各种形式，调研组收集到了赣南苏区工业发展的相关资料，从而为本书奠定了比较扎实的资料基础。

与此同时，调研组也对企业负责人及其部门负责人进行深度访谈，进一步补充相关资料、数据。

2. 座谈会

座谈会是收集研究资料的好渠道。座谈会一般由所在县（市、区）振兴办负责组织，相关部门参加。由于赣南苏区振兴发展工作办公室事先进行了周密安排，各县（市、区）接到市办通知后，均做了充分准备工作，提供了丰富的书面资料。

由于调研时间比较紧，除了少数几个县没有召开座谈会外，大多数县（市、区）均按照原定计划召开了座谈会。座谈会一般由县领导主持（少数县由发改委主任主持），相关部门围绕座谈主题汇报近年来的工作进展。

在倾听部门汇报的同时，调研组还利用这种难得的机会发放问卷，对相关参会领导进行问卷调研，从而进一步丰富研究数据。

3. 政府网站

本书所需的资料主要是通过实地考察、座谈会以及问卷调查、深度访谈等方式收集，除此之外，网络收集也是重要的资料收集方法。笔者主要进入了赣州市政府官网、赣南十八县政府官网、赣州经开区官网、蓉江新区政府官网等，收集了大量资料。

（二）研究方法

本书的研究主要采取了文献研究法、案例研究法等方法。

（1）文献研究法。文献研究法主要指搜集、鉴别、整理并研究文献，形成对事实科学认识的方法。从广义来说，文献不仅包括图书、期刊、学位论文、科学报告、档案等常见的纸面印刷品，也包括实物形态在内的各种材料。一般来说，科学研究需要充分地查阅资料，进行文献调研，以便掌握有关科研动态、前沿进展，了解前人已取得的成果、研究的现状等。这是科学、有效地进行任何科学工作的必经阶段。本书的文献数据主要来自三个方面：①平时积累。由于长期从事赣南等中央苏区振兴发展研究，在工作中积累了相当数量关于赣南苏区工业发展的文献资料。②图书、期刊等，这部分文献主要通过江西师范大学图书馆及其网络资源获得。③实地调查收集的文献、数据。早在 2012 年开始，笔者就开始在赣南苏区进行调研，先后多次前往兴国县、信丰县、大余县、南康区调研。尤其是 2019 年 1 月进行的赣南之行，是苏区振兴研究院自成立以来首次进行的赣南全域调研，本次调研走遍了赣州市下辖的所有县（市、区），且采取了多种形式、多种途径收集研究文献。

（2）案例研究法。案例由美国哈佛大学法学院创始。1908 年案例研究法在哈佛商学院开始被引入商业教育领域。至今，已经成为社会科学领域常用的研究方法。案例研究法以典型案例为素材，并通过具体分析、解剖，促使人们进入特定的情景和过程，建立真实的感受和寻求解决问题的方案（付强、陈钦兰，2014）。案例研究的数据来源包括：文件，档案纪录，访谈，直接观察，参与观察等。案例研究的优点之一是有利于研究的深入和具体。鉴于本次调研收集的资料较多，无法面面俱到，为使研究更加深入，本书将选取若干有代表性的案例加以剖析，见微知著。

三、主要研究内容

"积极政府与赣南苏区新时代工业振兴发展研究"包含两个部分，第一部分关于"两城两谷一带"工业振兴发展情况的研究，第二部分关于赣南瑞兴于、三南、会寻安、赣州西部三县工业振兴发展的研究。本书是第一部分研究的结果。

赣南工业振兴发展主要路径可以归结成两条：一条是对原有产业链的延伸。即基于自身资源的资源型加工业。赣南拥有丰富的矿产资源、农林等动植物资源，长期以来均作为工业原材料输出，附加值很低。在强攻工业过程中，赣南努力发展加工业，通过引进外来资本、培育本地资本，出台优惠政策，引导其加入资源加工领域，积极发展资源型加工业，努力提升附加值。另一条是利用自身的土地、劳动力、承东启西的区位等优势发展各种形式的工业，其中来料加工业占有重要地位。随着《国务院关于支持赣南等原中央苏区振兴发展的若干意见》（以下简称《若干意见》）的出台，赣南各种优势进一步凸显，赣南人民大力弘扬苏区精神，积极作为，工业发展因而快速推进。本书研究的主要内容即聚焦于《若干意见》以来赣南苏区工业振兴情况，在推进"中国制造 2025"示范试点城市建设过程中，加快建设新能源汽车科技城、现代家居城、中国稀金谷、青峰药谷、赣粤电子信息产业带"两城两谷一带"。推进"两化"深度融合，建设全国工业互联网应用示范区，建设数据备份中心和大数据应用中心。建设国家级工业设计中心，培育一批工业产品生态（绿色）设计示范企业，展示赣南工业从赣南制造向赣南"智造"不断转型的过程。具体如下。

第一章，绪论。本章首先介绍了研究目的、意义、主要研究方法。其次，论述了赣南苏区工业发展的条件以及《若干意见》实施以来赣南苏区工业发展条件的改善情况。

第二章，赣南苏区工业振兴政策与工业布局。第一节主要分析了中央政府、江西省政府支持赣南苏区工业振兴的政策以及赣南苏区政府出台的支持工业发展的各项政策。第二节主要研究了"十一五""十二五""十三五"时期赣南苏区工业布局的演变情况。

第三章，赣南都市区工业振兴情况。工业发展是在一定空间中展开的。第一节分析了赣南都市区的演化情况。第二节从政策、政策落实及其实施效果等方面具体分析了赣南都市区范围内各个县（区）工业振兴发展情况。

第四章，"两城两谷一带"的建设。在概述城区一体化基础上，从传统产业、战略性新兴产业两个层面具体分析了"两城两谷一带"工业振兴发展情况。

第五章，研究结论。是对本书的总结，主要总结了赣南苏区工业振兴发展的成绩。

第二节　赣南苏区工业发展概述

一、赣南苏区工业发展的条件

（一）工业发展的条件

众所周知，工业是国民经济的主导产业。作为一个独立的生产部门，工

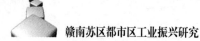

业在人类发展进程中的历史并不长，只有几百年——此前一直是农业的附属。18世纪英国出现了工业革命，使以手工业为基础的工场工业逐步转变为机器大工业。自此，工业从农业中分离出来，成为国民经济中一个独立的物质生产部门。随着生产力的不断进步，在19世纪末20世纪初，传统工业又升级，开始了现代工业发展阶段。第二次世界大战结束后，随着自动化技术在工业中的不断普及，工业生产过程以自动化为主要特征。20世纪80年代以来，以微电子技术为中心，包括生物工程、光导纤维、新能源、新材料和人工智能等新兴技术、新兴工业蓬勃兴起，工业生产的基本面貌又一次得到改变。

无工不富。自独立于农业开始，工业的重要性不断提升。作为唯一生产现代化劳动手段的部门，工业不仅决定着国民经济现代化的速度、规模和水平，在当代世界各国国民经济中起着主导作用，还为自身和国民经济其他各个部门提供原材料、燃料和动力，为人民物质文化生活提供工业消费品，而且还是国家和地方政府财政收入的主要源泉（姬玉娇等，2013）。因此，工业发展历来受到各国、各地方政府的高度重视，出台各种政策着力扶持工业发展。

影响工业发展或者说工业布局的因素较多，其中既包括政府出台的各种政策，还包括原料、动力（燃料或电力）、劳动力、市场、交通运输、土地、水源等。从经济角度看，工业布局应当选择生产成本最低、利润最高的地方。以制造业为例，如果能把工厂建在原料和动力充足、劳动力质优价廉、市场前景广阔的地方，那是最理想的。但现实生活中这样理想的场所非常不容易找到。这就要求决策者切合实际，因地制宜，把工厂建在具有明显优势的地方。

（二）赣南苏区发展工业的有利条件和不利条件分析

1. 有利条件

赣州市地处赣江上游，处于东南沿海地区向中部内地延伸的过渡地带，是内地通向东南沿海的重要通道。赣州东接福建省三明市和龙岩市，南至广东省梅州市、河源市、韶关市，西靠湖南省郴州市，北连江西省吉安市和抚州市，地处北纬24°29′~27°09′、东经113°54′~116°38′，总面积39379.64平方千米，占江西省总面积的 23.6%。

按照上述分析，赣南苏区工业发展的有利条件不少，主要体现在以下六个方面。

第一，政府高度重视。2012 年 6 月 28 日，国务院印发国发〔2012〕21号《若干意见》，旨在支持赣南等原中央苏区振兴发展，支持赣南苏区建设全国稀有金属产业基地、先进制造业基地和特色农产品深加工基地。建设具有较强国际竞争力的稀土、钨稀有金属产业基地。依托本地资源和现有产业基础，大力发展新材料和具有特色的先进制造业。建设世界最大的优质脐橙产业基地和全国重要的特色农产品、有机食品生产与加工基地。加快提升制造业发展水平。发挥现有产业优势，大力发展机械制造、新型建材等产业，积极培育新能源汽车及其关键零部件、生物医药、节能环保、高端装备制造等战略性新兴产业，形成一批科技含量高、辐射带动力强、市场前景广阔的产业集群。支持军工企业在赣州发展军民结合高技术产业。支持赣州氟盐化工等产业基地建设。目前拥有 4 个国家级开发区和 1 个综合保税区，赣州都市区是江西南部重点培育和发展的都市区。

第二，拥有丰富的自然资源。首先，赣南拥有比较丰富的水资源。赣州市四周山峦重叠、丘陵起伏，形成溪水密布，河流纵横。地势周高中低，南高北低，水系呈辐辏状向中心——章贡区汇集。赣南山区成为赣江发源地，也成为珠江之东江的源头之一。千余条支流汇成上犹江、章水、梅江、琴江、绵江、湘江、濂江、平江、桃江 9 条较大的支流。其中由上犹江、章水汇成章江；由其余 7 条支流汇成贡江；章贡两江在章贡区相汇而成赣江，北入鄱阳湖，属长江流域赣江水系。另有百条支流分别从寻乌、安远、定南、信丰流入珠江流域东江、北江水系和韩江流域梅江水系。区内各河支流，上游分布在西、南、东边缘的山区，河道纵坡陡，落差集中，水流湍急；中游进入丘陵地带，河道纵坡较平坦，河流两岸分布有宽窄不同的冲积平原（赵延熹，2014）。2012 年，赣州市年平均降水 1967 毫米，比多年同期均值偏多 25%。年实测径流量 431.33 亿立方米，赣州市径流量年内分配不均衡，汛期（4~9月）实测径流量为 275.94 亿立方米，占全年径流量的 64%，非汛期径流量为

155.39亿立方米，占全年径流量的36%。各河川径流量补给主要是降水，属雨水补给型。据对域内赣江、贡水、章水、上犹江、桃江、梅川、桂坝河、渌水、绵江、平江、濂江、湘水、琴江、崇义水、九曲水、寻乌水等17条重要大中河流及18个县（市、区）的53处水质监测断面，赣州市5个省1个市界河断面和16个"百大哨口工程"，就江河水中金属化合物、非金属化合物和有机物等26个项目进行监测分析（赵延熹，2014）。

其次，赣南苏区拥有丰富的生物资源。赣南是我国商品林基地和重点开发的林区之一。据历年多次森林植物调查资料估算，赣南苏区境内森林野生主要有经济价值的植物3类220科2298种。其中蕨类植物31科74种，裸子植物9科29种，被子植物180科2195种。在这些植物中，有乔、灌、藤本树种1600~1800种。赣南地形复杂，地域差异大，森林树种垂直分布比较明显，海拔500米以下丘陵岗地的林木树种多为马尾松、杉木、油茶、毛竹、黄竹、茅栗、白栗、樟树、苦槠、银木荷、南岭栲、红楠等；海拔500~700米的低山多为壳斗科的麻栎、锥栗、丝栗栲等，黄檀、拟赤杨、马尾松、毛竹、杉木、泡桐、漆树、深山含笑、乌桕、观光木、茶梨、猴喜欢、天料木、苦梓、杜英属、小山竹、黄樟、大叶楠、厚皮树、枫香等树种；海拔700~1000米的山地多为甜槠栲、钩栗、山合欢、椴树、冬青、光皮桦、化香、竹柏、黄杨、枫香等树种；海拔1000米以上低中山地多为天然灌木类，如杜鹃、鸟饭、檵木、小叶石楠、马银花、猴头杜鹃、野山茶、吊钟花、冷剑竹等树种（赵延熹，2014）。

最后，赣南是我国重点有色金属基地之一，素有"世界钨都""稀土王国"之美誉。已发现矿产60多种，其中有色金属10种（钨、锡、钼、铋、铜、铅、锌、锑、镍、钴），稀有金属10种（铌、钽、稀土、锂、铍、锆、铪、镓、铯、铷），贵重金属4种（金、银、铂、钯），黑色金属4种（铁、锰、钛、钒），放射性金属2种（铀、钍），非金属25种（盐、萤石、滑石、透闪石、硅石、高岭土、黏土、瓷土、膨润土、水晶、石墨、石棉、石膏、芒硝、重晶石、云母、冰洲石、钾长石、硫、磷、砷、碘、大理岩、石灰岩及白云岩），燃料4种（煤、泥炭、油页岩、石油）。以上矿产中，经勘查探明有工业储量的为钨、锡、稀土、铌、钽、铍、钼、铋、锂、镓、锆、铪、钪、铜、锌、铁、钛、煤、岩盐、萤石、硫、白云岩、石灰岩等 20 余种。赣州市有大小矿床 80 余处,矿点 1060 余处,矿化点 80 余处。赣州市保有矿产储量的潜在经济价值达 3000 多亿元。境内发现的砷钇矿、黄钇钽矿为我国首次发现的矿物。1983 年国际矿物协会新矿物与矿物命名委员会审查通过并正式确认的赣南矿,为世界首次发现的新矿物。

第三,劳动力资源丰富。赣州是江西省面积最大、人口最多的地级市。2012 年末,赣州市总户数 282.4 万户,总人口 926.7 万人;其中,农业人口 737.6 万人,占总人口数的 79.6%;非农业人口 189.10 万人,占总人口的 20.4%。男性 482.16 万人,女性 444.54 万人。平均每户人口数为 3.34 人,人口密度每平方千米 233 人。2014 年末,全市户籍总人口为 954.21 万人。截至 2015 年底,赣州市常住人口约 854.71 万人,居全省首位。2016 年末,赣州市户籍总人口为 970.78 万人,比 2015 年末增加 10.15 万人。

第四,气候条件较好。赣州市地处中亚热带南缘属亚热带季风气候区,具有冬夏季风盛行、春夏降水集中、四季分明、气候温和、热量丰富、雨量充沛、酷暑和严寒流时间短、无霜期长等气候特征。赣州市总降水量平均为 1318.9 毫米,比历年同期少 1.8 成,属偏少年份(其中上犹、大余、兴国为正常年份,全南为特少年份,其他县市为偏少年份)。以大余 1554.9 毫米最多,龙南 1152.2 毫米为最少。全市年平均气温为 19.8 摄氏度,比历年同期高 0.9 摄氏度,各县市年平均气温为 19.1~20.8 摄氏度。全市年平均气温以于都 20.8 摄氏度为最高,石城 19.1 摄氏度最低;章贡区为 20.2 摄氏度。具体言之,则是春季阴雨连绵。3~5 月,冷暖气流在赣南频繁交汇,天气变化无常,时冷时热,阴雨常现。一旦冷暖气流对抗剧烈,雷雨大风、冰雹、强降水等灾害性天气均可发生。夏季,先涝后旱少酷暑。初夏赣州市正处于副热带高压边缘西南气流中,水汽充足,一遇到冷空气,降雨大且易集中。6 月平均暴雨 17 站次,是赣州市最易发生洪涝灾害的主汛期。7~8 月,中部盆地白天最高气温一般都在 36 摄氏度以上,但早晚气温均在 30 摄氏度以下,虽然白天较炎热,但少酷暑。再次是秋季,风和日丽天气爽。10~11 月中旬,常

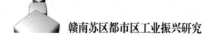

受北方南下的高压控制，大气层结稳定，天气晴好。月平均雨日只有6~8天，月平均气温14~21摄氏度，月平均相对湿度70%~80%，是全年阴雨日数最少、温和气爽最宜人的季节。冬季冷而不寒少雨雪。赣南纬度较低，北面有高山阻拦冷空气直驱南下，入冬较迟，冻害较轻；又常受北方干冷空气团控制，少有云雨形成。白天太阳照射，气温较高；晚上辐射冷却，气温可降至零下，形成霜冰浇冻。受强寒潮袭击时，可产生固体降水或冰凌天气，但机率很小，平均每年降雪天数只有1~2天。

第五，区位优势明显。赣州东临福建，南接广东，西靠湖南，是沿海的腹地和内陆的前沿、长江经济区与华南经济区连接的纽带，具有承南启北、呼东应西的区位优势。赣州与香港、广州、深圳、厦门等地均相距450千米左右。以赣州为中心，200千米为半径，有赣粤闽湘四省9个城市，4000万人口，赣州已初步构建起赣粤闽湘四省通衢的区域性现代化中心城市和我国南部重要的综合交通枢纽。

第六，工业发展具备一定的基础。赣南三次产业结构调整优化为18.9：44.4：36.7，二产比重提高5.5个百分点。2010年底，规模以上工业增加值、主营业务收入、利税总额分别比2006年增长2.5、3.4和2.9倍。稀土、钨两大产业集群主营业务收入年底超过500亿元，分别占全国的1/3，利税有望过100亿元。章源钨业成功上市。2011年工业主导地位更加凸显。三个千亿元产业集群建设扎实推进。全市规模以上工业增加值430亿元，比年初计划多80亿元，增长18.7%；主营业务收入、利税总额分别达1841.6亿元、212.9亿元，增长53.8%、91.4%。稀土和钨及其应用产业主营业务收入达640亿元，增长93.5%。57个投资亿元以上项目竣工投产或部分投产。主营业务收入过亿元或利税总额超千万元企业达到465户，比2010年增加78户。全市工业园区主营业务收入1654.9亿元，过100亿元的园区达到7个。

2. 不利条件

第一，赣南土地资源较贫瘠。群山环绕，断陷盆地贯穿于赣州市，以山地、丘陵为主，占总面积的80.98%。其中丘陵面积24053平方千米，占赣州市土地总面积61%；赣州市山地总面积8620平方千米，占赣州市土地总面积

21.89%；兼有 50 个大小不等的红壤盆地，面积 6706 平方千米，占赣州市土地总面积的 17%。赣州市四周有武夷山、雩山、诸广山及南岭的九连山、大庾岭等，众多的山脉及其余脉，向中部及北部逶迤伸展，形成周高中低、南高北低地势。赣州市海拔高度平均在 300～500 米，有海拔千米以上山峰 450 座，崇义、上犹与湖南省桂东 3 县交界处的齐云山鼎锅寨海拔 2061 米为最高峰，赣县湖江镇张屋村海拔 82 米为最低处。由于地质构造关系和受成土等多种因素影响，赣州形成了土地类型地域性强、土地利用差异明显、山地多平原少、耕地面积小、耕地后备资源不足、土地绝对数量大、人均占有量少的特点。2012 年，赣州市土地总面积 3936295.53 公顷，其中耕地面积 438136.5 公顷，园地 130888.70 公顷，林地 2921302.46 公顷，草地 61467.05 公顷，城镇村及工矿用地 171206.68 公顷，交通运输用地 42757.50 公顷，水域及水利设施用地 122801.66 公顷，其他土地 47735.05 公顷。除林地高于全国人均占有数外，其余均低于全国人均占有量。因此，赣南工业发展面临比较严峻的土地要素制约。

第二，交通、能源等基础设施长期落后。赣南虽然区位条件相对优越，是珠三角、厦漳泉地区的直接腹地和内地通向东南沿海的重要通道，但是，由于交通等基础设施长期落后，该优势并没有转化成工业发展的优势。鸦片战争以前，赣南依托广东，北面连接内地，是内地商货集结南运广州的一大干道——京广大水道。这条水道从广州出发，经大庾岭，再到江西赣州、樟树，最后由吴城进入长江，再由长江经运河抵达北京。

赣粤运河是当时中国的一条黄金水道。对赣南乃至江西经济的带动作用不言而喻。鸦片战争后，随着上海开埠与商路变迁，中外贸易重心逐渐由广州转移到上海，加上后来外国轮船获许在长江上通航，全国的内外商货流通改道，赣江的重要性一去不返，传统由赣南至广东的商业运输路线完全衰落。赣南一下子从经济干道变成商路死角，地位陡然失落。1896 年，粤汉铁路开始修建，后面延长为京广铁路，跟京广大水道一样，也是连通广州跟北京，赣南从此不在南北商道上。中国的交通就此定型，此后的高铁布局也大抵如此，要么是沿海线，要么是中部线，中部线必是湖北、湖南两省。

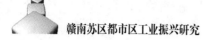

赣南苏区县大部分处于边远山村，交通非常不便，信息闭塞，致使商品生产成本高、损耗大、效益低。即使有廉价的劳动力和比较丰富的自然资源，也难以吸引外部投资。信息闭塞就把握不了市场行情，难以实现商品生产中"惊险的一跳"。加之苏区旱涝灾害频繁，地方财力微薄，只能维持简单再生产（彭勇平等，2012）。1996 年，随着京九铁路的开通，赣南苏区首次通火车，交通状况首次有所改善，但在京广线和武广高铁通车、周边地区交通设施极大改善的背景下，赣南苏区的交通优势大大削弱，缺乏高铁、大吨位水运等运输方式，运输能力和辐射范围有限，跨省区综合交通运输建设整体上没有形成网络效应，人流、物流耗时较长、成本较高，发展潜力得不到充分发挥。

进入 21 世纪以来，全国各地固定资产投资步伐加快，基础设施建设加强。赣南等中央苏区的固定资产投资从 2001 年的 94.19 亿元提高到 2011 年的1350.46 亿元，10 年增长 13.3 倍，基础设施得到改善。但由于历史欠账较多，赣南等中央苏区的交通、通信、能源等基础设施仍然相对滞后，不能满足经济社会发展的要求。31 个赣南等中央苏区县中无铁路的县 15 个，无高速公路的县 9 个。农村路、水、电和水利灌溉等基础设施建设欠账更多，赣南等原中央苏区有 52.9% 的自然村不通客运班车，60% 的农田灌溉设施不全，43.7% 的人没有解决饮水安全，16.9% 的村收看不到电视，8.2% 的村组还未通电（彭勇平等，2012）。

第三，人口素质普遍较低。虽然目前赣南人口总量较大，但是，整体看，高素质劳动人口较少，存在结构性矛盾。中国民主革命时期，赣南等中央苏区人民为革命事业输送了一批批革命精英，演出一幕幕母送子、妻送郎的感人话剧，奉献了全部的优质人力资源，就连一批"红小鬼""儿童团"都上了战场。与此同时，赣南等中央苏区也遭到了国民党的疯狂烧杀，出现了一个又一个"无人村""无人区"，多数县出现人口负增长。幸存者大都是老、弱、病、残，加上生活环境恶劣以及各种地方病困扰，致使当时的人口素质普遍偏低。1949 年后，由于老区经济条件的限制，既留不住分配来的科技人员，也难以兴办教育培养本地人才，即使偶尔出了几个"金凤凰"，也常常是远走高飞（彭勇平等，2012）。即使现在，这种状况也仍然没有得到根本性改善。

第四，三次产业结构单一，工业基础薄弱。长期以来，赣南苏区经济发展产业结构单一，工业基础十分薄弱，农业比重偏高，落后于全省和全国工业化步伐。2011年，赣南苏区第一产业占生产总值的比重分别比全省、全国高6.3、8.2个百分点，仍处在工业化初级阶段，经济基础薄弱。大部分工业企业属资源初加工型企业，产业规模小、层次低，安全性和稳定性差，抗风险能力弱。赣南等中央苏区纳税上千万的工业企业仅87家，部分县除供电、烟草等垄断企业外，没有一家纳税超千万元的企业。与工业化水平低相伴的是城镇化水平低。2011年，赣南等原中央苏区县城镇化水平为39.3%，分别低于全省、全国平均水平6.4、12个百分点。由于没有大城市的辐射和带动，工业化和城镇化就不能协调发展，工业化水平难以提高（彭勇平等，2012）。

第五，国家对赣南苏区工业等产业的扶持力度不够。国家已经实施了十一个五年计划，除了"一五"时期在赣南建设统调资源的大吉山、西华山和岿美山三大钨矿，以及作为配套动力设施的装机5万千瓦的上犹江水电厂外，没有针对赣南苏区投资建设过其他大型工业和基础设施项目。钨矿建设为国家做出了重大贡献，同时也给当地留下了资源枯竭、环境破坏和转制职工安置等问题。由于赣南苏区基础薄弱，地处偏僻，一直以来难以获得国家的重大项目、重点投资和规模大的国有大型企业。在享受国家优惠政策中，苏区已明显属于"中部塌陷"，受到极大的地域壁垒制约，面临日益被边缘化的境地，差距正在进一步拉大（彭勇平等，2012）。

二、《若干意见》实施以来赣南工业发展条件改善情况

如上所述，赣南发展工业虽然具备一些资源优势，但是，也面临诸多不利因素的制约。为了推动赣南苏区振兴发展，在党中央亲切关怀下，2012年国务院出台了《若干意见》，大力发展赣南交通能源等基础设施，使其靠近广东、福建沿海的区位优势得以凸显。《赣州都市区综合交通体系规划（2012~2030年）》，以发展的眼光、前瞻的高度，对赣州市的对外交通系统、公共交

通系统、客运物流系统、停车系统等各个领域进行了详细规划。2017 年 6 月 28 日，江西省委、省政府在赣州召开深入推进赣南等原中央苏区振兴发展工作会议。会议强调，江西将纵深推进基础设施建设，确保到 2020 年基本形成现代综合交通运输体系和能源保障体系，提升苏区振兴发展的支撑能力。这些举措有效改善了赣南苏区工业发展的条件。

（一）交通状况得到较大改善

要想富，先修路。道路等基础设施是工业发展的先决条件。为改变赣南落后的交通状况，《若干意见》要求将赣州市打造成重要的区域性综合交通枢纽。强调依托赣州区域性中心城市的区位优势，加快现代综合交通体系和快速通道建设，建成连接东南沿海与中西部地区的区域性综合交通枢纽和物流商贸中心。《若干意见》实施以来，赣州积极行动起来，进一步完善区域铁路网，加快推进昌赣客专、赣深客专、兴泉铁路等项目建设，加速形成纵贯南北、连接东西，对接"一带一路"。加快黄金机场改扩建和航空口岸建设，加快瑞金支线机场以及宁都、安远等县通用机场建设。优化高速公路网络，加快国省道改造和农村公路建设。加快"瑞兴于"快速交通走廊、"三南"快线建设。加快推进赣州港综合货运码头建设，提升赣江高等级航道通航能力。具体而言，赣州在以下 5 个方面进行了卓有成效的工作。

1. 重视前期规划工作

赣州市已制定综合交通枢纽规划，加快构建综合交通运输体系，加强与周边城市和沿海港口城市的高效连接，把赣州建成我国重要的区域性综合交通枢纽。加快赣龙铁路扩能改造，建设昌吉赣铁路客运专线，规划研究赣州至深圳铁路客运专线和赣州至韶关铁路复线，打通赣州至珠三角、粤东沿海、厦漳泉地区的快速铁路通道，加快赣井铁路前期工作，加强赣州至湖南、广东、福建等周边省份铁路运输通道的规划研究，提升赣州在全国铁路网中的地位和作用。改造扩建赣州黄金机场，研究建设航空口岸。适时将赣州黄金机场列为两岸空中直航航点。加快赣江航道建设，结合梯级开发实现赣州—吉安—峡江三级通航，加快建设赣州港（何耀山，2017）。

此外，赣州市早在 2010 年初就编制了《赣州城市快速轨道交通线网规划》，经专家评审原则通过。该规划涵盖了赣州中心城区、赣县县城和南康区等 120 平方千米。赣州轨道交通建设仍处在规划阶段（何耀山，2017）。

2. 民航事业有新突破

赣州黄金机场位于赣州市南康区凤岗镇峨眉村，距赣州市中心 16 千米，占地面积 2668 亩，按 4D 级民用机场规划，能满足波音 757、空客 A320 等机型起降，总投资为 5.2 亿元，于 2008 年 3 月 26 日正式通航。目前，赣州黄金机场改扩建 T2 航站楼、高架桥等主体工程基本建成，飞行区通过一阶段行业验收。截至 2018 年底，赣州黄金机场已开通航线达 20 条，通航城市达 25 个，旅客吞吐量达 162.5 万人次，为全省通航城市最多、通达性最强的支线机场。此外，瑞金机场选址获国家民航局批复。

3. 铁路建设加速推进

"一纵一横"高铁网、"两纵两横"普铁网加快构架。其中，高铁线路有一纵一横，纵为昌吉赣深，是京港澳大通道中的重要一环；横为长赣铁路，是厦渝大通道的重要组成部分。

赣州市境内已建成的铁路有京九铁路、赣龙铁路、赣韶铁路、赣瑞龙铁路。赣州站现已开行至北京、苏州、南昌等地的始发列车，通达全国各大中城市。已经开工建设的昌吉赣客运专线、赣深客运专线将与原有铁路构成赣州四通八达的铁路网络。昌吉赣客运专线已于 2014 年底正式启动建设，线路全长 420 千米，途经 13 个站点。项目总投资 532.5 亿元，将按时速 350 千米标准建设。赣深客专途经赣州市设赣州西、信丰西、龙南东、定南西 4 个车站，建成通车后将与昌赣客专打通赣州"贯南通北"的快捷客运通道，赣州到深圳将由现在接近 7 小时车程压缩到 2 小时以内。已开工建设的兴泉铁路，是打通赣州连接海西经济区"海上丝绸之路"的又一条快速通道，将改变赣州市宁都、石城无铁路的历史。截至 2018 年底，兴泉铁路在赣州市境内的 490 个工点中，已开工 303 个，开工率 61.84%，累计完成投资 25.96 亿元，2018 年完成投资 19.95 亿元，占年度计划的 112%。而且，国家发改委基础产业司已将瑞梅铁路项目列为 2019 年计划开工项目。"十三五"期间，赣州有望同时开工建设昌赣客专、赣深客专、兴泉铁路、瑞梅铁路、长赣铁路 5 条铁路，创历史之最。此外，赣郴永兴、赣韶扩能改造等铁路项目已纳入国家《中长期铁路网规划》。截至 2017 年，赣州实现动车开行和高铁建设零突破，赣州新增铁路运营里程 208 千米，总里程达 555 千米。

4. 公路建设成效显著

骨干路网成型。赣州市将交通基础设施建设作为脱贫攻坚、主攻工业的先行官，着力形成"干支结合、外联内通、衔接顺畅、便捷高效"的公路运输网络。

第一，高速公路建设方面。高速公路通车里程占全省的 1/4，实现县县通高速公路。已初步建成以 G35 济广高速、G45 赣粤高速、G76 厦蓉高速、G45 大广高速、G72 泉南高速石吉段、S66 赣韶高速、赣州绕城高速公路等为骨架的高速公路交通。高速公路网络全面形成，全市新增高速公路通车里程 631 千米，通车总里程达 1441 千米，"三纵三横六联"的高速公路网已经形成，构建了通往珠三角和海西经济区的 4 小时高速经济圈。

第二，普通公路建设成就巨大。赣州市加大国省道干线公路改造力度，力争县县通国道，重点推进通县二级公路建设，加快推进国家公路运输枢纽站场建设。G105 中心城区改线公路于 2018 年 7 月 24 日举行了集中开工仪式，G105、G323、G206、G319 等国道主干线全部实施改造，全市普通国省公路通行状况发生根本改变，境内公路运输已基本形成以市区为中心，G105、G323、G206、G319 国道为骨架通达四面八方的公路网络。截至 2018 年底，全市国省道及农村公路建设三年行动计划项目完成投资 298 亿元，实施国省道升级改造项目 51 个共计 1051 千米，实施农村公路升级改造项目 5530 千米、完工 2800 千米；新建改造农村公路 2 万千米，全市 15 个中央苏区县在全省率先实现 25 户以上人口自然村通水泥路，农村公路总里程达 25832 千米，位居全省第一，城乡交通通行状况明显改善（刘水莲，2017）。

5. 城市公共交通状况得到极大改善

（1）赣州市中心城区基本构建了"一纵一横一环"为主线、四个区域公交线路均衡分布的线网格局，公交班次得到加密，公交线网的覆盖率得到提高。赣州是江西首个开通快速公交的城市，开通了快速公交 K1、K2、K3 "环城快线"、K6"机场快线"共4条快速公交线路，其中K1、K2"快速公交"线路贯穿赣州中心城区东西、南北两条主线。

根据规划，最快将在"十三五"末期，赣州将建成基本格局为"四横六纵一环"的快速路网。"四横"是指飞翔大道—黄金大道—厦蓉高速、城西大道—武陵大道—东江源大道、赣南大道（南康—赣县）、绕城高速。"六纵"是指南康机场快速路、蓉江七路、黄金大道—蓉江三路、东江源大道、迎宾大道—文明大道、虔东路。"四横六纵"全长约254千米，其中，新建快速路约169千米，远期改造高速公路约85千米。"一环"是指在赣州城市外围形成一个高速交通闭环，包括绕城高速新线、厦蓉高速新线、大广高速新线。赣州城市快速路网将通过分路段分时段实施的方式进行，建设大多数采用高架形式建设。其中，连接赣州黄金机场、高铁新区、厦蓉高速以及市中心城区，全长19.85千米的赣州第一条高架快速路——迎宾大道快速路，在2019年春节前夕通车。迎宾大道快速路是赣州中心城区"四横六纵一环"快速路网的重要组成部分，建成通车后，必将大大缓解赣州中心城区交通压力，构建起与现代化机场、高铁枢纽相匹配的集疏散体系。可以相信，"四横六纵一环"的快速路网建成后，可覆盖超过300平方千米的建设用地，服务300万城市人口，连接章贡区、赣州经济技术开发区、蓉江新区、赣县区、南康区等区域，与赣州城市总体规划中确定的"一带、三轴、六区"空间形态相一致（杨北泉等，2016）。

（2）积极规划发展轨道交通。2015年12月15日，赣州轨道交通线网规划项目中标公示等相关工作完成。《赣州都市区总体规划（2012~2030年）》和《赣州都市区综合交通体系规划（2012~2030年）》确定，赣州都市区将形成以轨道交通、地面公交干线为骨干，以地面常规公交为主体，组团内部公交为支撑的公共交通网络。为加快区域中心城市建设，大力发展公共交通，根据赣州都市区总体规划，共规划有4条轨道交通线，总规模为80~100千米。

轨道交通线网的规划范围为赣州都市区中心城市范围，包括章贡区、赣州经开区、蓉江新区全域，南康区蓉江街道、东山街道、唐江镇、凤岗镇、

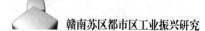

龙岭镇、镜坝镇、太窝乡、三江乡、龙华乡、朱坊乡、横寨乡、赤土畲族乡，赣县区梅林镇、茅店镇、江口镇、五云镇、储潭镇、大田乡，上犹县东山镇、黄埠镇，区域总面积为 2236 平方千米（胡金玉、刘善盛，2015）。

按照《赣州市"十三五"交通基础设施建设项目规划》的设想，到"十三五"末，赣州现代化、立体式、多层次的综合交通运输网络将基本形成。

（二）能源建设有新突破

能源是经济发展的命脉。围绕构建安全、高效、清洁、可持续的现代能源体系，赣州加快推进能源建设，建设规模、项目数量、投资规模均刷新历史纪录。

1. 支撑性电源点建设快速提升

华能瑞金电厂二期主厂房于 2018 年 6 月 28 日开始浇灌第一方混凝土，目前正在推进厂房基础工程，已完成土石方约 10 万方，三大主机投资约 30 亿元、约占总投资的 40%；信丰电厂已确定赣浙能源为投资主体，待变更项目支持性文件投资主体后核准立项，前期工作已经就绪，"建"在弦上。

2. 电网项目建设成效显著

赣州西 500 千伏输变电工程 2017 年 11 月启动开工建设，正在加速推进。目前赣州市已形成中部（赣州变）、南部（雷公山变）、东部（红都变）三足鼎立的 500 千伏供电网架，打通了赣州与江西电网 500 千伏"双通道"；提前 4 年在全省率先实现 220 千伏变电站县县全覆盖、县县 110 千伏多电源的供电方式，通上了"电力高速公路"；城乡电网已实现统一规划、统一标准、统一建设、统一电价，户户通电、村村通动力电等一系列民生工程全面完成，供电可靠性在 99.9% 以上，电压合格率达到 99.97%，彻底告别了"煤油灯照明、洗衣机装红薯、电冰箱存米面"的历史。

3. 天然气发展按下"快进键"

加快建设省天然气赣州南支线，实现"气化苏区、县县通气"。西气东输三线赣州段工程、樟树—吉安—赣州成品油管道建成投产，油气储运体系初步形成。江西省天然气管网赣州段大余至信丰、信丰至龙南、瑞金至会昌等 12 条支线全部开工建设，计划 2020 年底前建成通气，实现长输管道天然气

"县县通"全覆盖。全市天然气年消费量连续三年实现两位数增长，2018 年预计将突破 1.4 亿立方米。

4. 新能源开发正加快推进

赣州市被列为国家级新能源示范城市和绿色能源示范县实施区域，风电、生物质发电、光伏发电等新能源实现齐头并进。其中，风电累计建成装机 96.55 万千瓦，生物质发电累计建成装机 5.4 万千瓦，光伏发电累计建成装机 83.5 万千瓦。

第二章 赣南苏区工业振兴政策与工业布局

第一节 支持赣南苏区工业振兴的主要政策举措

一、上级政府的支持政策

《若干意见》对赣南苏区工业发展提供了多方面支持。

第一，支持赣南发挥资源优势，发展深加工，延长产业链，提高附加值。支持"全国稀有金属产业基地、先进制造业基地和特色农产品深加工基地。建设具有较强国际竞争力的稀土、钨稀有金属产业基地。依托本地资源和现有产业基础，大力发展新材料和具有特色的先进制造业。建设世界最大的优质脐橙产业基地和全国重要的特色农产品、有机食品生产与加工基地"。"积极推动优势矿产业发展。发挥骨干企业和科研院所作用，加大技术改造和关键技术研发力度，促进稀土、钨等精深加工，发展高端稀土、钨新材料和应用产业，加快制造业集聚，建设全国重要的新材料产业基地。将赣南等原中央苏区列为国家找矿突破战略行动重点区域，加大地质矿产调查评价、中央地质勘查基金等中央财政资金的支持力度。""积极推进技术创新，提升稀土开采、冶炼和应用技术水平，提高稀土行业集中度。按照国家稀土产业总体布局，充分考虑资源地利益，在赣州组建大型稀土企业集团。国家稀土、钨

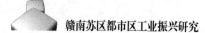

矿产品生产计划指标向赣州倾斜。"

第二，培育产业集群，实现产城融合。"立足比较优势，着力培育产业集群，促进集聚发展、创新发展，推动服务业与制造业、产业与城市协调发展，构建特色鲜明、结构合理、集约高效、环境友好的现代产业体系。"

第三，支持赣南发展先进制造业。"加快提升制造业发展水平。发挥现有产业优势，大力发展电子信息、现代轻纺、机械制造、新型建材等产业，积极培育新能源汽车及其关键零部件、生物医药、节能环保、高端装备制造等战略性新兴产业，形成一批科技含量高、辐射带动力强、市场前景广阔的产业集群。支持设立战略性新兴产业创业投资资金，建设高技术产业孵化基地。加大对重大科技成果推广应用和产业化支持力度，增强科技创新能力。支持国内整车企业在赣州等市设立分厂。支持军工企业在赣州、吉安发展军民结合高技术产业。支持赣州新型电子、氟盐化工、南康家具以及吉安电子信息、抚州黎川陶瓷、龙岩工程机械等产业基地建设。支持建设国家级检验检测技术研发服务平台。"

第四，支持赣南积极承接产业转移，发展加工贸易。"有序承接产业转移。坚持市场导向与政府推动相结合，发挥自身优势，完善产业配套条件和产业转移推进机制，依托现有产业基础，促进承接产业集中布局。支持设立赣南承接产业转移示范区，有序承接东南沿海地区产业转移，严禁高污染产业和落后生产能力转入。"

第五，积极支持建设产业平台。"支持赣州建设稀土产业基地和稀土产学研合作创新示范基地，享受国家高新技术产业园区和新型工业化产业示范基地扶持政策。""研究支持建设南方离子型稀土与钨工程（技术）研究中心，加大国家对稀土、钨关键技术攻关的支持力度。支持赣州建设南方离子型稀土战略资源储备基地，研究论证建立稀有金属期货交易中心。""推动赣州'三南'（全南、龙南、定南）和吉泰走廊建设加工贸易重点承接地。在条件成熟时，在赣州出口加工区的基础上按程序申请设立赣州综合保税区，建设成为内陆开放型经济示范区。推动瑞金、龙南省级开发区加快发展，支持符合条件的省级开发区升级，在科学规划布局的基础上有序推进未设立开发区的县（区、市）设立产业集聚区。支持设立国家级高新技术产业园区。"

第六，"赣州市执行西部大开发政策"。需要指出的是，在目前税收、土地等优惠政策不断规范的形势下，赣州"鼓励类产业企业所得税减按15%征收"等特殊政策显得尤为珍贵。

第七，实施优惠的产业政策。"实行差别化产业政策，从规划引导、项目安排、资金配置等多方面，给予支持和倾斜。加大企业技术改造和产业结构调整专项对特色优势产业发展的支持力度。对符合条件的产业项目优先规划布局。支持赣州创建国家印刷包装产业基地，并实行来料加工、来样加工、来件装配和补偿贸易的政策。"

第八，实施对口支援政策。"建立中央国家机关对口支援赣州市18个县（市、区）的机制，加强人才、技术、产业、项目等方面的对口支援。""鼓励和支持中央企业在赣州发展，开展帮扶活动。"

中央对贯彻落实《若干意见》，推进赣南苏区振兴发展，始终深切关心，力度不断加大。国务院及国务院办公厅先后下发7个配套文件，明确了部际联席会议制度、罗霄山片区扶贫攻坚规划、重点工作部门分工、中央国家机关及有关单位对口支援、南康撤市设区、龙南及瑞金经济技术开发区升格为国家级、设立赣州综合保税区等重大事项（吴迪，2014）。

国家发改委、财政部等38个部委出台43个具体实施意见或支持政策。赣州市被列为国家旅游扶贫试验区、第二批国家低碳试点城市、全国唯一的稀土开发利用综合试点城市、全国首批低丘缓坡荒滩等未利用地开发利用试点和工矿废弃地复垦利用试点、农产品现代流通综合试点城市和"西果东送"城市；赣州市被正式命名为国家公共文化服务体系示范区；赣州经济技术开发区被列为国家园区循环化改造试点、国家级高新技术产业标准化示范区；赣南承接产业转移示范区、中国（赣州）稀土产学研合作创新示范基地、国家脐橙工程技术研究中心、国家离子型稀土资源高效开发利用工程技术研究中心等获国家相关部委批准（吴迪，2014）。

139项西部大开发政策或标准在赣州执行到位。其中，赣州市执行西部大开发税收政策中"减按15%税率征收企业所得税"直接惠及赣州20多个产业、约3.5万户企业，共为387户符合西部大开发企业所得税优惠政策企业

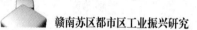

减免税收 3.4 亿元。优惠的税收政策，使赣州成为"中部的西部""老区中的特区"，赣州投资洼地的优势更加凸显（吴迪，2014）。

2013 年 8 月 30 日，中央决定，由国家发改委、中组部牵头，39 个部委对口支援赣州 18 个县（市、区），36 个部委先后深入赣州市开展对口支援工作专题调研，并出台了具体的对口支援方案或意见；实施了赣州市与部委上挂下派干部工作（吴迪，2014）。

在国家层面构建的支持赣南苏区振兴发展政策体系的架构中，《若干意见》是总纲，绘制了赣州经济社会发展"路线图"。"部际联席会议制度"是在国家层面建立的落实《若干意见》的协调推进机制。"对口支援方案"是中央整体性、系统化支持赣南苏区振兴发展的再部署、再给力，构建人才、技术、产业、项目相结合的对口支援工作格局（吴迪，2014）。

《若干意见》出台后，江西省委强调，要形成以"赣州"为中心的赣南和以"昌九"为中心的赣北遥相呼应之势。省委省政府主要领导多次深入赣州调查研究、指导工作，省委书记亲自挂帅担任省赣南等原中央苏区振兴发展领导小组组长，高位推动苏区振兴工作。出台《中共江西省委 江西省人民政府贯彻落实〈国务院关于支持赣南等原中央苏区振兴发展的若干意见〉的实施意见》，尽最大可能，用最大力度，在政策、资金、项目等方面给予赣州特殊的倾斜和帮助。省委主要领导还多次率省直有关部门赴国务院及有关部委就赣南苏区振兴发展有关事项进行对接。省有关厅局认真贯彻省委、省政府战略部署，积极跟进，大力扶持，出台具体实施意见或与赣州签订战略合作协议（吴迪，2014）。

总的来看，《若干意见》出台后，国家和省在重大项目布局上，对赣南苏区的支持力度明显加大。建设全国先进制造业基地步伐加快，制造业基地结构不断优化，战略性新兴产业加速发展，传统产业加快转型升级。

二、赣南苏区支持工业振兴的主要政策举措

（一）研究概述

推动赣南苏区振兴发展，在赣州市成为了一种常态，形成了若干推进机

制，努力争创新时期赣南苏区振兴发展"第一等工作"。

《若干意见》正式发布后，赣州迅速出台《中共赣州市委 赣州市人民政府贯彻落实〈国务院关于支持赣南等原中央苏区振兴发展的若干意见〉的实施意见》加紧贯彻落实。将《若干意见》各项任务分解落实，责任分工到人。在将其分解为42项重大规划和方案、194项行动计划、27项试点和示范事项的基础上，2013年又出台《关于进一步明确赣南苏区振兴发展有关工作责任分工的通知》，明确了65项重点工作的责任分工，落实市领导牵头抓、主管市直部门具体抓、相关责任部门共同抓的责任机制，推动各项重点事项有条不紊落实。成立了赣南苏区振兴发展常设工作机构，保障各项工作常态化推进。组织力量加强政策研究，编制了《赣州市振兴发展八年规划（2013～2020年)》《赣南苏区振兴发展重大项目规划（2013～2020年)》《赣州市罗霄山片区区域发展与扶贫攻坚实施规划（2011～2015年)》《赣南承接产业转移示范区规划》等一系列规划方案，开展了《赣州市中央国家机关及有关单位对口支援工作八年规划（2013～2020年)》的编制。建立了每季全面调度、每月日常调度机制，开展了多次督查，形成高效推进赣南苏区振兴发展的良好工作格局（吴迪，2014)。出台《关于印发贯彻落实〈江西省人民政府办公厅关于深入推进对口支援赣南等原中央苏区的若干措施〉责任分工方案的通知》（以下简称《通知》)，《通知》明晰对口支援目标任务：①优先解决突出民生问题。②实施改革创新试点，积极开展先行先试，推动一批试点示范事项，种好改革创新"试验田"，不断增强经济社会发展活力和动力。③发展特色优势产业。围绕增强"造血"功能，发挥自身比较优势，积极争取中央、省支援单位在政策实施、项目安排、资金投入等方面给予受援地倾斜支持，扶持受援地做大做强特色产业。大力促进产学研合作，多方聚集科技创新资源，加快引进和转化一批重大科技成果，推动产业转型升级，构建特色鲜明、结构合理、具有较强竞争力的现代产业体系。④推进发展平台建设。大力推进《若干意见》《赣闽粤原中央苏区振兴发展规划》（以下简称《规划》）明确的各类平台建设，全面抓好各项政策措施的落实，促进更多的资金、项目、人才落地生根，加快发展步伐，为赣南苏区振兴发展提供强有力的支撑。⑤加大项目推进力度。立足资源禀赋和产业基础，精心策划一批、引进一批、实施一批投资规模大、带动能力强的项目，扎实做好项目规划、论证、申报等前期工作，积极与国家、省有关方面汇报衔接，争取纳入国家、省各项规划。对已经明确的项目，逐一落实责任分工，明确完成时限，确保早落地、早投产、早见效。⑥强化人才技术支撑。积极争取中央、省支援单位组织开展与受援地干部的双向挂职、两地培训。加大工作力度，积极争取省人才优先发展战略、重大人才工程、重要人才培养项目等对赣南苏区重点倾斜。实施专业人才培养计划，积极争取中央、省支援单位安排优秀专家、业务骨干、技术能手开展技术指导、知识讲座和业务培训，加快培养教育、医疗、金融、科技等方面的专业型、技能型人才。积极争取中央、省支援单位推动高等院校、科研机构开展多种形式的交流合作，引导鼓励科技型企业发展。坚持"援县促市"。市对口单位和受援地要站在全市"一盘棋"的高度，遵循对口支援"援县促市"理念，努力形成一套可借鉴、可复制和可推广的经验，形成示范和辐射效应。对口支援工作结对安排见表2-1。

表2-1 对口支援工作结对安排

序号	国家对口支援单位	受援县（市、区）	省对口支援单位	市对口单位
1	工业和信息化部	章贡区赣州经开区	省工信委	市工信委
2	公安部	章贡区赣州经开区	省公安厅	市公安局
3	国务院国资委	章贡区赣州经开区	省国资委	市国资委
4	财政部	瑞金市	省财政厅	市财政局
5	中国银监会	瑞金市	江西银监局	赣州银监分局
6	中国证监会	南康区	江西证监局	市金融工作局
7	中国民航局	南康区	民航江西监管局	市交通运输局
8	科技部	赣县	省科技厅	市科技局

序号	国家对口支援单位	受援县（市、区）	省对口支援单位	市对口单位
9	国土资源部	赣县	省国土资源厅	市国土资源局、市矿管局
10	农业部	信丰县	省农业厅	市农业和粮食局
11	国家能源局	信丰县	省能源局	市发改委
12	国家新闻出版广电总局	大余县	省新闻出版广电局	市文广新局
13	国家安全监管总局	大余县	省安监局	市安监局
14	教育部	上犹县	省教育厅	市教育局
15	国务院法制办	上犹县	省政府法制办	市政府法制办
16	环境保护部	崇义县	省环保厅	市环保局
17	国家体育总局	崇义县	省体育局	市体育局
18	交通运输部	安远县	省交通运输厅	市交通运输局
19	全国供销合作总社	安远县	省供销社	市供销社
20	海关总署	龙南县	南昌海关	赣州海关、南昌海关驻龙南办事处
21	国家食品药品监管总局	龙南县	省食品药品监管局	市食品药品监管局
22	中国保监会	定南县	江西保监局	市金融工作局
23	国台办	定南县	省台办	市台办
24	商务部	全南县	省商务厅	市商务局
25	国家开发银行	全南县	国开行江西省分行	国开行赣州工作组
26	人力资源社会保障部	宁都县	省人力资源和社会保障厅	市人力资源和社会保障局
27	水利部	宁都县	省水利厅	市水利局
28	国家卫生计生委	于都县	省卫生计生委	市卫生计生委
29	国家粮食局	于都县	省粮食局	市农业和粮食局
30	民政部	兴国县	省民政厅	市民政局
31	国家烟草专卖局	兴国县	省烟草专卖局	市烟草专卖局
32	审计署	会昌县	省审计厅	市审计局
33	国家质检总局	会昌县	省质监局	市质监局
34	中央宣传部	寻乌县	省委宣传部	市委宣传部

序号	国家对口支援单位	受援县（市、区）	省对口支援单位	市对口单位
35	国家统计局	寻乌县	省统计局、国家统计局、江西调查总队	市统计局
36	司法部	石城县	省司法厅	市司法局
37	国务院扶贫办	石城县	省扶贫和移民办	市扶贫和移民办

资料来源：根据江西省人民政府网站内容整理而得。

  围绕贯彻实施《若干意见》，赣州各县（市、区）立足自身资源优势，积极谋划工业发展。如信丰县坚持以强攻工业来推进振兴发展，立足自身区位特点、资源禀赋等，明确提出了打造电子信息、新型建材和食品制药等3个百亿元产业集群。对项目的落户、开工、投产实行保姆式、全程式服务和"一个项目、一个领导、一套班子、一抓到底"的工作机制。龙南县抢抓赣南苏区振兴发展重大历史机遇，通过坚持新型工业化、新型城镇化"两轮驱动"，统筹谋划、协调推进，推动经济发展全面提速、提质、提效，努力把龙南打造成为赣南苏区振兴发展的先行区和重要增长极。定南县围绕建设承接沿海产业转移前沿阵地、赣南矿业经济新增长极的发展定位，全力实施"开放对接发展、产业集群发展"主战略，按照"一带（县城至老城工业走廊带）、两平台（恒明珠工业园和金龙动漫产业园）、三基地（稀土资源综合回收利用产业基地、精细化工产业基地和电子信息产业基地）"工作思路，大力推进工业园区建设。同时，该县精心编制了《定南苏区发展振兴规划》，积极向上级争项争资、争基地授牌、争用地指标。全南县把项目建设作为经济发展的首要任务，精心编制了《全南苏区发展振兴规划》和46个专项规划、105项行动计划、20个试点示范规划，科学谋划了280个带动力强、发展潜力大的项目，切实加强项目申报和跟踪对接工作；全力推进"三南"加工贸易重点承接地全南基地建设。安远县立足资源优势，充分利用赣南苏区振兴发展的大好机遇，着力引进一批具有竞争力、支撑力、牵动力的工业项目，积极构建工业产业平台，加快版石工业园、中小企业创业园基础设施建设，鼓励和扶持优势矿产加工产业做大做强，积极引进战略合作投资者，打造稀土、钼、电气石产业集群，形成以新型矿业、生物制药业、食品加工业、旅游产品加工业为骨干，以劳动密集型产业为补充的工业发展格局。

（二）主要政策

赣南苏区强攻工业的政策主要集中在营造良好的发展环境，改善各种要素供给方面。

1. 促进投资的政策

第一，主攻工业，做大做强工业主导产业。出台《关于进一步做大做强工业主导产业的意见》《赣州市三年主攻工业推进计划（2016～2018年)》《赣州市三年主攻工业考核评比方案（2016～2018年)》，明确赣州市进一步做大做强工业主导产业的指导思想是：加强分类指导，优化产业布局，大力推进工业主导产业发展升级，努力走出一条"区域一体、各具特色、龙头引领、创新驱动"的发展路子，打造全国重要的稀有金属产业基地、先进制造业基地和特色农产品深加工基地，为赣南苏区振兴发展提供强力支撑。赣州市进一步做大做强工业主导产业的基本原则，即双轮驱动，优化结构；突出特色，合理布局；龙头带动，构建集群；创新引领，强化后劲。赣州市进一步做大做强工业主导产业的发展目标是，到2020年，全市规模以上工业主营业务收入突破1万亿元，力争达到1.2万亿元。

第二，建立产城融合示范区。制订《赣州市新型城镇化综合试点实施方案》，优化城镇布局。章贡区、南康区、赣县区、赣州经开区、蓉江新区五大功能区建设统筹推进，上犹、崇义与中心城区一体化步伐加快，以中心城市为龙头，瑞金、龙南次中心城市和周边卫星城市为依托，县城和特色中心镇为支点的赣南城镇体系加快构建，城镇区域协调进一步加强。产城融合日臻紧密。国家级产城融合示范区建设取得突破，城市功能新区加快打造。产业结构进一步优化，新型工业化进程加快推进，农业现代化取得新进展，服务业占GDP比重进一步提高。产业支撑城镇发展能力增强，城镇承载产业空间持续优化，城镇发展和产业集聚、就业转移、人口集聚更加协调统一。到

2020 年，将赣州打造成为全国新型城镇化体制机制创新区、产城融合发展示范区、城乡统筹示范区，为欠发达革命老区乃至全国新型城镇化建设提供可复制、可推广的发展模式。城镇化布局进一步优化。

第三，促进工业投资。制定《促进投资增长的若干政策措施》，①对工业生产性项目实行"一免一减半"收费政策。至 2017 年 12 月 31 日，赣州市范围内所有新建及改扩建的工业生产性项目（不包括其他如房地产开发、商贸等项目），从立项到建成投产过程中，按照法定权限和程序免收属本级收入的行政事业性收费，按下限减半收取实行政府定价的经营服务性收费。②支持战略性新兴产业项目建设。对战略性新兴产业项目，总投资 1 亿元及以上且在两年内竣工投产的，由受益财政按其项目设备投资额的 3% 以内给予一次性补助，单个项目最高补助额不超过 300 万元；总投资 3 亿元及以上且在两年内竣工投产的，在受益财政补助的基础上，市级财政再适当给予一次性补助。对企业实施的技术改造项目，按《赣州市重点工业技改投资项目专项扶持资金管理暂行办法》规定给予适当支持。对引进国外先进设备和关键技术并进行产业化生产的，由市级财政在国家、省贴息补助的基础上按《赣州市进口贴息资金管理暂行办法》给予配套补助。同一企业的同一项目按"就高不就低"原则享受扶持政策，不重复享受同类财政政策。③加大工业生产项目招商引资力度。鼓励招大引强，制定招商引资奖励办法，对成功引进市外企业（工业生产性项目）落户的，由受益财政按投资额一定比例给予引进单位或个人（公职人员除外，下同）奖励。对首期投资额 5 亿元（含 5 亿元）至 10 亿元（不含 10 亿元）的，在受益财政奖励的基础上，市级财政给予引进单位或个人 5 万元奖励；对首期投资额 10 亿元及以上的，在受益财政奖励的基础上，市级财政给予引进单位或个人 10 万元奖励。对引进外资企业，现汇进资额达到 1000 万美元及以上的，由受益财政给予引进单位或个人 10 万元奖励；现汇进资额 500 万美元（含 500 万美元）至 1000 万美元（不含 1000 万美元）的，由受益财政给予引进单位或个人 5 万元奖励。下发《关于推进赣商投资创业的意见》《关于建立完善全市招商引资项目推进工作机制的通知》，制定鼓励赣商投资创业的政策措施，充分利用各类产业发展资金，对赣商投资创业予以支持；出台招商引资考核办法，千方百计抓招商引资工作，提升招商效率。

第四，抓重大项目，促投资。重大项目是拉动经济增长的重要引擎，是实施经济社会发展规划的基础保障。随着《罗霄山片区区域发展与扶贫攻坚规划（2011~2020年)》的获批，赣州执行西部大开发税收政策等利好政策的叠加，赣州市重点工程建设面临更加良好的发展机遇。为抢抓机遇，赣州市先后出台了《关于加强"十三五"期间重大项目开发工作的实施意见》《赣州市重大项目策划、开发、包装工作方案》等文件，突出项目引领，积极抓项目开发包装工作。制定《关于建立健全"十三五"重大项目推进机制的通知》《赣州市重大产业项目绿色通道管理办法》《赣州市重点工程建设项目管理办法》《关于加快推进政府和社会资本合作（PPP）项目规范实施的通知》《赣州市清理规范投资项目报建审批事项工作方案》，推动攻坚目标项目化、项目服务经常化、项目推进制度化、项目考核实物化；加强和规范市重点工程建设项目管理，确保项目建设进度和质量，提高保障水平和投资效益。为充分发挥财政资金杠杆及助推牵引效应，加快推进主攻工业战略深入实施，赣州市2017年设立规模100亿元的全市重大工业项目投资引导资金，重点支持"攻坚性、引领性、带动性"重大工业项目。

2. 土地政策

第一，总量控制，计划用地。土地是工业振兴发展的基础性要素。赣南虽然国土面积不小，但是山多地少，尤其比较缺少适合大工业发展的用地，因此做好土地使用的前期计划工作尤为关键。为此，制定《赣州市各县（市、区）土地利用总体规划（2006~2020年)》，做到有计划用地、可持续用地。《赣州市各县（市、区）土地利用总体规划（2006~2020年）主要规划指标的通知》指出，省政府对赣州市土地利用总体规划耕地保有量、基本农田保护面积、建设用地总规模三项主要控制指标进行了调整。调整后，至2020年全市耕地保有量不低于603.44万亩，增加25.94万亩；基本农田保护面积不低于501.15万亩，增加14.82万亩；建设用地总规模控制在343.13万亩以内，增加42.98万亩，填补赣州市2006~2014年超出规划规模22.98万亩外，

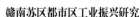

实际可用建设用地规模 20 万亩。为切实做好本次土地利用总体规划调整完善工作，现将有关事项通知如下：本次调整完善，省政府增加赣州市建设用地总规模 42.98 万亩，填补赣州市 2006~2014 年超出规划规模 22.98 万亩外，实际可用面积 20 万亩（含各地预支规模 7.32 万亩），其中单列省直管瑞金市 1.7 万亩（含精准扶贫规划规模 0.42 万亩）。为加快脱贫攻坚步伐，专项安排 8 个国定贫困县和 3 个罗霄山集中连片贫困县精准扶贫规划规模 4.44 万亩，其中南康、于都、兴国、瑞金、宁都每个县（市、区）0.42 万亩；章贡、赣县、安远、会昌每个县（区）0.36 万亩；上犹、寻乌、石城每个县 0.3 万亩。专项安排新能源汽车科技城建设用地规模 2.5 万亩，蓉江新城、高铁新区 1 万亩，剩余建设用地规模采用因素分配法，综合考虑各县（市、区）国土面积、总人口、近三年城镇人口增量、补充耕地量、实际用地面积、固定资产投资、国民生产总值、财政总收入等权重因素进行分解下达。章贡区 2.12 万亩中 1.32 万亩用于赣州经济技术开发区建设。

第二，加大力度盘活存量土地。下发《关于进一步做好保障加快发展、转型发展用地工作的通知》，保障全市上项目、兴产业、促发展用地需求，促进赣州加快发展、转型发展。制定《全市土地管理和矿产资源领域专项整治行动工作方案》，针对工业用地土地开发强度不够、建设用地存量规模较大、征而未供、供而未用等比较普遍的问题，结合节约集约用地专项督查抓紧整改，着力盘活利用批而未供和闲置土地，推动节约集约用地，促进土地利用方式转变。制订《赣州市盘活国有存量土地工作实施方案》，盘活工业用地。推行工业用地全程监管，树立节约集约利用土地理念，严把工业用地供应前、中、后三个关口，严格执行《江西省建设用地指标》（2011 年版）的要求，提高工业用地的投资强度、亩产利税，建立工业用地项目联合竣工验收制度。提高工业用地准入门槛，严格控制用地规模，实行项目会审制度。建立由发改、财政、工信委、商务、国土等部门组成联合会审工作小组，执行《江西省建设用地指标》定额，并按照国家产业政策和规划布局规定确定供地地块和规模。

第三，加强节约集约用地。出台《关于加快推进工业园区标准厂房建设的指导意见》《关于加强工业园区节约集约用地的实施意见》等文件，鼓励民间资本积极参与工业园区标准厂房建设，逐步建成一批统一规划、布局合理、功能齐全、设施完善的标准厂房，以良好的平台承接产业转移，进一步提高工业集中度，促进全市经济持续快速协调发展。创新工业用地利用方式、优化园区产业空间布局、着力盘活存量建设用地、实行差别化供地倾斜政策。在创新工业用地利用方式上，试行工业用地先租后让、租让结合的供应方式。制定《赣州市鼓励建设和使用标准厂房的意见》，加快推进标准厂房建设和使用，促进土地集约、企业集聚、产业集群。按照市场化推进、规模化开发、标准化建设、功能化配套的要求，以现有工业园区为依托，用 3 年集中建设一批标准厂房。在全市工业园区内，按照国家通用标准及行业要求进行设计、集中建设、达到建设规模要求的工业用房，包括通用厂房和专用厂房，并出租或出售给企业用于工业生产经营。下发《关于表彰依法用地模范县和节约集约用地模范县的通报》，表彰依法用地模范县（市、区）和节约集约用地模范县（市、区）。

3. 企业帮扶政策

一般而言，帮扶企业轻装减负的主要做法是，要给企业轻装减负，把政策用足用活，各项补贴就高不就低，各项涉企审批要从简从实，尽量给企业"松绑"让利。要遵循市场规律，引导企业苦练内功，提升自身经营管理水平、增强市场竞争力、实现发展壮大。要采取财政贴息、税收奖励等办法，鼓励企业采用新技术、新工艺、新设备、新材料，促进企业提高创新和竞争力。

第一，提高行政效率，降低企业成本的政策。《中共赣州市委、赣州市人民政府关于开展降低企业成本优化发展环境专项行动的通知》《关于进一步深化"放管服"改革优化发展环境的工作方案》《关于精简和调整一批行政权力项目等事项的决定》《关于废止和保留部分市政府规范性文件和重要政策文件的决定》《赣州市简化优化公共服务流程方便基层群众办事创业工作方案》《赣州市涉及企业的行政事业性收费项目目录》《赣州市适应工商登记制度改革加强市场主体事中事后监管工作方案》《赣州市行政服务中心"行政审批中

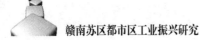

介服务超市"管理办法（试行）》《关于全面落实"五证合一、一照一码"登记制度改革的实施意见》《赣州市行政权力事项目录清单管理办法》《关于加强行政审批事中事后监管的实施意见》等文件，进一步深化"放管服"改革，推进政府职能转变，改善营商环境。制定《赣州市降低企业成本优化发展环境专项行动领导小组办公室及入企帮扶小组联系名单》《赣州市物流业降本增效专项行动实施方案》《赣州市降低企业成本优化发展环境专项行动总联络员表》和《赣州市降低企业成本优化发展环境政策咨询联系表》等文件，确保帮扶企业工作上下联动，形成工作合力。

第二，扶持企业成长。出台《促进经济平稳健康发展若干政策措施》《关于进一步加快民营经济发展的决定》《赣州市百强民营企业认定暂行办法》《赣州市小企业创业孵化基地建设方案》《关于大力推进创业孵化基地建设鼓励创新创业的实施意见》《关于发展众创空间推进大众创新创业的实施意见》等文件，大力发展低成本、便利化、全要素、开放式的众创空间，大力实施中小企业成长工程和全民创业。出台《赣州市人民政府关于印发贯彻落实省政府支持小型微型企业发展若干政策实施办法的通知》《关于促进工业小微企业转型升级为规模以上企业的意见》《关于支持创新型成长型企业加快发展的若干政策措施（试行）》等，通过财政税收金融等各种扶持方式，大力推进中小企业成长，积极促进"小升规"工作。以现有年主营业务收入 500 万 ~2000 万元规模以下的小微企业为重点，建立"小升规"企业培育库，加强分类指导和服务，通过积极培育扶持一批、改造提升一批、引导促进一批，力争每年实现新增 200 家规模以上企业目标。出台《促进经济平稳健康发展若干政策措施》《关于积极应对宏观环境变化促进我市经济持续增长的若干政策措施（试行）》等文件，降低企业成本，推进产业承接转移，加速结构调整升级。制定《关于深化市级财政科技计划（专项、基金等）管理改革的实施意见》，改革市级科技管理体制，统筹科技资源，实现科技资源配置合理化、决策流程科学化、项目管理规范化、经费使用绩效化，最大限度激发科研人员的积极性和创造性，推动大众创业、万众创新，充分发挥科技计划（专项、基金等）在全市科技创新中的支撑引领作用。制定《赣州市财政支持工业发展 50 条政策措施》，分别就创新支持方式、加大支持力度、培育壮大企业等 13 个方面提出了 50 条具体政策措施。出台《鼓励工业企业增产增效奖励办法》，针对稀土钨新材料及应用、节能与新能源汽车及配套、电子信息、铜铝有色金属、现代轻纺、生物制药、氟盐化工、新型建材和食品九大产业集群的规模以上工业企业，以及行业优强企业实施增量用电和存量用电奖励。

第三，融资政策。资金是企业发展的又一个关键性要素。为此，赣州市出台《关于加快全市金融业改革发展的意见》，坚持市场配置金融资源为导向，强化金融优先发展理念，以推进金融改革创新为动力，以发展产业金融、民营金融、创新金融为重点，健全金融机构，活跃金融市场，优化金融环境，聚集金融人才，防范金融风险，不断提升金融促进赣南苏区振兴发展的能力。制定《赣州市社会信用体系建设实施方案（2016～2020 年）》《赣州市优化金融信用环境先进县（市、区）、信用乡（镇）、信用企业评比方案》《赣州市企业信用行为联合激励与惩戒实施细则》《赣州市小微企业信用体系建设方案》等文件，加快推进小微企业信用体系建设，做好对小微企业信息服务，着力改善小微企业金融服务，缓解小微企业融资难题。制定《关于加强金融支持经济发展的若干措施》《关于推进中小企业信用担保体系建设的实施意见》《关于促进全市融资担保业发展的意见》《赣州市融资性担保业务监管联席会议制度》《赣州市人民政府关于贯彻落实省政府支持小型微型企业发展若干政策实施办法的通知》《赣州市政银企联席会议工作制度》《关于加大对小微企业帮扶力度加快非公有制经济发展的实施意见》《关于加快推进我市小额贷款公司试点工作的通知》《赣州市人民政府关于支持中小微型企业融资担保的意见》等文件，加大金融资金投入（争取扩大信贷规模、推动企业挂牌上市、加快发展基金业、推进保险资金运用、引导激活民间资本），引进培育金融机构，创新融资服务。制定《赣州市"小微信贷通"试行方案》《关于加快推进小微企业贷款服务中心建设的意见》等文件，通过"小微信贷通""财园信贷通"，由市财政与县（市）财政按 1：1 的比例安排一定数额的资金，存入合作银行账户，作为县（市）域范围内小微企业贷款风险保证金。合作银行按不低于财政保证金 8 倍放大贷款额度向县（市）域范围内小微企业提供贷款。制定《赣州市就业和社会保障工作稳增长帮扶企业发展的若干意见》，给予企业社保补贴、给予重点企业培训补贴、给予企业创业担保贷款贴息补助等，减轻企业负担。出台《江西省赣州市人民政府关于推进企业上市工作的若干意见》《赣州市人民政府关于推进企业上市工作的补充意见》《关于加快推进企业进入全国中小企业股份转让系统挂牌的实施意见》《赣州市人民政府关于加快推进企业上市的若干意见》《赣州市人民政府办公厅关于加快推进企业进入全国中小企业股份转让系统挂牌的实施意见》，进一步加大企业上市的政策扶持力度，设立企业上市扶持专项引导资金。市财政安排企业上市扶持专项引导资金3000万元，专户管理，滚动使用，保持总量。主要用于扶持已列入赣州市拟上市企业资源库并有望两年内上市的企业。各县（市、区）政府应设立相应的专项资金。

第四，改善知识结构，提升劳动力素质。出台《关于大力发展职业教育的意见》《关于加快发展现代职业教育的意见》《赣州市全民技能振兴专项活动实施方案》等文件，加快技能人才队伍建设，提高劳动者就业创业能力，加快发展助力赣南苏区振兴的现代职业教育。职业教育专业设置应主动对接赣州市主导产业、优势产业、战略性新兴产业、现代农业以及现代服务业，建设一批国家示范专业、省级重点专业和市级骨干专业。

第五，加强平台建设。①出台《关于加快瑞（金）兴（国）于（都）经济振兴试验区建设的实施意见》，按照"市统筹、县为主、全域覆盖、重点突破"原则，以新发展理念为引领，以政策试验为核心，以重大项目为抓手，以改革创新为动力，以区域一体为重点，形成优惠政策的洼地、制度创新的高地，打造老区中的特区。②制定《关于支持龙南全南定南园区一体化发展的若干意见》，创新管理模式，将全南工业园、定南工业园、"三南"示范园纳入龙南经济技术开发区（以下简称龙南经开区）管理，推动品牌共用、政策共享、规划共编、园区共建、数据并表，构建龙南经开区"一区四园"发展新格局，推动龙南、全南、定南（以下简称"三南"）一体化发展，打造赣州南部重要增长板块。③制定《关于加快建设赣州市区域性物流中心的实施意见》《赣州市区域性物流中心发展规划（2013~2030年）》等文件，加快物流中心发展，降低工业发展成本。④出台《关于推进全市工业园区产业化建设的实施意见》，调整、优化工业园区产业发展结构，增强工业园区抵御风险能力与综合竞争实力。制定《关于推进全市工业园区创新升级的意见》《关于进一步加强工业园区安全生产工作的实施意见》，加快工业园区基础设施投入、单位面积产出和产业集中度"三个提升"，实现工业园区规模总量和质量效益的跨越发展。⑤制定《赣州口岸发展规划纲要（2017～2025年）》，围绕把赣州打造成为连接"21世纪海上丝绸之路"和"陆地丝绸之路经济带"的重要节点示范城市和国际货物集散地目标，积极发挥口岸对开放型经济的引领作用，按照"一核两翼"布局，整合口岸发展资源，拓展口岸服务功能，优化口岸通关环境，提高口岸运行效率，逐步实现"进境货物全直通并与沿海同价到港、出境货物全直放并与沿海同价起运"，以低成本物流带动信息流、资金流、人才流、技术流的大聚集，打造内陆物流成本最低，产业服务体系最优，辐射带动功能最强，通关效率最高，安全保障最有效的内陆一流口岸和双向开放新高地。出台《关于落实"三互"推进大通关建设改革的实施意见》，全面建立关检合作"三个一"（一次申报、一次查验、一次放行）、"单一窗口"新型通关模式。加强赣州市与长江经济带、沿海沿边地区开展跨部门、跨区域的通关协作，完善口岸工作机制，实现口岸管理相关部门信息互换、监管互认、执法互助（以下简称"三互"）。到2020年，与全国、全省同步建立适合赣州市情的大通关管理体制机制。

4. 产业振兴政策

第一，建设生态产业的政策。制定《赣州市2013～2014年度"发展生态产业、建设森林城乡"实施方案》《赣州市"十三五"生态建设与环境保护规划》等文件，下决心对现有污染较重、耗能较高的企业关停并转。坚决杜绝引进有污染的企业和项目，不能为了完成工业发展目标和招商引资任务而不顾环境的好坏。下发《关于加强污染企业环境监管的通知》，开展重点金属水质目标管理工作，建立污染源—排污口—排放水体—饮用水水源地保护区的响应制度，降低重点防控区重金属总量。制订《赣州市煤炭行业化解过剩产能实现脱困发展实施方案》，推动结构调整，促进转型升级。制定《赣州市矿产资源执法监察目标考核暂行办法》，不断提升矿产资源管理法治化水平，有效遏制矿产资源违法违规行为。出台《赣州市 2012~2015 年金属非金属矿山整顿关闭工作方案》，到 2015 年底，按照省政府下达的任务，全市关闭金属非金属矿山 245 家，小型矿山数量大幅减少。出台《关于进一步加快推进全市主要污染物总量减排工作的通知》《关于进一步做好当前节能降耗工作确保完成全年任务的紧急通知》《关于"十二五"期间各县（市、区）主要污染物排放总量控制计划的批复》《赣州市人民政府关于印发赣州市主要河流两岸 1.5 千米范围内污染企业处理意见的通知》等文件，坚决遏制高耗能、高排放、低产出项目投资增长，把住产业源头关；狠抓重点领域、重点行业和重点企业减排。要加强环境监管执法，加大对各种违法排污行业的监督查处力度。制定《赣州市人民政府关于建设低碳城市的意见》，加快产业结构升级，打造低碳产业体系，改造升级有色金属、非金属矿、机械制造、电子、食品、轻纺六大传统主导产业，发展高新技术产业和现代装备制造业，集中力量发展战略性新兴产业，加快淘汰落后产能，逐步关停短流程钢铁生产企业，适当减少建材行业投资。优先发展新材料、新能源汽车、机械制造、电子电器四大产业，重点发展食品加工、轻纺等产业，构建以低碳排放为特征的新兴产业体系。

第二，支持主导产业发展的政策。一是制定《关于支持南康家具产业创新发展的若干措施》，优先倾斜保障南康家具用地需求。市级统筹安排使用的林地占用指标，倾斜支持南康家具产业平台建设需要。加大对南康家具企业的金融扶持力度。在赣南苏区振兴发展产业投资基金中，设立一支规模 20 亿元的子基金，重点扶持一批家具企业，专项用于企业的并购重组和创新升级。积极支持家具企业实施技术改造，通过贷款贴息、以奖代补等方式，重点支持企业购置先进设备、实施"机器代人"示范、智能化改造等。对规模以上家具企业以融资租赁方式投入 1000 万元以上引进先进生产设备的，由受益财政给予设备租赁费补助。市工业发展专项资金倾斜支持南康家具产业发展升级；市外贸发展扶持资金倾斜支持木材进口、家具出口、产品认证、国际参展等，加快推进家具产业国际化发展。支持赣州港申报成为国家一类口岸或国务院批复的临时口岸，实现赣州进境木材监管区板材和原木进口全口岸直通。整合全市进出口资源，逐步形成大宗货物在赣州港进出口，实现多品种规模化运营，进一步降低综合物流成本。支持加快国家家具产品质量监督检验中心（江西）的建设，设立出口家具检测重点实验室，推进与国内检测机构的信息联网互通、检测结果互认，实现家具出口检测认证本地化。支持南康将光明电商基地申报为国家级创业孵化示范基地和国家级众创空间，给予南康区"国家电子商务示范基地"资金支持。支持办好中国（赣州）家具产业博览会，扩大南康家具的知名度和影响力。支持有利于推动南康家具产业转型升级的产业共性技术开发、研发设计、质量认证、检验检测、电子商务、信息服务、资源综合利用、人才培训等公共服务平台建设和升级改造，对新认定的国家、省级企业技术中心、工程研发中心等研发机构，由受益财政按照相关规定给予补助。支持南康建设和培育木材家具旧货市场，开展废旧家具木材分类回收和再生利用试点，对废旧家具进行分解处理，实现生态循环回收利用。支持南康建立家具回收处理中心，对废旧木材回收经营单位销售其收购的废旧物资由受益财政实行奖励，奖励标准为企业应缴纳的增值税留地方部分税额。支持协调海关在赣州港设立保税仓，进一步完善保税功能，助推建设综合性国际内陆口岸，为项目落地提供服务功能保障。筛选20家成长性好的家具企业进行重点培育。

二是出台《赣州市扶持新能源汽车及配套产业发展的若干政策》，财政支持包括生产资质支持、《车辆生产企业及产品公告》的产品支持、技术研发支持、产品采购支持，以及对新能源汽车整车制造项目，企业生产规模达到国家规定准入标准的，当地政府或经济技术开发区管委会可先期投资建设厂房，再由企业购买或租赁使用；对设备投资额达到亿元以上的新能源汽车整车生产项目及关键零部件生产项目，主要生产、检测设备达到国内先进水平，购买先进生产、检测设备单台（套）金额在50万元以上的，在投资建设期按先进生产、检测设备投资额的6%给予补助（最高不超过2000万元）。对进口高端设备和先进技术的，由市级财政在国家、省贴息补助的基础上按《赣州市进口贴息资金管理暂行办法》执行。金融支持包括鼓励金融机构建立适应新能源汽车行业特点的信贷管理和评审制度，完善订单融资、应收账款质押、保理等供应链融资方式，积极推广新能源汽车融资租赁模式，适当降低新能源汽车贷款首付的比例；推动开发符合新能源汽车风险特征的专属保险产品，以满足新能源汽车生产、经营、消费等环节融资需求；按年对金融机构支持新能源汽车及配套产业融资业务进行排名，并作为财政性资金存款存放商业银行的一项重要考核指标，对支持企业银行贷款总额排名前三位的银行予以优先支持。对新能源汽车关键零部件及配套设施生产企业，优先推荐其申报"财园信贷通"贷款。鼓励金融机构开发新能源汽车科技城园区企业专属产品，有效解决园区企业从入驻园区到生产经营的长期发展过程中各环节的融资需求。赣州经济技术开发区、章贡区、南康区分别设立新能源汽车产业专项基金，并充分发挥市本级交银赣南苏区产业发展基金等产业基金作用，支持新能源汽车及配套企业在赣州投资布局、固定资产投资、科研技术开发等。还包括市场推广和配套设施支持等政策。

三是制定《赣州市扶持铜铝有色金属产业发展若干政策》，落实西部大开发税收优惠政策。对铜铝有色金属产业资源综合利用的企业，按照财政部、国家税务总局《关于印发〈资源综合利用产品和劳务增值税优惠目录〉的通知》（财税〔2015〕78号）规定，享受增值税即征即退政策优惠。对于废铜、铝合金熔炼加工项目，由受益财政根据企业对地方财政的贡献予以财政受益额一定比例的奖还。鼓励企业自主创新。落实高新技术企业税收优惠政策，按规定落实高新技术企业减按15%税率征收企业所得税。鼓励企业扩能投资。对固定资产投资达到3000万元以上，且在两年内竣工投产的企业技术改造项目，购买先进生产、检测设备单台（套）金额（不含税）在50万元以上的，由受益财政按照设备购买金额的3%给予一次性补助，单个项目补助金额不超过300万元。总投资3亿元及以上且在两年内竣工投产的，在受益财政补助的基础上，市级财政再给予100万元的一次性补助。对企业实施的技术改造项目，按《赣州市重点工业技改投资项目专项扶持资金管理暂行办法》规定给予适当支持。同时，受益财政可以出台更优惠的财政奖还政策，鼓励原有企业扩能投资。

四是出台《赣州市电子信息产业"十三五"发展规划》（以下简称《规划》）、《关于支持赣州电子信息产业发展的若干政策措施》。重点打造"4+2"的新型产业体系：围绕新型电子材料及元器件、光电子、智能终端制造、行业电子打造四大先进制造业产业集群，全面提升特色软件与信息服务业发展水平，悉心培育云计算、大数据及物联网等新型业态；着力构建智能终端、智能照明、智慧城市三大产业链；从创新能力提升、龙头企业培育、智慧城市应用、"两化"融合示范、产业投资促进等方面落实五大任务；同时就产业空间布局提出"赣粤电子信息产业带"总体方案；结合产业发展路径，出台用地支持、财税优惠、金融扶持、人才培引、县区互动等措施，确保得到有效实施。《规划》提出赣州市电子信息产业以四大先进制造业为基础，特色软件和信息服务为支撑，多种新业态为拓展，合理布局，分步实施，力争2020年实现产值1000亿元，并逐渐完善电子信息产业生态体系。

五是制定《关于促进氟盐化工产业发展实施意见》，积极引导氟盐化工企业向精深加工领域集聚，推动氟盐化工产业转型升级，提升产业核心竞争力，努力实现氟盐化工产业主营业务收入三年翻番。加快推进氟盐化工产业结构调整，促进赣州市氟盐化工产业的增长模式由资源依赖型向创新推动型转变；制定较高水平的行业准入条件，减少低水平重复建设，促进生产力要素向优势企业集中；加快推进会昌、全南、兴国氟盐化工产业基地建设，培植壮大氟盐化工产业集群。

六是出台《赣州市扶持生物制药产业发展若干政策》，促进生物制药产业创新发展，打造中西部地区具有较大影响力的战略性产业新高地。充分发挥政府资金的引导作用，加大对生物制药产业的扶持力度，建立财政投入与产业发展同步增长机制。市、县财政统筹安排引导资金，用于扶持全市生物制药产业的发展。落实西部大开发税收政策。财政资助奖励其科技创新。鼓励设立、发展生物制药产业创业投资机构和产业投资基金。鼓励、引导金融机构支持生物制药产业发展，支持信用担保机构对生物制药企业提供贷款担保。支持生物制药企业利用资本市场融资。支持引进高端人才，完善生物制药产业人才资源的市场化配置机制。

七是制定《赣州市扶持食品产业发展若干政策》《赣州市扶持食品产业发展若干政策的意见》，加大财税扶持，加快推进相关产业基金项目化、实体化运作，重点支持脐橙、油茶、茶叶、刺葡萄等深加工，促进全市食品产业的发展。在《赣州市2012~2016年现代农业产业园区建设工作方案》《赣州市现代农产品加工业发展规划（2013~2020年）》《关于支持农业产业化龙头企业发展的实施意见》的指导下，充分发挥赣州市特色农业资源优势，加快推进现代农产品加工业发展，配套建设农产品加工、物流设施，切实提高园区一体化经营水平。出台《关于加快推进赣南脐橙产业现代化建设的实施意见》，支持延伸产业链，加大贮藏保鲜、精深加工、市场批发、仓储物流等配套产业的建设，延伸和壮大产业链，提升产业综合效益。出台《关于进一步加快油茶产业发展的实施意见》，进一步改造提升传统油茶生产工艺，积极引进世界先进制造工艺；扶持加工龙头企业，鼓励发展精深加工，开发更多高附加值产品；提升产业集群度和产业国际化水平，用好国内、国外两个市场，打造具有国际竞争力的油茶产品加工基地。出台《关于进一步推进蔬菜产业发展的意见》，坚持产业融合发展，围绕蔬菜全产业链，以工业化理念统筹推进种植、加工、销售各环节，引导发展采摘体验、休闲观光等业态，推动蔬菜、第一、第二、第三产业融合，推动产业集聚集群。

第三，培育壮大产业集群的政策。一是出台《赣州市特色产业集群发展指导意见》《关于加快推进特色产业园（基地）建设的指导意见》，实施差异化发展战略，以政策倾斜为杠杆，集中人、财、物向特色园区倾斜；以产业招商为引擎，重点引进世界500强、国内500强企业和行业领军企业落户特色产业园（基地），迅速形成产业聚集效应；以"腾笼换鸟"为切入点，把特色产业园（基地）内不相关联的企业和项目迁出特色产业园（基地）功能区，为产业发展升级腾出空间，实现园区经济向块状特色产业转变。建成在全国具有一定影响力和较强竞争力的新能源汽车、钨硬质合金和刀钻具、有色金属综合利用、电子信息、汽车零部件、铜材加工、稀土新光源、LED、氟化工、盐化工、生物制药、家具等省级以上特色产业园（基地）12个以上。

二是制定《赣州加工贸易承接转移示范地产业发展规划（2017～2025年)》《培育和建设"加工贸易承接转移示范地"实施方案》，强力推进加工贸易承接转移工作，着力引进一批有实力、有技术、有品牌、有市场、无污染的加工贸易企业落户赣州，不断培育振兴发展新动能，努力把赣州建设成为产业特色鲜明、生产空间高效集约、与长珠闽地区有机融合、全面协调可持续发展的加工贸易产业转移示范地，力争培育一批核心龙头企业，壮大一批自主品牌，打造一批产业基地，形成特色产业集群。至2020年底，累计全市承接外资项目350个，实际利用外资90亿美元；承接内资项目1000个，实际利用内资3900亿元人民币；实现外贸出口200亿美元，其中加工贸易出口70亿美元。

三是出台《关于加快赣州高新技术产业开发区发展的意见》，举全市之力，大力发展稀土、钨新材料精深加工产业，着力建设全国知名的稀土稀有金属产业聚集区，打造中国"稀金谷"。到2020年，以规划建设中国"稀金谷"为契机，坚持创新驱动发展，园区基础设施及配套建设进一步完善，创新政策体系初步健全，创新环境进一步改善，研发机构和研发载体建设取得较大进展，企业为主体的技术创新体系初步建立，龙头骨干企业的技术创新能力明显提升，技术转移转化和科技成果产业化进程明显加快，基本形成在稀土和钨新材料及其应用领域具有产业价值链优势和竞争优势的特色产业聚集区，园区工业总产值达到900亿元，力争突破1000亿元，高新技术产业产值占比达50%以上。到2025年，"稀金谷"建设初具规模，成为培育和发展战略性新兴产业的核心载体，转变发展方式和调整经济结构的重要引擎，成为全国知名的稀土和钨新材料国家创新型特色园区。

第四，推动产业转型升级的政策。一是制订《赣州市创建"中国制造2025"城市试点示范实施方案》，明确将以新能源汽车整车及关键零部件、新能源动力电池及材料制备、现代家居、稀土永磁材料及中重稀土开发应用、钨高性能粉体与硬质合金、生物医药和大健康医疗、职能终端及电子元器件、物联网与大数据及软件服务产业八大细分领域为重点，组织实施制造业创新能力提升、质量品牌标准提升、制造业人才提升、职能制造、服务型制造、

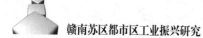

绿色制造六大重点工程，全面推进特色首位产业转型升级以及培育壮大新兴产业，提升制造业综合竞争力，推动全市工业经济健康快速发展。出台《赣州市推进"互联网+"协同制造实施意见》，以转变制造业发展方式和推进产业优化升级为主线，以信息技术的创新发展和应用推广为动力，按照"政府引导、企业主导、示范带动、全面推动"的工作思路，推进互联网与制造业融合，提升制造业数字化、网络化、智能化水平。制定《关于加快我市大数据发展的实施意见》，发展工业大数据。推动大数据在制造业的应用创新，提高自动化与大数据技术集成创新能力，加强生产过程智能化，发展工业互联网，建立工业大数据中心。鼓励大数据在工业研发设计、生产制造、经营管理、市场营销、售后服务等产品全生命周期和产业链全流程各环节的应用，推进信息化和工业化深度融合。

二是出台《关于加快高新技术企业培育的若干措施》，深入实施创新驱动发展战略，提升企业自主创新能力，培育一批具有自主知识产权、持续技术创新能力和科技成果转化能力的高新技术企业，加快产业转型升级，增强赣南苏区振兴发展的内生动力。对新认定的高新技术企业，给予研发投入的20%、最高不超过10万元的一次性奖励。发布《赣州市科学技术进步奖励实施办法》，提高企业自主创新能力，推进产业转型升级。制定《赣州市2012~2015年商标战略实施工作意见》《赣州市知名商标认定和保护办法》《赣州市质量兴市实施方案》《赣州市贯彻实施江西省质量发展纲要行动计划》《赣州市人民政府办公厅关于印发进一步强化质量工作若干措施的通知》《赣州市市长质量奖管理办法》等文件，以提高发展质量和效益为中心，开展商标、质量品牌提升行动，积极推动质量技术创新。对符合条件的应用数控技术、智能装备和绿色制造技术等企业技术改造项目予以补助，对主导制定制造业中符合国际标准、国家标准和行业标准的企业给予奖励。积极推进南方新能源汽车工程研究中心、江西省高功率动力锂电池工程研究中心和国家新能源汽车材料及零配件产品检验中心建设，提升赣州市在新能源汽车领域的技术创新能力。大力发展工业设计、管理咨询等生产性服务业，不断提升对工业转型升级的服务支撑能力。加快推进国家离子型稀土资源高效开发利用工程技术研究中心、脐橙工程技术研究中心、国家钨与稀土产品监督检验中心（江西）、国家家具产品质量监督检验中心（江西）、国家油茶产品质量监督检验中心建设，提升产业技术创新能力水平，推动我市制造业加快发展。

三是出台《赣州市扶持新型建材产业发展若干政策》，在税收、土地以及服务等重点位置。给予企业便利，帮助新型建材产业更好的升级发展。制定《关于促进钨新材料及应用产业发展的若干意见》，促进钨产业做大总量、做优质量，推动钨产业转型升级，提升产业核心竞争力。出台《关于促进稀土新材料及应用产业发展若干政策措施的意见》，推进以稀土稀有金属为主的"稀金谷"建设，盘活稀土前端产业，降低企业成本，提升核心竞争力，充分发挥赣州市稀土特色资源优势，促进稀土新材料及应用产业发展。

第五，大力发展现代服务业的政策。制定《关于加快服务业发展的意见》，优先发展生产性服务业、鼓励发展新兴服务业，为产业转型升级提供支撑。积极开展研发设计服务，加强新材料、新产品、新工艺的研发和推广应用。出台《赣州市扶持服务外包产业发展若干政策》，将服务外包产业列入重点发展产业，给予重点扶持。出台《关于赣州市促进工业设计发展的若干政策措施（试行)》，大力发展工业设计，培育企业品牌、丰富产品品种，提高附加值。依托赣州市钨、稀土等优势矿产业，机械制造、轻工、建材、电子信息等传统产业和新能源汽车及其零部件、生物医药、节能环保、高端装备制造等战略性新兴产业，努力做大做强工业设计服务规模，加快形成一批具有赣州特点的工业设计创新体系和工业设计中心。制定《赣州市加快引进发展金融机构奖励办法》，从机构入驻奖励、财税贡献奖励、项目建设优惠、高管人员激励等方面，鼓励各类金融机构和金融服务中介机构入驻赣州中心城区，健全和完善金融机构体系，加快推进赣粤闽湘四省边际区域性金融中心建设。出台《关于加快赣州稀有金属交易所发展的若干措施》，加快赣州稀有金属交易所发展，更好地发挥价格发现和指引功能，巩固和提升赣州市稀土、钨产业的辐射力和影响力，推动稀土、钨产业健康、持续、快速发展。

第二节 赣南苏区的工业布局

一、"十一五"和"十二五"时期的布局

工业布局是产业布局中一项重要内容。赣南工业布局服从于赣南的产业布局。总体来看，赣南的产业布局是围绕打造赣州中心城市地位而展开的，随着对赣南区情认识的深化，产业具体布局也在不断优化。

"十一五"时期，赣南提出了将赣州初步确立为赣粤闽湘四省通衢区域性现代化中心城市地位的构想，并据此进行产业布局。《赣州市国民经济和社会发展第十一个五年规划纲要》（以下简称"十一五规划"）提出"积极培育以中心城区为核心的中部经济区、以瑞金为核心的东部经济区和以龙南为核心的南部经济区，打造东、中、南三个经济增长板块，构建瑞金—赣州—龙南工业经济带，充分发挥'三区一带'的综合优势，使之成为特色鲜明、技术先进、开放程度高、配套能力强的优势产业密集区"。"十二五"时期，对赣州中心城市的功能定位更加明确和科学，《赣州市国民经济和社会发展第十二个五年（2011～2015年）规划纲要》（以下简称"十二五规划"）将其定位为"赣粤闽湘四省通衢的特大型、区域性、现代化中心城市和区域性综合交通枢纽、区域性金融中心"，江西绿色崛起的重要一翼和生态经济、生态文明示范区，全国重要的钨产业、稀土产业战略基地和世界最大的优质脐橙产业基地。

（一）赣南产业空间布局

为实现上述目标，赣州市在产业空间布局上，按照"以点带轴、由轴连圈"的发展模式，构建"一核二廊三圈"的区域发展格局，实现区域布局改善、结构优化、协调性提高。"一核"即以赣州市中心城区为核心，包括章贡区、赣州开发区、赣县、南康。"二廊"即由中心城区向南北延伸的赣粤产业

走廊、向东西延伸的赣闽产业走廊。"三圈"即以中心城区为中心节点、瑞金和龙南两个次中心节点为核心的 3 个"半小时城市圈"。其中，中心城区半小时左右城市圈覆盖兴国、于都、信丰、大余、上犹、崇义等 10 县（市、区）；瑞金半小时左右城市圈覆盖宁都、会昌、石城等 4 县（市）；龙南半小时左右城市圈覆盖定南、全南、寻乌、安远等 5 县。

"一核二廊三圈"既相对独立，又协作对接，以中心城区为龙头总牵引，强化中心城区的核心辐射带动作用，通过加密完善高速公路、快速干道、高速铁路等立体交通网络，形成结构合理、功能互补、资源共享、全市联动、城乡一体的赣南城市群。

（二）赣州市产业生产力布局

在生产力布局上，"十二五"规划要求赣州按照高新技术产业和现代服务业向中心城区集中、资源型和劳动密集型产业向产业承接走廊集中的原则，形成科学合理、协调联动的区域产业布局。

赣州中心城区以国家级开发区、出口加工区为龙头，按照集约化组团布局，专业化集群发展，打造钨和稀土等高新产业核心集聚板块和现代物流、金融、旅游中心，加快形成江西对接珠三角、闽三角产业转移的桥头堡和沿海腹地核心城市，赣粤闽湘四省通衢区域性现代化中心城市和全国钨与稀土产业战略基地。

赣粤产业走廊以赣州香港产业园为龙头，以京九铁路、赣粤高速、赣大高速为南北纵轴，强化与珠三角互动对接，重点发展稀土、钨等有色精深加工及应用、电子电器、现代纺织服装、机械制造等产业，打造稀土发光材料及节能灯具、机械制造等基地和一批特色产业园区，以产业集群提升经济核心竞争力，形成赣粤边际地区集散、口岸中心，成为京九经济带的重要增长极和与珠三角对接的经济协作区。

赣闽产业走廊以赣州台商创业园为龙头，以赣龙铁路、厦蓉高速、泉南高速为东西横轴，主动融入海西经济区，突出发展氟盐化工、新型建材、绿色食品、生物制药、信息服务等产业，打造国内一流的氟盐化工等产业基地和一批特色产业园区，成为承接闽东南产业扩散转移的前沿、连接赣闽台的

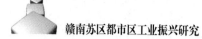

特色产业承接基地、全国东南部现代物流配送中心及旅游休闲的后花园。

赣州"十二五"规划坚持走新型工业化发展道路，以企业为主体，以项目为抓手，以科技为支撑，以园区为平台，推动工业经济规模化、集群化、高端化和品牌化发展，着力打造全国重要的钨产业、稀土产业战略基地。"十二五"期间，全市规模以上工业增加值、主营业务收入、利税总额三项指标年均增长20%以上，力争主营业务收入突破5000亿元。

促进产业集群建设。"十二五"时期，形成"三个三"产业集群，即稀土钨新材料及高端应用产业、新能源汽车及配套产业、铜铝钴锡大宗有色金属加工产业三个产值超千亿元的优势产业集群；电子信息、食品工业、轻纺服装三个产值超五百亿元的产业集群；氟盐化工、机械制造、生物制药三个产值超百亿元的产业集群。抓住国家对稀土等稀有资源战略性控制的机遇，进一步整合和利用优势资源，对钨、稀土等战略性资源实施总量控制开采，推动资源开发与科技创新嫁接，发展高端矿产产业。建立钨、稀土等重点产业智库，对重点产业展开全面、系统、持续、深入的研究，开发策划一批投资超10亿元甚至100亿元的重大项目。重点打造世界知名的稀土永磁材料及永磁电机产业基地、发光材料及绿色光源产业基地、硬质合金及刀钻具产业基地。

做强战略性新兴产业。选择新能源、新材料、节能环保、电子信息作为主攻方向，集中力量发展钨新材料、稀土新材料、新能源汽车、生物制药等战略性新兴产业。实施新能源汽车及配套工程，以动力电池为核心，以电池、电机、电控系统为基础，以整车制造为目标，以城市公交为切入点，"十二五"期间力争建成20万台新能源汽车整车及50万台动力电池、永磁电机、自控系统项目。引进培育一批拥有关键技术、自主知识产权、自主品牌和较强研发能力的企业，实施国家、省、市级重大高新技术产业化项目，使战略性新兴产业成为推动经济发展新的增长极。

改造提升传统产业。充分发挥区位、环境、园区和生产要素成本较低的优势，大力承接国际国内产业转移，引进、吸收、研发先进适用的工艺、技术、设备，大力推广信息技术、节能技术、资源综合利用技术，加快提升有色金属、非金属矿、机械制造、电子、食品、轻纺六大传统主导产业的产品质量和档次规模，加速向生产终端产品和设备的转型升级，创造出一批全国全省知名品牌，提升"赣州制造"的影响力。"十二五"时期，通过实施1000个投资五千万元以上、200个投资亿元以上、50个投资十亿元以上的重大项目，形成"二、十、百"龙头企业，即培育2家主营业务收入超百亿元、10家超五十亿元、100家超十亿元的龙头企业。

推进产业平台建设。"十二五"时期，着力培育"一二五"产业集聚平台，即1个主营业务收入超千亿元、2个超五百亿元、5个超三百亿元的园区，力争全市工业园区主营业务收入超4000亿元，占全部工业比重达到80%以上。进一步加强指导，完善园区产业布局，强化分工协作。以提高自主创新能力为先导，加快建设一批国家和省级科技研发平台；以完善园区功能为重点，加大园区特别是国家出口加工区、香港产业园、台商创业园等重点园区的基础设施和服务平台建设，着力推进"特色园区、生态园区、科技园区、数字园区"建设，推动一批工业园区升格为国家、省级经济开发区或高新技术开发区，提高工业园区的产业集聚度，加速产业基地化进程，逐步形成层次递进、产业互补、各具特色、协调发展的工业园区格局。

按照规划，"十二五"时期赣州着力发展六大支柱产业，培育九大产业集群。其中，六大支柱产业为有色冶金及新材料业、非金属矿及新材料业、食品工业、机械制造业、轻纺工业、电子电器工业。九大产业集群为三个千亿级产业集群——稀土钨新材料及高端应用产业集群、新能源汽车及配套产业、铜铝钴锡大宗有色金属加工产业；三个五百亿级产业集群——电子信息、食品工业、轻纺服装；三个一百亿级产业集群——氟盐化工、机械制造、生物制药。

表2-2 赣州市产业布局概况

项目	"十一五"时期目标	"十二五"时期的目标
三大产业结构比例	16∶46∶38	10∶51∶39

续表

项目	"十一五"时期目标		"十二五"时期的目标	
生产力布局	中部经济区	有色冶金及新材料业	赣州中心城区	钨和稀土等高新产业核心集聚板块
		电子信息业		现代物流中心
		食品业		金融中心
		机电制造业		旅游中心
	东部经济区	氟盐化工	赣闽产业走廊	氟盐化工业
		新型建材		新型建材业
		食品		绿色食品业
		物流中心		生物制药业
		旅游业		信息服务业
	南部经济区	稀土采选深加工	赣粤产业走廊	稀土、钨等有色精深加工及应用业
		现代纺织服装业		电子电器业
		农副产品加工业		机械制造业
支柱产业	有色冶金及新材料业		有色冶金及新材料业	
	食品业		非金属矿及新材料业	
	现代轻纺业		食品工业	
	机电制造业		机械制造业	
	新型建材业		轻纺工业	
	制药业		电子电器工业	
产业集群	钨产业集群		稀土钨新材料及高端应用产业集群（千亿级）	
	稀土产业集群		新能源汽车及配套产业（千亿级）	
	氟盐化工产业集群		铜铝钴锡大宗有色金属加工产业（千亿级）	
	脐橙产业集群		电子信息（五百亿级）	
	—		食品工业（五百亿级）	
	—		轻纺服装（五百亿级）	
	—		氟盐化工（一百亿级）	
	—		机械制造（一百亿级）	
	—		生物制药（一百亿级）	

说明："—"表示无或信息不全。本表由本书笔者制作。

《关于加快推进特色产业园（基地）建设的指导意见》（以下简称《意

见》）对赣南产业也进行了规划。虽然与上述布局有诸多相同之处，但是也体现了自身的特色。

《意见》的目标是建成在全国具有一定影响力和较强竞争力的新能源汽车、钨硬质合金和刀钻具、有色金属综合利用、电子信息、汽车零部件、铜材加工、稀土新光源、LED、氟化工、盐化工、生物制药、家具等省级以上特色产业园（基地）12 个以上。到 2015 年，新能源汽车实现主营业务收入1000 亿元；钨硬质合金和刀钻具、有色金属综合利用、电子信息、铜材加工、稀土新光源 5 个特色产业主营业务收入各超 200 亿元；汽车零部件、LED、氟化工、盐化工、家具 5 个特色产业主营业务收入各超 100 亿元。全市特色产业园（基地）实现主营业务收入 3500 亿元以上，占全市工业的 70%以上。

为此，《意见》提出在赣州市重点建设 22 个特色产业园（基地），具体如下：

赣州开发区新能源汽车产业基地（含新材料产业基地、机械制造产业基地）主要承载新能源动力汽车、稀土深加工及永磁电机项目。基地产业聚集加速推进，为打造新能源汽车提供了有利条件。今后要瞄准国内新能源汽车行业的重点企业，以及电机企业进行招商。如上海安乃达驱动技术有限公司、大安市稀土永磁电机制造有限责任公司、闽东电机（集团）股份有限公司、大庆永磁电机制造有限公司、浙江中源电气有限公司等。

赣州开发区铜产业基地（含电子电器产业基地）已形成了以江钨集团新材料公司为龙头的铜产业集群，今后要瞄准国内的铜加工企业进行招商，如宁波金田铜业集团公司、金龙精密铜管集团股份有限公司、海亮股份有限公司、中铝洛阳铜业有限公司、安徽楚江投资集团有限公司等。

赣州沙河生物制药产业基地现已初步形成了以青峰药业、海欣药业为龙头的生物制药产业，其中青峰药业生产的喜炎平注射液 2010 年实现主营业务收入近 9 亿元，是全国具备生产苦木注射液药品两家企业中的一家，是全球两大生产抗乙肝药物恩梯卡威的企业之一。今后要瞄准国内相关医药企业进行招商，如扬子江药业集团有限公司、哈药集团有限公司、修正药业集团、石药集团有限公司、杭州华东医药集团公司。

赣州沙河汽车零部件产业基地（含赣州新型电子材料基地）。赣州沙河工业园内有汽车零部件生产企业近 30 户，2010 年实现主营业务收入占沙河工业园的 41%，产业特色已经初具规模。水西稀有金属产业基地已获江西省发改委审批，并初具规模，基地设施较为完善，引进了 26 个项目落户，其中江钨钴业、逸豪实业、鸿富新材料等一批企业已投产。要利用建有国内一流的零排放电镀集控示范区及全省第二、全市第一的基地综合污水处理厂，加快基地建设，将其建成全国知名的微电子产业基地，实现主营业务收入 100 亿元以上。今后要瞄准国内较大的整车总装企业进行招商，如比亚迪、奇瑞、长安福特、上海大众等。

赣县钨硬质合金和刀钻具产业基地。赣县经济开发区初步形成了以赣县世瑞矿产品贸易公司为龙头的刀钻具产业集群，还有赣州远驰新材料、中瑞新材料等 10 多家钨产业上下游配套企业，具备建设特色产业基地的基本条件。今后要瞄准国内知名钨硬质合金和刀钻具企业进行招商，如株洲硬质合金集团有限公司、哈尔滨量具刃具集团、自贡硬质合金有限责任公司、厦门金鹭特种合金有限公司等。

南康家具产业基地。南康市现有家具企业 5670 多户，家具交易市场占地面积 800 亩，建筑面积达 70 万平方米，3000 亩家具产业基地正在建设中，家具产业基础结构较为完善，已形成集产品研发、物流服务、分工明确、产业配套、家具生产与市场同步发展的家具产业。今后要瞄准广东、浙江等地知名品牌家具企业及配套企业进行招商，如迪欧办公家具、红星美凯龙、顾家工艺等企业。

南康有色金属回收利用产业基地。南康工业园已聚集了南康有色金属、南山锡业、金龙矿业等有色金属回收企业。今后要瞄准国内知名的有色金属回收利用企业进行招商，如浙江丰利粉碎设备有限公司、苏州啸波再生有色金属有限公司、云南红河锌联工贸有限公司等。

信丰电子信息产业基地。信丰工业园已被江西省发改委批准为"江西信丰电子器件产业基地"，形成了以高飞数码、福昌发、一造电子为龙头的电子产业集群。今后要瞄准国内外知名电子信息企业进行招商，如三星电子、创维、长虹、联想、神舟电脑等企业。

龙南稀土发光材料及绿色光源高新技术产业基地。龙南经济技术开发区于 2007 年 2 月经江西省发改委正式批复建设龙南稀土产业基地，目前该基地已聚集了江西依路玛、五矿东林、江西和泰新光源材料有限公司等稀土新光源上下游产业链企业。今后要瞄准国内主要的稀土发光材料及绿色光源企业进行招商，如常熟江南、江门科恒、咸阳彩虹、衢州奥仕特等。

大余钨及有色金属深加工产业基地。大余工业园聚集了隆鑫态钨业、伟良钨业、东宏锡业和悦安超细等钨及有色金属深加工企业，初步形成了钨及有色金属"采矿—初选—制品加工—制品废料回收利用"的综合循环应用产业体系。今后要瞄准国内外知名的钨及有色金属深加工企业进行招商，如株洲硬质合金集团有限公司、厦门金鹭特种合金有限公司、香港中南创发有限公司、河源富马硬质合金有限公司等。

兴国氟化工产业基地。兴国经济开发区已集聚了 4 家萤石矿精选厂和 2 家氟化工企业，形成年产 3 万吨氢氟酸、3 万吨 R22、2 万吨水杨酸的生产能力。今后要瞄准国内知名的氟化工企业进行招商，如山东东岳集团、上海三爱富集团、浙江巨化集团、江苏梅兰集团等。

会昌盐化工产业基地。会昌工业园于 2007 年经江西省发改委批准为"江西省盐产业基地"，现已形成了以九二盐业为龙头的盐化工产业集群。今后要瞄准国内的盐化工企业进行招商，如浙江巨化集团、渤海化工、青岛碱业、海化集团、唐山三友、连云港碱厂、大化集团、江苏华源、杭州龙山、成都玖源、湖北双环等。

宁都县电子电器产业基地。宁都工业园目前有赣州艾维特电子、赣州三进特种漆包线、广志电子、宁力电子、立人电子、新兴电器等 10 多家电子电器产业上下游配套企业。今后要瞄准国内知名企业，如北京京东方、长虹、TCL、海尔、联想、清华同方等，以及韩国三星、日本东芝、索尼等国际品牌企业集团进行招商。

瑞金农产品加工产业基地于 2006 年被原中华人民共和国农业部命名为"全国农产品加工示范基地"和"鳗鱼、螺旋藻加工出口示范基地"，现有农

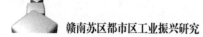

产品加工企业 31 家。今后要瞄准闽台地区农产品加工优强企业进行招商，如盼盼食品集团、娃哈哈食品集团、中绿农业综合开发有限公司、泉州喜多多食品有限公司以及福建省亲亲股份有限公司、福马食品集团有限公司、立兴食品有限公司等。

全南县运动器材产业基地。全南工业园入驻有香港韬略集团投资的韬略运动器材项目，项目总投资 1.8 亿元，建成达产达标后，年产运动头盔 420 万只，年产值 10 亿元以上，上缴税收 6000 万元以上。今后要瞄准广东东门和东莞，依托韬略运动器材公司吸引关联企业整体迁入全南。

定南台湾电子产业基地（含动漫科技产业基地）。目前定南工业园已引进 13 家电子线路板等相关配套企业，2000 亩的电镀集控区项目已通过申报立项，随着定南县台商创业园、恒明珠工业园地产项目的动工，定南县工业园已具备建设电子特色产业基地的条件。今后要瞄准珠三角地区承接东莞、深圳等地的电子企业进行招商，如耀德精密组件、大慧海电子等知名企业。

上犹模具产业基地。上犹模具企业产值、税收总额分别占全县工业企业的 70%、80%，具备了良好的产业发展基础。今后要瞄准国内较知名模具企业进行招商，如富士康科技集团、康佳集团等深圳模具产业的龙头骨干企业以及昌河飞机制造公司、江西凤凰光学仪器集团公司、江铃汽车工业集团公司等省内骨干企业。

于都半导体照明特色产业基地。于都工业园有近 20 家半导体照明产业上下游配套企业，已初步形成包括封装、应用及相关配套件、设备仪器仪表等在内的较为完整的产业链，2010 年获批为"省级半导体照明产业配套基地"。今后要瞄准国内知名半导体照明企业进行招商，如中山市华艺灯饰照明股份有限公司、松本照明有限公司、霹雳灯饰厂、东方灯饰有限公司、奥科特电器照明有限公司等。

安远绿色农产品深加工产业基地。依托现有的 30 万亩脐橙、6000 万袋食用菌和丰富的灵芝等农副产品资源，以及先进的种植、加工技术，在车头镇返乡农民工创业园建设绿色农产品深加工产业基地，初步规划将天华现代农业有限责任公司的食用菌、江西中宝生猪养公司猪肉等深加工项目迁入基地。

今后要以脐橙深加工项目为重点，瞄准国内知名农产品深加工企业进行招商，如农夫山泉、统一集团等国内知名公司。

崇义竹木精深加工产业基地。现已初步形成了以华森竹业有限公司、鑫丰人造板厂等为龙头的竹木精深加工产业集群，拥有"华森王""赣森王"等多个著名商标，竹木产业上下游配套相对完善，具备建设特色产业的基本条件。今后要瞄准国内知名竹木精深加工企业进行招商，如浙江华夏竹木有限公司、四川绿地竹木加工有限公司、长春德嘉木业有限公司等。

寻乌陶瓷产业基地。现已初步形成了以江西石湾环球陶瓷有限公司为龙头的陶瓷特色产业。今后要瞄准国内知名陶瓷企业进行招商，如广东东鹏陶瓷股份有限公司、佛山钻石洁具陶瓷有限公司、山东淄博华光陶瓷股份有限公司、福建省佳美集团等，重点发展日用陶瓷、建筑陶瓷、工艺陶瓷等系列产品。

石城矿山采选机械产业基地。现有矿山机械加工企业 60 余家，产品销往全国 20 多个省（市、自治区）和东南亚 10 多个国家或地区，其中选矿摇床、矿用振动筛、浮选机、螺旋分级机等八大系列产品已占全国同类产品 50% 左右的市场份额。今后要加强与北京矿冶总院、江西理工大学等高校和科研院所的合作，加快现有南方矿山机械研制基地、矿山机械新产品实验基地建设。

二、优化后的赣南工业布局

（一）优化背景

自《若干意见》实施以来，赣州立足市情和产业基础，按照《若干意见》提出的战略定位，一手抓传统产业优化升级，一手抓培育发展战略性新兴产业，工业产业规模、质量和集聚力不断提升，初步形成了一批产业集群，稀土、钨产业集群产值突破千亿元，南康家具产业集群主营业务收入突破 700 亿元，新能源汽车及配套、铜铝有色金属、电子信息 3 个产业主营业务收入分别超过 300 亿元。同时，重大发展平台和特色产业园区建设加快推进，一批技术研究中心和高新技术产业化基地初步形成（李炳军，2015）。尽管如此，"欠发达、后发展"的赣州经济发展短板依然在工业，瓶颈依然在工业，发展的潜力也在工业。加快振兴发展，工业是绕不过去的一道"坎"。

赣州经济发展的短板在工业、瓶颈在工业，这是因为从工业总量来看，2014 年全市规模以上工业增加值总量仅占全省的 10.3%，规模以上企业主营业务收入仅占全省的 9.8%，工业固定资产投资仅占全省的 7.8%。从发展水平看，赣州工业产业层次低、竞争力不强，稀土、钨等有色金属产业以初加工为主，且产能过剩，龙头骨干企业缺乏；企业发展后劲不足、经营困难，一大批企业处于停产半停产状态（李炳军，2015）。

赣州加快工业发展已经具备了的一定条件和基础，具体可以从以下两个方面看：

第一，从外部环境来看，当前全球经济缓慢复苏，国内经济缓中趋稳，中央和江西省相继出台了一系列稳增长的政策措施，重点扶持实体经济和发展（李炳军，2015）。宏观经济环境发生重大变化时，往往就是资源要素重新配置、区域竞争优势与劣势发展转变的时期，也是落后地区奋起直追、赶超跨越的重要契机。

第二，从内部条件来看，工业加快发展、加速跨越的基础和条件已经具备。一是资源丰富，矿产资源、国土资源、人力资源条件较好。二是赣州的工业企业大多都属于资源型企业，收缩过冬的能力比较强，虽然当前经济下行压力大，但这也是一个调整企业结构、改进生产方式、积蓄发展能量的好时机。三是政策优越，享受西部大开发税收优惠、部委对口支援等特殊政策。四是区位优势，高铁、普铁、高速公路建设加快，现代综合交通体系和快速通道日趋完善，与工业发展相配套的能源等物质支撑力都有了很大增强。五是拥有国家级经开区、综合保税区等一批对外开放、技术创新的"国字号"平台，还有一批省级经开区、工业园区，这些都是工业发展的主要载体。六是发展工业已经成为干部群众的共识。只要横下一条心、拧成一股绳，把优势充分利用起来，把潜力充分挖掘出来，赣州工业完全可以迎头赶上、跨越发展（李炳军，2015）。

（二）全力主攻工业

赣州"向特色优势要竞争力，补齐工业经济短板"。2015 年，赣州市委、市政府做出"主攻工业、三年翻番"的决策部署，提出以优势产业为基础、战略性新兴产业为先导，加快推进工业化与信息化、制造技术与新一代信息技术、制造业与生产性服务业深度融合，促进工业经济高端化、智能化、聚集化、品牌化，构建特色鲜明、集约高效、环境友好、市场竞争力强的新型工业体系。围绕《国务院关于支持赣南等原中央苏区振兴发展的若干意见》提出的建设"全国稀有金属产业基地、先进制造业基地"战略定位，赣州市立足资源禀赋和产业基础，充分发挥"稀土王国""世界钨都"等资源优势，做大做强主导产业、改造提升传统产业、培育发展战略性新兴产业、加快打造"千百亿"产业集群的产业发展目标；重点建设赣州新能源汽车科技城、南康现代家居城、"中国稀金谷""青峰药谷"和赣粤电子信息产业带，打造产业发展核心集聚区，培育塑造赣州优势特色产业集群。到2020年，全市规模以上工业实现主营业务收入8000亿元。这些内容也成为赣州市国民经济和社会发展第十三个五年规划纲要的重要内容。

（三）提出"一核两区"生产力布局

把协调作为持续健康发展的内在要求，进一步完善全市区域发展格局。"一核"即依托章贡区、赣州经开区、南康区、赣县为主的中心城区（都市区），"两区"即瑞（金）兴（国）于（都）经济振兴试验区和"三南"加工贸易重点承接地（张惠婷，2016）。

按照赣州市城市总体规划（2017~2035年），都市区包括章贡、南康、赣县、赣州经开区、蓉江新区、信丰。"瑞兴于"并非简单指瑞金、兴国、于都，而是"3+2"，即宁都、石城为瑞兴于"3+2"范围。"三南"即指龙南、定南、全南三县。会昌、寻乌、安远则着力建设会寻安生态经济区；大余、上犹、崇义则为西部绿海生态经济区。

《关于推进全市工业园区创新升级的意见》（以下简称《意见》）科学规划了赣州全市工业园区首位产业布局，明确以赣州经济技术开发区为核心规划建设新能源汽车科技城，以赣州高新技术产业开发区为核心规划建设"中国稀金谷"，以龙南经济技术开发区为核心规划建设电子信息产业科技城，以章贡经济开发区为核心规划建设"青峰药谷"，以南康经济开发区为核心规划建设现代家居城，其他工业园区集中培育一个特色产业集群，实现错位发展、优势互补、

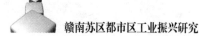

区域联动（杨怿华，2016）。旨在围绕产业集群、企业集聚、要素集合，推动工业园区向产城融合工业新城和智能化、生态化、服务化的"一城三化"转变。

《意见》确定各工业园区通过匹配综合用地，结合保障房、公租房等政策措施，建设一批交通、教育、医疗、购物、文体等配套设施，打造生产生活无缝衔接、产城融合的新型社区。园区内不仅实现管理信息化全覆盖，围绕特色产业集群建设科技创新平台，创建一批数字化、网络化、智能化示范标杆企业，还大力实施循环化改造，发展绿色制造业，以此推进园区生态化建设。

《意见》提出了创新发展方式，打造产业集群实现创新升级。各园区要立足当地资源禀赋、产业基础和市场前景，编制和完善工业园区产业发展规划，确定首位发展产业。全市围绕六大产业群，重点发展以赣州经济技术开发区为核心规划建设新能源汽车科技城，以赣州高新技术产业开发区为核心规划建设"中国稀金谷"，以龙南经济技术开发区为核心规划建设电子信息产业科技城，以章贡经济开发区为核心规划建设"青峰药谷"，以南康经济开发区为核心规划建设现代家居城。着力推进园区服务化建设，对新认定为国家级和省级公共服务平台的，由市财政分别给予 30 万元和 20 万元的一次性奖励。

优化后的赣南各县（市、区）工业布局情况如表 2-3 所示。

表 2-3　赣州市主攻工业首位产业分布情况

序号	县（市、区）	首位产业	发展的细分领域
1	章贡区	生物制药产业	中成药注射剂、颗粒、胶囊、片剂、肿瘤、心血管、神经系统消炎抗菌化学药及医疗器械
2	南康区	家具产业	实木、板式、家具五金、化工、油漆、电子商务、物流、加工贸易
3	赣县区	钨和稀土新材料应用产业	高性能稀土永磁材料、稀土永磁电机、稀土合金、抛光材料、特种稀土功能材料、稀土催化材料等产品，高精度高性能研磨涂层合金及配套工具、高性能超细和纳米硬质合金、功能梯度硬质合金及工具
4	信丰县	电子信息产业	电子电路、智能终端、新型电子元器件、光电、家电、移动通信、储能电池

序号	县 (市、区)	首位产业	发展的细分领域
5	大余县	稀金谷新能源材料 精深加工产业	钨及有色金属精深加工及综合利用、碳酸锂动力电池、钴金属及三元材料以及超细羰基铁粉新材料
6	上犹县	玻纤新型 复合材料产业	各类玻璃纤、玻璃电子布、增强基材、绝缘基材、玻璃钢加工应用、汽车轻量化玻纤复合应用等产品
7	崇义县	硬质合金应用 材料产业	地矿工具、装备制造业刀钻具领域的棒材、球齿、涂层刀片
8	安远县	电子信息产业	电子音响成品制造及配套元器件
9	龙南县	电子信息产业	LED及绿色照明、智能终端、数字家庭视听设备电子元器件
10	全南县	氟（稀土） 新材料产业	氢氟酸、氟化铝、氟钛酸钾、氟硼酸钾、海绵钛氟树脂、含氟膜材料、稀土永磁、核级锆铪
11	定南县	稀土永磁及 应用产业	稀土氧化物、仲钨酸铵APT、钨粉、碳化钨粉、氧化钕、氧化钠、氧化钇、钕铁硼磁钢、稀土金属
12	兴国县	机电制造产业	拨叉、压铸铝、轮胎等汽车配件、电动车、电瓶车等新能源汽车、远程控制设备系列产品
13	宁都县	轻纺服装产业	服装品牌运营、服装加工兼研发设计
14	于都县	服装服饰产业	服装服饰研发设计、原材料贸易、加工制造、品牌建设、产品检测、产品展览、技术培训、仓储物流
15	瑞金市	电气机械及器材 制造产业	民用电线、线缆线束及配套关联产业链
16	会昌县	氟盐化工产业	氟化工、盐化工、氟盐化工（烧碱、耗氨产品、耗碱精细化工产品、新型ODS替代品、含氟聚合物、含氟精细化学品、副产氨化氨综合利用）
17	寻乌县	新型建材产业	陶瓷建材（建筑陶瓷、卫生洁器陶瓷、艺术陶瓷及其配套产业）
18	石城县	品牌鞋服产业	品牌鞋服研发设计、辅助材料生产配套、品牌主营建设
19	赣州经开区	新能源汽车产业	电池、电机、电控、变速箱制造、新能源乘用整车制造
20	赣州综保区	保税加工物流产业	保税加工、保税物流、跨境电商、跨境金融服务

资料来源：赣州市政府官网。

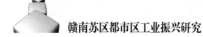

（四）两个具体规划

除上述总体规划外，赣南苏区还出台了两个相当重要的产业规划，即《赣州加工贸易承接转移示范地产业发展规划（2017～2025年)》和《赣州市电子信息产业"十三五"发展规划》。

《赣州加工贸易承接转移示范地产业发展规划（2017～2025年)》（以下简称《规划》）充分发挥赣州区位、产业、资源和政策的叠加优势，以改革创新为动力，进一步强化内聚外联，通过加速承接产业转移发展加工贸易，努力把赣州建设成为产业特色鲜明、生产空间高效集约、与长珠闽地区有机融合、全面协调可持续发展的加工贸易产业转移示范地。

《规划》抓住全球加工贸易产业转移的机遇，围绕全市"两城两谷一带"产业发展导向，发挥赣州劳动力资源丰富、要素成本低、区位条件好的优势，因地制宜承接发展优势特色产业，改造提升传统产业，积极谋划新兴产业，构建具有竞争力同时彰显赣州产业特色的加工贸易产业体系。《规划》围绕电子信息、轻纺、家具和玩具四大传统优势产业，打造加工贸易承接集聚区和加工贸易转型升级示范区；依托稀土和钨两大稀有资源，做大做强新材料及应用产业，通过承接加工贸易转移的契机，把赣州建设成为"中国稀金谷"；支持布局新能源汽车和机器人产业，推动战略性新兴产业发展；发展生产性服务业，推动加工贸易制造业由生产型向生产服务型转变，促进加工贸易制造与服务的深度融合。

第一，壮大四大传统产业。一是电子信息产业。建设电子信息产业科技城，承接珠三角电子信息产业转移，打造"赣粤高铁"沿线电子信息产业带。积极承接沿海电子信息产业，重点打造手机等通信产品、电子元器件、智能终端与光电设备、软件和信息服务业等产业集群，形成一批产业链完善、集聚效应明显、特色鲜明的电子信息产业专业园区。瞄准大数据、物联网、互联网、云计算、智能终端、北斗卫星等前沿产业，加快产品研发和制造，培育以新一代信息技术为核心的产品制造企业。

二是轻纺产业。改造提升传统优势产业，促进纺织服装、食品加工等产业向品牌化、个性化转型。加大招商引资力度，承接发展市场需求大、吸纳就业多的加工贸易纺织服装企业，打造于都、宁都、龙南、全南等服饰产业基地，建设成为中部重要的轻纺基地。加快科技创新和转型升级，提高产品档次，增强企业竞争力，持续加大品牌建设投入，培育一批核心轻纺类的龙头企业，提升赣州轻纺产业综合竞争力。

三是家具产业。建设现代家居城，推动家具产业向智能化、定制化、生态化升级。鼓励家具企业通过并购重组的模式做大做强，走规模化、品牌化、集约化、工艺化发展之路。加快南康家具研发中心、检验中心等平台建设，加快家居产业转型升级，鼓励企业发展智能家居，抢先占领市场先机。大力发展油漆化工、五金配件、木工机械、包装印刷、床上用品、灯饰、卫生洁具等配套产业。加快建设家具专业市场、家具会展中心等，积极创建全国实木家具知名品牌示范区。充分发挥赣州进境木材监管区的作用，完善金融、电商、物流、研发和检测等综合配套服务平台，延伸国内市场，拓展国外市场，将赣州打造成南方最大的家具生产制造和出口基地。

四是玩具产业。抓住沿海玩具产业转移趋势，吸引沿海地区玩具产业向赣州转移，提高研发设计水平，加强玩具产业与信息技术的融合，并建立以大企业为核心的网络型中小企业集群。加大配套产业招商力度，提高玩具企业的本土配套率，打造中部地区重要的玩具产业集群。

第二，突出两大特色产业。发挥稀土、钨等特色资源优势和产业基础，做强稀土钨新材料及应用产业。以赣州高新区、赣州经开区和龙南经开区等为平台，建设"中国稀金谷"，打造国内知名的稀土稀有金属高新技术产业集聚区。推进稀土产业与新能源汽车用永磁电机、风力发电、无人机伺服系统电机、轨道交通、绿色家电、新一代电子产品用电机等新兴应用产业深度融合，逐步完善产业配套，加速推进产业结构调整升级，着力打造产业链条完整、技术水平一流、具备国际竞争力的全国重要的稀土新材料及应用产业基地。以赣州经开区为主平台，支持钨行业龙头企业做大做强，大力发展高性能硬质合金材料，开发高、精、尖及替代进口的合金材料、涂层刀片、刀钻具等产品，推动钨产业向精深加工转型发展，全力打造具有国际竞争力的全国硬质合金及刀钻具生产基地。

第三，培育两大新兴产业。一是新能源汽车及配套产业集群。加快建设赣州新能源汽车科技城、新能源汽车赣州产业基地，引进新能源汽车及配套产业，实现新能源汽车整车规模生产。发展新能源短途特种功能电动专用车、国民电动车及铜铝薄膜、铝合金压铸配件等产品。建设南方新能源汽车工程研究中心、江西省高功率动力锂电池工程研究中心和国家新能源汽车材料及零配件产品检验中心。加强研发创新力度，重点突破电芯和电池PACK、先进锂离子动力电池和电池管理系统（BMS）、充电桩等核心关键产品和技术。

二是机器人及工业控制。抓住产业发展前沿趋势，超前谋划新兴产业发展，重点引进沿海先进工业机器人研发、生产制造和系统集成企业以及关键基础部件配套企业，形成具有较强竞争力、特色鲜明的工业制造和专业服务机器人。发挥赣州在制造业基础和劳动力方面的优势，围绕关键零部件、机器人本体、系统集成、终端应用等环节，在承接产业转移的过程中，组织实施一批工业机器人研发及产业化项目，快速完善赣州机器人产业链条。

第四，完善服务配套产业。围绕加工贸易发展，做好服务业配套，重点发展生产性服务业和"保税+"服务业。积极营造有利于现代服务业发展的政策环境，大力承接发展金融、电子商务、现代物流及供应链、信息咨询和科技服务等生产性服务业和商贸、家政护理、社区服务、养生养老等生活性服务业，发展壮大软件研发、服务外包、动漫设计、节能环保、文化创意等新兴服务业。大力发展现代物流业，加快赣州建设现代物流技术应用和共同配送综合试点城市，加快特色物流园区和智慧物流信息平台建设，扶持发展现代物流骨干企业，推动综合物流园区及物流仓储配送中心等项目建设。大力培育供应链企业，为加工贸易企业提供从采购原材料、中间产品以及最终产品制造，销售网络等全链条服务，实现信息流、物流、资金流的高效运转，助推加工贸易企业发展壮大。支持赣州建设服务业发展示范基地，打造"四省通衢"的现代服务业中心。

在区域空间布局上，《规划》提出优化策略。依托重要交通干线，优化区域产业分工，强化与珠三角、厦漳泉等沿海地区的经贸联系，打造以赣州主城区为核心，以赣州"三南"至广东河源、瑞金兴国至福建龙岩产业走廊为两翼的"一核两翼"开放合作新格局，引导高新技术产业和现代服务业向"一核"聚集，资源型和劳动密集型产业向"两翼"集中。

第一，构建"一核两翼"空间格局。其中"一核"即赣州主城区（赣州经济技术开发区、章贡区、南康区、赣县区），完善加工贸易产业大配套，重点承接发展新能源汽车、机器人、电子信息、家具、钨和稀土深加工等产业，以及为加工贸易配套服务的生产性服务业，推动加工贸易产业高端延伸和转型发展。"一核"功能区着力打造钨和稀土等高技术产业和新能源汽车等战略性新兴产业核心集聚区，建成全国稀土与钨产业基地和中西部地区重要的新能源汽车产业基地，推动赣州建设成为赣粤闽湘四省交界地区区域性中心城市。"两翼"即赣州"三南"至广东河源、瑞金兴国至福建龙岩产业的走廊，资源型和劳动密集型产业向"两翼"集中。其中赣州"三南"至广东河源产业走廊（即南翼）重点承接发展电子信息、稀土永磁材料及其应用，打造钨和稀土深加工、电子信息、轻纺、玩具等基地和一批特色产业园区，成为京九经济带的重要增长极和与珠三角对接的经济协作区。瑞金兴国至福建龙岩产业走廊（即东翼）重点承接发展轻纺、电子信息、玩具等产业，打造成为承接闽东南经济区产业扩散转移的前沿、连接赣闽台的特色产业承接基地、东南部现代物流配送中心。

第二，优化片区功能布局。结合各区县发展加工贸易的基础条件，按照全市工业园区首位产业规划布局要求（赣市府办发〔2016〕6号），秉承重点突出、错位发展原则，对各区县园区加工贸易重点产业进行功能布局。其中一核（主城区）以赣州经开区、章贡区、南康区、赣县区为核心节点，以上犹、崇义、大余为支撑节点，推进章贡经开区、赣州经开区、南康经开区、上犹工业园区、崇义工业园区、赣州高新技术产业开发区、大余工业园区等重点园区建设。

赣州"三南"至广东河源产业走廊以全南、龙南、定南为核心节点，以信丰、安远、寻乌为支撑节点，重点推进安远工业园区、信丰工业园区、全南工业园区、龙南经济技术开发区、定南工业园区、寻乌工业园区等园区建设。

瑞金兴国至福建龙岩产业走廊以瑞金、兴国、于都为核心节点，以宁都、会昌、石城为支撑节点，重点推进瑞金国家经开区、兴国经济开发区、宁都工业园区、于都工业园区、会昌工业园区、石城工业园区等园区建设。

《赣州市电子信息产业"十三五"发展规划》（以下简称《规划》）提出了电子信息产业发展的总体思路是量质并举，四化同步。

第一，承接起步，规模化发展。鉴于目前赣州市电子信息产业发展现状，增量引进仍是做大产业规模的必经之路。紧抓当前全球及国内电子信息产业梯度转移以及赣州市建设国家级承接产业转移示范区的机遇，立足珠三角，放眼全球及国内电子信息产业集聚发展区域，积极主动探索在产业转移中与目标区域的合作机制，创新合作模式，集中本地优势资源持续加大招商引资力度，并聚焦大项目引进，快速做大产业规模，打造赣州成为国内承接产业转移的创新标杆。一方面，构建目标导向的招商体系，充分结合当前赣州产业基础条件及产业发展需求，聚焦高端产业及产业高端环节，做到有针对性、有选择地承接；另一方面，持续优化营商环境，制定针对企业转移核心环节的相关鼓励政策，促进其在转移制造环节的同时将关键环节同步转移，推动整个产业链在赣州重构。

第二，应用切入，融合化发展。电子信息产业的高渗透力和强带动性也使得其在经济及社会民生等诸多领域的地位越来越重要。把握信息技术向多领域广泛渗透的发展趋势，从智慧城市、工业转型升级、信息消费、品质民生等电子信息产业下游应用领域切入，立足需求牵引，并充分挖掘赣州及周边地区市场需求，积极发展智能终端、健康电子、工控电子、智能传感等领域，推动电子信息产业与传统产业融合发展，形成互促互进的良性格局。同时，抢抓"互联网+"在各个领域创新应用的机遇，加快推动信息技术产业化和应用推广，以广泛的市场需求刺激供给创新，加大产品和服务供给，并以物联网应用、云计算、大数据、位置导航服务等为重点推进电子信息制造业与服务业融合发展，培育新的业态和增长点。

第三，龙头崛起，集群化发展。缺乏龙头企业引领带动成为赣州市电子信息产业链布局不完善的主要因素。聚焦赣州市电子信息产业重点布局领域，狠抓龙头企业发展，强化龙头企业在全产业链布局中的核心带动作用，推动电子信息产业上下游协同联动发展。一方面，盘活存量，对产品技术含量高、市场前景好的企业要加大培育和扶持力度，迅速做大做强，打造一批经济效益好、带动能力强的电子信息领域各环节的龙头企业；另一方面，集中力量加大行业内龙头企业引进力度，利用龙头企业的影响力，吸引相关配套企业入驻，做大产业规模的同时重点带动研发、设计等上游环节向赣州集聚，提升产业核心竞争力。

第四，统筹布局，特色化发展。从外部来看，立足赣州实际，以现有或潜在的比较优势为基础，围绕矿产资源优势做强新型电子材料及元器件等下游精深加工领域，围绕区位条件积极布局光电子应用、行业电子等领域，配套珠三角及周边区域，积极打造赣州市电子信息产业特色。从内部来看，依据赣州各区县及开发区各自产业基础条件，为避免同质化竞争，就电子信息各细分领域，全市统筹、合理布局，实现差别化竞争，错位化发展。创新各区县在招商引资等领域的合作机制，推进各区县围绕自身产业定位重点突破、特色发展，并充分发挥优势区县对其他区县的辐射带动作用，形成有核心、有梯度、有层次的一体化产业发展格局。

《规划》提出的发展目标是，到2020年，赣州市电子信息产业形成"三链五集群"的新型产业体系，新型电子材料及元器件、光电子、智能终端制造、行业电子四大先进制造业集群实现转型升级，软件与信息服务业集群发展水平全面提升，智能终端、智能照明、智慧城市三大产业链构建更加完善。全市电子信息产业结构进一步优化，创新能力不断提升，产业布局更趋合理，涌现一批标杆型龙头企业和引领型创新企业，绿色发展指标达到国内领先水平，对全市经济和社会发展的支撑带动作用不断增强，打造赣州成为泛珠三角重要的电子信息产业集聚地。

《规划》提出赣州电子信息产业发展的重点领域、发展路径主要在三个方面。

第一，需求牵引，着力构建三大产业链。按照赣州市电子信息产业发展特点，结合全球技术及产业发展趋势，立足下游应用对上游相关产业的带动，重点围绕智能终端、智能照明和智慧城市三大需求领域，着力构建三大产业链，进一步推进全市电子信息产业转型提升与协同联动发展。

一是智能终端产业链。紧紧抓住智能终端产业发展机遇，大力发展智能装备和智能终端产品，采取整机和关键元器件双轮驱动，相互配套发展，推进智能汽车电子、智能家居产品、可穿戴设备等新型智能终端硬件产品研发应用，围绕柔性生产线改造和智能工厂建设，推动工业软件、智能工控系统、智能生产装备、人机协同、工业以太网等技术产品的研发及应用普及。积极拓展电子信息在品质民生领域的应用，大力发展智能视听、智慧家庭、智能安防电子、汽车电子等相关产品，加快特色电子信息产业基地建设。推动智能终端产业在"芯片—硬件—软件—应用"全链条上从初级集聚向高级集聚、从低端制造向高端制造发展，形成"整机+关键元器件"带动发展的多极多层产业格局，智能终端优先在智能手机和智能家电产业链方面进行突破。

二是智能照明产业链。突破智能照明产业链薄弱环节，提升高亮度、功率型 LED 外延片及芯片技术水平和产业化能力，形成照明灯具模具设计、光源衬底材料、外延片及芯片研发制造、发光功率器件封装及产品应用等较完整的产业链条。积极发展路灯、隧道、农业、工矿、医疗等行业专用灯具，实施"互联网+"LED 智能照明工程，运用物联网技术，提高工程照明整体解决方案水平。依托江西省城市化进程的推进和绿色节能减排的要求，推进半导体照明技术在市政、景观照明、户外大屏幕显示以及室内商业照明的应用。重点培育壮大新正耀科技、奥科特等一批智能绿色照明的龙头企业，引领其在智能照明行业进行"灯具模具制造—智能光源—智能控制"产业链上下游外延拓展，整合当地资源做强做大。

三是智慧城市产业链。充分运用现代计算机和通信技术，提高城市管理和服务水平，推动发展高端产业及产业高端环节，拓展智慧城市产业链延伸建设，重点在旅游、健康、交通、教育、城管等领域探索智慧应用产业化，实现以智慧应用系统建设带动本地智慧城市服务产业发展。打造基于"感知—传输—平台—应用"的智慧城市产业链，重点发展智能传感、文化创意、智慧教育及智慧旅游等产业，进一步推动智慧应用和智慧产业融合发展，扩大信息消费规模，推动智慧城市管理、社会服务和产业培育融合发展，立足革命老区建设，形成具有鲜明特色的智慧应用产业化模式。

第二，转型提升，重点打造四大先进电子信息制造业集群。一是做大做优新型电子材料及元器件，打造特色基地。充分发挥赣州在钨及稀土资源深加工等方面的优势，围绕节能环保、新能源、新一代信息技术、新能源汽车、高端装备制造等战略性新兴产业应用需求，以量大面广的电子材料和电子元器件产品为突破口，同时培育配套高端应用的新型电子材料及元器件，做强电子信息产业基础领域。至2020年，赣州电子材料及元器件实现产值300亿元，成为泛珠三角重要的电子材料及元器件配套生产基地，并围绕PCB和电声电子两大特色领域，打造国家级PCB产业绿色转型示范基地、国内知名的创意电声之都。

重点领域有二：①电子材料领域。依托钨矿、铜矿及稀土资源精深加工优势，重点发展覆铜板材料、电子铜箔材料、钨铜电子封装材料、高档钕铁硼磁性材料、稀土发光材料等；配套锂电池发展，重点布局动力型及储能型锂电池隔膜材料、六氟磷酸锂及磷酸铁锂等电极材料等；围绕下游电子信息产业发展需求，重点拓展新型元器件材料，并以硅基晶圆片及硅外延片的研发及制造作为重点方向，持续推进相关产品的规模化生产，积极培育高端电子制造材料。②电子元器件领域。聚焦环保型和高端化发展需求，重点发展多层高密度、双面、多层柔性、柔刚结合及特种印刷电路板设计制造，拓展玻纤布、覆铜板等上游关键环节；立足现有电声产品集聚发展基础，强化陶瓷片喇叭、钛金喇叭、铝箔喇叭等主导产品的发展，注重产品研发与技术创新，增强高端声学产品研发能力，发展高品质扬声器产品，同时鼓励企业向下游终端产品拓展；聚焦片式化、小型化、集成化发展方向，巩固电子连接器、电源适配器、变压器、微型马达、精密电阻、电感元件、陶瓷插芯等产品优势；围绕下一代通信配套，重点发展各类通信线缆及组件，掌握光通信传输关键技术，延伸发展新能源汽车用线束、光伏电缆产品、机器人控制电缆等。

发展路径有二：①立足PCB及电声产品集聚优势，打造两大特色产业基地。结合电子材料及元器件产业特点，一方面，围绕下游整机应用需求，以电子连接器、变压器、电源适配器等量大面广的产品为突破口，快速做大电子材料及元器件规模；另一方面，聚焦 PCB 及电声两大优势领域，打造特色产业。依托骏亚电子、福昌发电子、深联电路、志浩电子科技、领创电路等骨干企业及重大项目，做大做强 PCB 制造，并推动产业链向下游延伸，培育和带动应用电路设计型企业集聚，提升产业整体发展水平，打造国家级 PCB 产业绿色转型示范基地。同时，着力破解"模具开发"和"SMT 表面贴装"两大关键环节缺失问题，使产业由现有的以生产电子器件为主向成套生产电子产品转变，努力引进大型电子终端制造企业，形成完整的电子信息产业集群。充分发挥朝阳聚声泰、以泰电子、鑫冠电子的产品优势，围绕高端、时尚等需求方向，加大研发投入，增强内部协同，强化品牌建设，并加强与歌尔声学、科大讯飞等业内龙头企业合作创新，不断拓展电声元器件发展空间，创建国内知名的创意电声之都。②统筹产业布局，鼓励清洁生产，推进产业转型升级发展。为最大限度降低 PCB 产业对环境的影响，鉴于目前 PCB 产业在赣州各县区分布较散的现状，依据"集聚、集约、集中"的发展原则，依托骏亚电子、明高、启懋电子、福昌发电子等现有骨干企业布局现状，加快推进产业布局战略性调整，同时加快集中污水处理和固体废物综合利用处置中心的建设，创新电镀等资源平台共享机制，形成基础设施高效利用的空间发展格局。同时要完善市场、环保等优胜劣汰机制，提高行业准入门槛，加强行业管理，鼓励节能环保与清洁生产技术应用，督导企业进一步向规模化和规范化发展，以高端化和绿色化为指引，统筹推进 PCB 产业转型升级。

二是聚焦照明光电子，示范提升。积极融入江西省光电子产业体系，以绿色照明、新型显示为切入点，不断拓展光电子应用领域，重点发展 LED 及半导体照明、LED 非视觉照明、平板显示配套、光伏发电创意产品等。至2020 年，赣州光电子应用产业规模达 200 亿，打造赣州成为江西省光电子产业集聚发展的核心区。

重点领域有四：①LED 及半导体照明。围绕本地需求，以特种应用为重点方向，以经济舒适、安全可靠、优质高效为原则，发展景观、矿山、铁路等 LED 特种照明产品；围绕应用技术成熟领域，加快通用照明产业布局，鼓励 LED 创新应用产品开发，不断提升散热技术水平，改进产品生命周期、发光效率、稳定性等性能指标；支持企业向 LED 封装领域拓展，重点发展点阵/数码管、单灯、SMD、大功率 LED 等多种类型封装；依托电子元器件发展基础，配套发展各类照明系统用电子控制产品。②LED 非视觉照明。结合农业产业化趋势，以现代都市农业需求为切入点，积极发展 LED 非视觉照明应用；拓展 LED 非视觉照明在医疗光通信、智能家居、医疗保健等领域的应用范围，布局 LED 可见光通信以及红外 LED 和紫外 LED 的应用，围绕智能家居应用，发展家电及照明控制系统、智能开关、智能灯具等。③平板显示配套。重点布局触摸显示及模组生产环节，全力推进 OGS 触摸屏研发及产业化，鼓励超薄玻璃基板切割磨边及抛光技术、低温/低电阻 ITO 镀膜、全贴合触控模组等技术发展；围绕触控模组生产积极向关键材料和器件等上游延伸发展，择机布局液晶模组生产；积极拓展大尺寸 LED 显示领域，突破大尺寸高色域 LED 显示屏制造技术、室外高可靠性 LED 显示屏拼接技术等。④光伏发电创意产品。推进光伏技术与 LED、建材等技术结合，拓展光伏产品在家庭、建筑、通信、交通、农业、汽车、消费类电器等领域的应用。重点布局光伏幕墙等光伏建筑一体化产品，突破光伏建筑一体化产品的透光、隔热等技术；布局公共照明及户外景观设施建设；支持多领域光伏产品应用方案创意设计，发展多种自给式光伏应用产品。

发展路径有二：①循序推进半导体照明发展，打造江西省绿色照明产业重要增长极。依托新正耀、得邦照明、开宇灯饰、奥科特照明等重点企业，以灯具灯饰和产品封装等门槛较低、产业规模较大的领域为切入点，从特种照明到通用照明，不断丰富产品应用领域，并形成一定的技术研发和产品设计能力；在继续将 LED 产业做大的过程中，为进一步提升 LED 产业竞争力，积极发展 LED 驱动及电器附件领域，掌握影响产业升级的关键技术，提升产业创新能力；待 LED 产业形成一定集聚之后，围绕特色特种行业应用需求，加强行业龙头企业、重大项目以及人才团队的引进，设计开发大功率、超高亮度 LED、OLED 照明等具有市场引领作用的高端产品，满足替代性照明、建筑照明、工业照明、商业照明、娱乐照明、汽车照明、便携照明、住宅照明、交通照明等差异化需求，在向高附加值领域发展的同时，进一步将赣州半导体照明产业做强。②开展绿色照明及节能建筑示范，推进产业与应用互动发展。结合赣州国家低碳城市试点建设，借用市场促产业，选择标志性建筑、城市道路、广场、典型城区、政府办公场所等，持续加大公共领域绿色照明示范、光伏发电示范、建筑节能改造等推广力度，吸引一批以应用系统集成研发、制造、运营、维护为主的企业或研究机构入驻，延长光电及应用产业链，扩大产业规模；同时通过政策引导创新和推广合同能源管理等多种示范应用模式，并积极推进兼具情景体验、产品展示及新产品发布等诸多功能的"智能照明体验馆"建设，为应用推广提供必要支撑，产业环境与城市环境同步发展，把赣州打造成为国内绿色照明及光伏发电应用的标杆区域。

三是全面布局智能终端制造，实现多样多元。利用江西省及赣州市智能终端制造业基础优势，积极承接产业转移，大力发展智能终端整机制造、零组件生产、储能电池产品应用等重点领域，并通过自主研发、技术合作、项目招引等途径，丰富智能终端产品体系。至2020年，全市智能终端制造实现产值200亿元，打造智能终端成为赣州市电子信息产业的新名片。

重点领域有三：①智能终端整机制造。重点发展智能手机、可穿戴设备、平板电脑等智能终端产品。在智能手机领域，积极引进先进生产线，引入先进的管理理念，把赣州市打造成为国内知名的智能手机制造基地。鼓励企业与运营商合作，推出高端定制机，并支持品牌企业研发制造特色定制智能手机。在可穿戴设备领域，积极把握全球可穿戴设备产业的总体发展趋势，重点发展智能手环、智能手表、智能眼镜、智能服饰等产品，并以可穿戴设备硬件平台为核心，以软件平台为辅助，以可穿戴设备大数据处理服务为突破口，推动可穿戴设备产业向特色化、集群化、高端化方向发展。在智能电视领域，重点建设先进的智能电视产品生产线，结合当前互联网、移动互联网、大数据等新的发展模式，积极引进老牌电视厂商及互联网电视厂商，搭建生态平台。②零组件生产。依据国内外智能终端产业集群发展趋势，积极布局智能终端各类基础元器件、摄像模组以及智能终端模具等细分领域的核心产品，持续提升各类零组件产品的生产能力，实现对智能终端产品的全面配套。③储能电池产品应用。围绕储能电池在智能终端等产品中的应用需求，重点发展锂离子电池及其关键配套材料。同时积极关注储能电池及动力电池发展趋势，培育和引进超级电容及模块、燃料电池、铅炭电池生产企业，鼓励液流电池、钠硫电池等多种储能技术研发和产业化，推进相关储能产品在无线基站、新能源汽车等领域的应用开发，并积极关注行业发展趋势，储备下一代储能电池技术，形成以锂电池为主的多种储能电池竞相发展态势。

发展路径有二：①积极布局智能终端整机及零组件领域，全面提升产业链竞争实力。一方面加大对本地智能终端企业培育力度和对外部企业的招引力度，鼓励和帮助企业通过多种融资渠道进行扩产和技术升级；另一方面通过供需对接、合作交流等形式，积极寻找本地智能终端以及零组件企业，支持该类企业进行业务拓展和技术升级。同时，针对目前国产化程度较低的关键零组件，通过自主研发、技术合作、项目招引等途径，丰富产品体系，做大零组件领域。谋划布局智能终端高端环节，包括智能终端设计、关键零组件研发与生产等项目的培育和引进等，以关键领域取得突破带动智能终端产业链整体竞争力不断提升。②做足技术储备，着力丰富储能产品种类并形成集聚。在储能和动力电池领域，重点建设储能电池测试及材料研发平台，包括性能测试、安全性测试、环境适应性测试、循环寿命测试及电池仿真等多个平台，形成电池单体制造工艺路线、测试规范及评价体系，为储能电池产业集聚发展提供必要支撑。兼顾技术开发与战略储备，积极开展国际合作，对接国内储能电池领先企业及科研院所，支持重点企业牵头成立产学研用产业化联盟体，重点支持大容量储能电池技术、高可靠性动力电池技术、储能系统管理技术、电池回收利用技术、氢能源开发利用技术研究与开发，以及关键材料等高附加值环节的国产化替代研发和技术储备，以技术为先到分享行业成长利润，做强一批电池生产企业。适时布局新能源储能应用示范工程，并结合新能源汽车应用，拓展储能电池应用领域，引导产业链上下游密切合作，建立较为完整的储能电池产业链，打造赣州成为国内产品种类丰富、产业链完整的储能电池产业集聚区。

四是行业电子方面，注重应用牵引，协同推进。充分挖掘下游市场需求，以赣州及周边区域工业、安防、医疗、汽车、教育等行业应用需求为导向，带动工业电子、安防电子、健康电子、汽车电子、教育电子企业集聚。至2020年，全市行业电子产值规模达100亿元。

重点领域有五：①汽车电子。围绕安全、节能、环保、舒适和娱乐等整车配套需求，从后装车载电子切入，逐渐转向车身电子，并积极布局车用电子元器件及软件、新能源汽车关键电子产品以及车联网汽车电子技术等。②安全电子。结合平安赣州、智慧赣州建设实践，从视频监控、智能传感器等领域切入，着力发展摄像机、门禁系统、记录设备、对讲设备、防火防盗报警器等安防电子设备，重点突破实时监控视频传输与分析技术，并逐步向金融、电网、工控、加密等领域拓展。③健康电子。重点围绕量大面广领域，发展电子血压计、血糖仪、数字体温计、心肺健康实时检测仪等便携产品，积极培育可穿戴生命体征检测等智能穿戴式健康电子产品。④工业电子。重点发展矿冶、食品、纺织、建材等领域全自动化生产线用控制电子系统，重点发展工业控制模块制造。⑤教育电子。结合赣州教育现代化示范工程建设，重点围绕智能演示板、网络多媒体、在线教材等产品，积极开发可实现多方在线的互联网教学系统，推进一批教育电子设备更新换代。

发展路径有二：①狠抓项目引进，借势承接国内先进地区制造业转移。由于行业电子制造门槛相对较高，增量引进将是这一领域发展的主要模式。结合赣州行业电子产业布局方向，集中本地优势资源持续加大招商引资力度，并聚焦大项目引进，快速做大产业规模。在产业转移承接中，积极探索与目标区域合作机制，与东部各省市商会、行业协会搭建合作关系，邀请商会、行业协会及中介机构协助梳理行业电子领域有转移需求的企业名单。制定企业转移核心环节的相关鼓励政策，为其额外增加的产业转移成本提供适当的财政补贴，促进制造环节与研发等关键环节同步转移，推动整个产业链在赣州重构。②立足本地需求，配套智慧城市建设与工业转型升级。赣州智慧城市建设与工业转型升级对行业电子产品有着大量的需求，集中释放这些需求将对本地行业电子产业的发展带来难得机遇。立足本地需求，积极探索"市场换投资、应用促产业"的发展模式，通过实施一批示范工程，如智能化车间工程、智能交通试点、低速电动汽车推广工程、物联网应用工程、智慧健康推广工程等，提供行业电子产品应用市场，吸引外部的企业或机构入驻，要求其在本地工商部门注册成立相应的公司或总公司的子公司，销售收入计入本地产值，税收在本地上缴，以此方式实现从市场供给到本地投资的转变。

第三，融合创新，借力软件与信息服务促新业态快速崛起。一是在特色软件与信息服务方面，要软硬协同，全面升级。依托国家电子商务示范城市、"宽带中国"示范城市、国家信息消费试点城市建设实践，聚焦移动互联网、信息安全、智慧城市、工业控制等重点应用，着力提升软件及信息服务产业自主发展能力，形成与先进电子信息制造业发展相适应的完整的信息服务业体系。至2020年，特色软件与信息服务业销售收入突破100亿元。

重点领域有三：①特色软件。紧抓工业化和信息化深度融合契机，瞄准工业转型升级、智慧城市建设、行业电子应用等高端领域，发展行业应用软件、嵌入式软件等。发展工业软件与行业解决方案，围绕工业产品研发设计、生产控制等关键环节开展软件研发和应用；开发各类重点领域的应用软件产品，加快研发面向下一代互联网、物联网应用的嵌入式系统软件，推动软件研发模式创新发展。②互联网信息服务。充分发挥互联网的高效、便捷优势，提高服务资源利用效率，降低服务成本。围绕软件和互联网，重点发展智慧城市运营服务、电子商务服务、移动互联网信息服务、信息服务外包等互联网信息服务领域。③新兴信息消费业态。大力发展数字出版、数字媒体、网络传媒等新兴信息消费业态，并以广电运营商为核心，打造一流的数字媒体基地、内容服务基地和数字家庭应用示范基地，搭建新媒体版权内容库、内容加工制作云平台，实现数字内容、技术、产品、服务和运营一体化发展。

发展路径有二：①以智慧城市管理运营服务为特色主导，形成软硬协同发展格局。依托科睿特、憶源多媒体、中国电信赣州分公司、中国移动赣州分公司等骨干企业，推进智慧城市管理运营服务成为信息服务业的主导产业，加快章贡区特色软件与信息服务业集聚区建设。在智慧交通方面，为公众提供人性化、综合化、智慧化的交通出行服务，为部门管理提供便捷办事、高

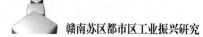

效指挥、智慧决策的信息化辅助支撑,实现"人、车、物、路、环境"的和谐发展;在智慧能源方面,创建针对高能耗生产企业的能源优化系统,降低能源消耗,提高能源利用效率;在智慧健康方面,创新卫生信息化服务模式,建设智能健康服务平台,实现"互联互通、资源共享、便民惠民、保障健康"的"智慧健康梦",提高工作效率,创造健康生活;在智慧环保方面,建设集网络设施、应用集成、数据共享和信息服务于一体的环境信息综合服务平台,拓宽智能化监测监管范围、提高环境信息资源的开发和利用水平、创新决策支持元素、增强环保智慧服务力度;在智慧养老方面,鼓励创新型家政养老服务发展,提升其智慧化水平。②强化关键基础设施防护与服务支撑,夯实信息安全保障。通过平台体系的建设,完善城市信息安全基础设施,提升赣州信息安全综合服务能级,主动适应新技术、新应用、新商业模式的客观要求。完善公共测评和认证技术平台,提升综合测评服务能力,积极拓展国内和国际安全测评认证服务市场;建立健全赣州市网络与信息安全应急管理系统,启动互联网安全监察综合支持平台建设,完善城域网安全预警和通报系统,面向三网融合发展实现信息安全技术管控和信息监管。在服务支撑方面,鼓励发展信息安全风险评估、方案设计咨询、工程监理、信息系统等级保护咨询、安全运维、网络安全应急处理、数据与系统容灾备份、电子认证、信息安全测评认证、电子取证、安全审计等服务,为软件与信息服务业本地化发展提供必要保障。

二是新一代信息技术需要紧跟前沿,蓄势突破。牢牢把握新一代信息技术升级趋势,跟踪前沿风口,抢占未来产业发展先机,在大数据、云计算、物联网等领域不断培育形成电子信息产业新的增长点,增强电子信息产业发展活力和产业持续更新能力。至2020年,新业态销售收入规模突破100亿元。

重点领域有三:①云计算。围绕云计算产业链构建,发展云产业的云工程、云服务、云工程与云服务三种基本业态,重点布局大规模分布式数据共享与管理、资源调度、虚拟资源管理及弹性计算、网络化软件运营支撑、大规模分布式系统运维及客户端云操作系统,重点发展面向企业和公众的移动云服务。以云计算服务平台和基础设施建设为抓手,支持企业优先发展云服务,加快发展云计算软件、基础设施核心设备、终端产品,建设一批云计算服务平台,支持企业参与云计算应用示范工程和标准体系建设。②大数据。推动政府公共信息、企业信息合理有序公开、资源整合,建立各类大数据平台。着力打造大数据研发、收集、挖掘、分析、处理、应用等大数据全产业链,重点研发分布式存储系统、并行数据处理、数据组合管理应用、特征识别等关键技术,探索具有商业模式的增值数据服务,协同推进大数据产业体系构建。③物联网。建设城市感知系统,加大物联网发展力度。坚持关键技术、标准体系和示范应用"三位一体"的发展模式,加快传感器、智能终端、服务集成等关键技术研发应用创新,加快物联网技术在多领域的融合渗透。推动行业示范应用,构建智能化的社会管理和公共服务体系,培育各类物联网应用服务,积极构建相关物联网服务平台,支持赣州市章贡区物联网创新应用产业园建设,面向重点应用领域打造物联网运营管理平台,开展物联网技术的规模化应用,逐步构建集研发、生产、应用、推广于一体的物联网产业体系。

发展路径有二:①实施信息基础设施升级工程,推动信息服务业向更高水平发展。按照新一代信息技术产业升级和示范应用要求,前瞻布局"云+网+端"的新一代信息基础设施,构建计算机与通信技术融合的超带宽、低延时、高密度、高可靠、高可信的移动计算与通信的基础设施。全面推进宽带网络光纤化改造,建设光网城市,加快4G网络建设,加强5G无线通信技术研发;加快下一代互联网升级改造,推动IPv6升级改造,构建网络信息安全保障体系;积极推动公共数据开放,加大力度推进市场监管类、民生服务类、企业信用类等公开数据开放应用,吸引新一代信息技术、大数据、云计算等领域的企业到赣州开展业务,鼓励社会主体对各类公共数据进行创新业务开发。②推广"互联网+"多领域融合应用,培育新业态新模式。在电子信息制造业领域,发展基于互联网的个性化定制、众包设计、云制造等新型制造模式,推动形成基于消费需求动态感知的研发、制造和产业组织方式;加快开展物联网技术研发和应用示范,培育智能监测、远程诊断管理、全产业链追溯等

工业互联网新应用。在传统制造业领域推广物联网技术，实现信息化计量供料、自动化生产控制、智能化过程检测、数字化质量检测、物流化包装配送，构建在线、自动、可视监测服务平台，确保安全绿色生产。在服务业领域，发挥互联网信息集聚优势，聚合各类物流信息资源，鼓励骨干物流企业和第三方机构搭建面向社会的物流信息服务平台；支持互联网金融产业发展，鼓励互联网与银行、证券、保险、基金的融合创新，更好地满足不同层次实体经济的投融资需求；发展互联网便民服务，在餐饮、娱乐、家政等领域培育线上线下结合的社区服务新模式；发展基于互联网的文化、媒体和旅游等服务，培育形式多样的新型业态；推广在线医疗卫生新模式，发展基于互联网的医疗卫生服务，支持第三方机构构建医学影像、健康档案、检验报告、电子病历等医疗信息共享服务平台，逐步建立跨医院的医疗数据共享交换标准体系。

在电子信息产业的空间布局与功能定位上，从以下三个层面进行布局。第一，总体布局——赣粤电子信息产业带。在产业布局上，围绕全市电子信息产业转型及拓展需求，结合产业发展重点与目标，充分考虑各区县产业环境资源承载力及目前重点园区的开发现状，遵循"产业集聚、错位发展"的原则，发挥物流、信息流的便捷优势，沿赣深高铁打造"赣粤电子信息产业带"的总体布局，即以龙南县、信丰县、南康区、章贡区、赣州经开区为赣粤电子信息产业带发展核心区，并向定南县、赣县、于都县、安远县等周边区域辐射，形成定位清晰、布局合理的围绕核心区"大协作—广辐射"的发展格局。

第二，核心区布局，包括五个县（区）。一是龙南县——电子信息科技创新引领区。充分利用龙南区位、资源及承载平台优势，建设赣州市电子信息产业科技城。一方面，鼓励企业成立技术研究机构，以及联合科研院所、高校开展竞争前合作，促成2~3家全国知名高校在科技城内成立电子信息相关方向研究院，推进关键共性技术研发；另一方面，优化电子信息产业科技城产业布局，优先引进国内电子信息行业百强企业入驻，以半导体照明、数字视听、石英晶体振荡器等电子元器件产品为核心，重点发展新型电子材料及元器件、智能终端制造等电子信息制造领域高端高值环节，创建绿色新型PCB产业示范基地，打造智能光电及电子新材料制造产业集群，辐射带动周边相关产业发展。

二是信丰县——智能终端制造产业集聚区。以信丰县省级电子器件产业基地为龙头，以工业园区为载体，充分发挥区位交通便利、人力资源丰富、产业基础良好等优势，以手机、平板电脑、电子玩具及机器人等智能终端制造产品为核心，重点发展智能穿戴设备、智能机器人、电声器件、印刷电路板等板块，围绕智能终端制造产品形成较完整的产业链条，打造智能终端制造产业集群。在现有信丰中等专业学校的基础上，加大财政扶持投入，加强电子信息产业工人培养和企业员工技能培训，积极探索后续教育新模式，为产业发展做好保障。

三是南康区——智能家居应用及产业化基地。以现有南康实木家具产业为基础，拓展智能门窗、智能家电控制等应用，重点发展智能家居、智能照明和电商服务产业，规划建设南康智能家居应用展示中心。以南康建设"全国电子商务示范基地"和"赣州临港经济区"为契机，依托南康千亿家具产业集群，加快电子商务发展步伐，将传统销售模式转向线上线下结合，建成以线上销售为主的电商销售平台，"十三五"时期末实现电商销售交易额全省第一。在现有液晶模组、电器元件优势产业基础之上，进一步瞄准量大面广的智能终端、家用视听、新型显示器件、半导体照明器件等领域，夯实电子信息制造业基础，逐步向中上游的电子元器件、电子材料领域延伸。以"电子薄膜集成器件国家重点实验室"赣州分实验室为技术支撑，加快新技术、新产品的开发和应用，通过"腾笼换鸟""筑巢引凤"，投资开发符合条件的标准厂房建设，大力引进上下游配套企业，形成涵盖服务智能家居应用的消费电子产业集群。

四是章贡区——特色软件与信息服务业集聚区。借助章贡区高校集中、市府总部等得天独厚的区位优势、人才优势，重点发展软件与信息技术服务业。以智慧城市系列应用开展为突破口，推进市级创业孵化基地建设，加大现代服务业对技术培训、生活居住、学术交流、商贸物流、金融支持的配套要素保障，将章贡区打造成全市软件与信息技术服务业发展高地。依托章贡区软件孵化基地，重点培育和引进软件与信息服务行业的咨询设计、创意设计、移动应用开发等技术团队，引导软件企业由提供软件产品向提供整体解决方案和运营服务延伸，提高智慧城市等重点领域信息应用系统的方案设计、开发、综合集成能力。

五是赣州经济技术开发区——汽车电子及半导体材料特色产业基地。依托汽车整车及零部件制造基础，围绕超颖科技、孚能科技等重点企业产业升级需求，以新能源汽车应用为驱动，聚焦安全控制系统、动力控制系统、车身电子模块、车载信息娱乐系统等重点领域，推动应用企业与电子信息企业开展技术交流和研发合作，将下游应用与电子信息技术进行深度融合，提升电子信息企业在汽车电子领域的技术水平和产业化能力。充分发挥睿宁高新的技术优势，积极争取国家及江西省政策支持，实现硅晶圆及外延片等半导体材料规模化生产，并实现对下游应用企业相关电子产品的全面配套，形成产业间融合发展新模式，加快建成赣州市汽车电子及半导体材料特色产业基地。

第三，辐射区布局，包括四个县。为进一步完善全市电子信息产业链，丰富电子信息产品体系，在五大核心区产业布局的基础上，坚持错位发展的布局原则，围绕核心区向于都、定南、赣县、安远等区域辐射。

于都县。结合现有光电产业基础，以 LED 照明为突破点，形成具备半导体照明灯具及器件配套的完整生产能力，成为与南昌光谷相呼应的光电产业集聚区以及省级绿色照明产业配套基地。

定南县。在稳步推进传统优势电子器件、网络通信等产品制造的基础上，充分发挥区位优势，积极对接国家级跨境电子商务综合试验区发展模式，做强做实电子商务、跨境电商等产业。

赣县。依托赣县稀金谷区位优势和现有物流、仓储基础环境，深入推进"互联网+电子商务"战略，构建赣县特色电子商务产业链，打造赣县成为集产品展示、交易、支付、物流、信息服务、配套增值服务于一体的专业电子商务及仓储物流基地。

安远县。充分利用现有电子音响产业集聚带动效应，鼓励和引导企业提高技术装备水平，加快新技术、新工艺的引进，打造产业聚集度高、生产成本低的电声器件特色产业园区，形成电声器件原料供应、生产制造和销售协同发展态势。

第三章　赣南都市区工业振兴情况

第一节　赣南都市区的演变

赣州都市区工业发展与赣州都市区规划演变密切相关。为更好地了解赣州都市区工业发展情况，十分有必要了解赣州都市区规划变化情况。

一、赣州都市区中心城市空间总体布局

2015 年 12 月，国务院正式批复《江西省城镇体系规划（2015～2030年)》（以下简称《规划》），《规划》提出将南昌打造成江西省域中心城市，将九江、赣州打造成江西省域副中心城市。这意味着建设赣州都市区的战略构想正式得到国务院批准。

赣州都市区区域范围包括章贡区、南康区、赣县、上犹县、兴国县、于都县、信丰县、崇义县、大余县和赣州开发区，总面积 2.01 万平方千米。赣州都市核心区范围包括章贡区、赣州开发区全域，南康区的蓉江街道、东山街道、唐江镇、凤岗镇、龙岭镇、镜坝镇、太窝乡、三江乡、龙华乡、朱坊乡、横寨乡、赤土畲族乡；赣县梅林镇、茅店镇、江口镇、五云镇、储潭镇、大田乡；上犹县东山镇、黄埠镇；同时考虑到赣州城市的供水安全保障，将崇义县的陡水湖水库周边的过埠镇、杰坝乡也纳入进来，总面积 7100 平方千米。

在工业园区布局上，积极发展重点产业园区、优化提升发展园区、都市区外围特色产业发展片区。

第一，积极发展重点产业园区。其中，赣州经济技术开发区发展以磁性材料和特色合金材料为主的高端稀土与钨新材料和应用产业、航空配件及组装等国防科工产业、铜铝精深加工产业、机械制造和电子信息产业、生物制药、印刷包装业，远期逐步将靠近城区的工业用地"退二进三"。赣州高新技术产业园区（赣县）发展铜铝及其他矿产品精深加工、电子信息技术产业、生态型农副产品加工（甜菊糖苷、脐橙、板鸭加工）、粮油加工、能源电力等产业。赣州高新技术产业园区（凤岗）为临空经济产业园区，发展新能源汽车配件及其组装、新能源电池、第二代电子信息技术产业、现代医药、物联网产业集群、尖端国防科工产业、服务外包产业等。赣州综合保税区发展保税物流、进出口贸易、出口加工、区域物流中转等产业。赣州（镜坝）产业升级与承接产业转移示范区发展以现代家具制造、灯饰、建材产业（地板、板材）、小家电、都市工业等产业为主的现代轻纺工业；同时设定合作共建园区，作为赣州中心城市产业集中升级和扩能改造的主要园区。龙岭产业区发展现代家具制造与产品设计、新材料、高端装备制造、汽车配套制造等产业。

第二，优化提升发展园区。水西工业小区发展高附加值的生态循环经济产业集群、电子信息技术产业等产业，逐步培育新产品的研发孵化中试。具有一定大气污染类项目和化工类项目应逐步外迁。沙河工业小区发展先进装备制造、汽车配套制造、生物制药等产业。远期将临近赣州火车站的工业用地逐步置换为商业、住宅用地。黄埠工业小区发展模具机械制造、新能源汽车动力电池、新型复合材料等产业。远期逐步将上犹江北岸靠近江边的工业用地置换为住宅及生活服务配套用地。

第三，都市区外围特色产业发展片区。规划建设兴国、于都、信丰、大余、上犹—崇义五大特色产业发展片区。依托兴国、于都、信丰的省级以上园区建设返乡务工人员创业园区，实行统一进城落户政策。

第四，布局商业服务区块。建设蓉江、章江两大市级商业零售中心，各处规划3~5个大型城市综合体；建设南康中心（东山）、河套、梅林3个区级商业中心，各处规划 1~2 个大型城市综合体或特色商业街区；培育凤岗、三江、南康南部、蟠龙、水东、沙河、茅店、储潭、唐江、江口等地区级商业中心，服务于周边城市社区。

第五，布局服务外包产业基地。在凤岗规划布局赣州服务外包产业基地，主要发展各类金融保险软件服务、税务系统服务、信息工程及流程设计、软件开发设计等。

第六，布局文化创意产业基地。包括赣州文化创意产业基地（文教新区）、赣州古城文化创意产业基地、赣县客家文化创意产业基地、上犹文化创意产业基地等。

第七，布局大型商贸物流园区。在赣州综合保税区、赣州高新技术产业园区（赣县茅店）、南康镜坝货运站、龙岭工业区、沙河工业小区、赣州港区、江口货运站、上犹黄埠建设服务于相邻工业园区的物流基地。在蓉江金融商务中心南部规划建设赣州综合物流园（商贸物流城）。依托南康现代家具城建设家具商品批发零售基地。在现状东绕城高速公路出入口附近规划布局粮食综合物流园。在赣州高铁站（凤岗赣州西站）东北侧布局国家级赣南脐橙交易中心、农机物资批发交易中心和蔬菜、瓜果及农副产品交易市场；沙河布局冷链物流中心；在南康东部、赣县北部和赣州综合物流园（商贸城）等地建设都市蔬菜与农副产品集散基地。

二、《赣州市城市总体规划（2017~2035 年）》

为明确赣州与"两个一百年"目标相衔接的城市发展愿景，强化规划对城市建设的引领作用，赣州市人民政府对原有规划进行了优化，并在此基础上组织编制了《赣州市城市总体规划（2017~2035 年）》（以下简称《赣州 2035》）。其中近期至 2020 年，远期至 2035 年，远景展望至 2050 年。赣州市五届人大常委会第十四次会议听取和审议了《赣州 2035》。会议认为，《赣州 2035》总规成果指导思想明确、技术路线清晰、资料翔实、体系完整，提出的发展愿景、发展目标、城市性质、发展战略符合赣州实际，能较好地指导赣州未来的城市发展建设，对赣州市加快建设省域副中心城市、"一带一路"重要节点城市，整合城乡空间资源，增强中心城市辐射能力，推进五区联动一体化发展，加速推进全市新型城镇化建设具有重大意义。会议表决通过了《赣州2035》总规成果。

《赣州2035》将赣州市划分为市域、市辖区、中心城区三个层次。其中市域：赣州市市域行政辖区面积3.94万平方千米。市辖区：包括章贡区、赣州经开区、蓉江新区、南康区和赣县区全域，面积5324平方千米。中心城区（城市规划区）：包括章贡区、赣州经开区和蓉江新区全域；南康区蓉江街道、东山街道，龙岭镇、镜坝镇、太窝乡全域以及唐江镇、朱坊乡、龙华乡的部分行政村（居委会）；赣县区梅林镇全域以及茅店镇、储潭镇和五云镇的部分行政村（居委会），面积1190平方千米。

（一） 空间总体布局

《赣州2035》提到：依托对外交通走廊，构建点轴集聚城镇空间格局，构筑"一区、两群、三轴"的市域城镇发展空间结构。"一区"即赣州都市区，包括章贡区、赣州经开区、蓉江新区、南康区、赣县区、上犹县、崇义县、大余县、信丰县、于都县、兴国县的全部行政辖区。经咨询赣州相关专家，赣州都市区实际上主要包括"五区一县"，即章贡区、赣州经开区、蓉江新区、南康区、赣县区、信丰县。

"两群"包括东部城镇群、南部城镇群。其中东部城镇群包括瑞金市、宁都县、石城县、会昌县的全部行政辖区。南部城镇群包括龙南县、定南县、全南县、安远县、寻乌县的全部行政辖区。

"三轴"指京九城镇发展轴、厦蓉城镇发展轴、济广城镇发展轴。《赣州2035》要求发挥交通廊道优势，积极培育沿高铁、高速经济带，促进城镇发展和各类要素聚集，构建三条城镇发展轴。其中京九城镇发展轴以京九铁路、京九客专、大广高速综合交通廊道为轴带，强化兴国—赣州中心城区—信丰—龙南城镇产业发展轴，积极培育和发展兴国、信丰、龙南、定南、全南等城市。厦蓉城镇发展轴以厦蓉交通廊道为轴带，积极培育和发展瑞金、会昌、于都、上犹、崇义等城市和沿线小城镇，促进要素集聚。济广城镇发展轴以济广交通廊道为轴带，引导人口、产业向沿线地区的城市和小城镇聚集。

（二）产业布局

进一步完善全市区域发展格局，积极布局"一核两区"。其中"一核"即依托章贡区、赣州经开区、南康区、赣县为主的中心城区（都市区），"两区"即瑞（金）兴（国）于（都）经济振兴试验区和"三南"加工贸易重点承接地。

优化产业体系，打造产业集群。全市着力构筑"2422"的主导产业体系，提升现代农业及农产品精深加工、文化创意及休闲旅游两大特色品牌产业；重点打造稀土钨新材料及应用、新能源汽车及配套、电子信息、以家具为主的都市工业四大工业支柱产业；重点培育生物医药、高端装备制造两大新兴工业主导产业；培育保税物流和区域电商物流为主的现代物流业，以金融科技服务、高端商务商贸为主的生产性服务业这两类现代服务业。围绕特色优势产业，引进培育一批带动性强的龙头项目，打造若干个千亿元支柱产业集群和一批百亿元新兴产业集群（李炳军，2015）。

实施"双轮驱动"，培育新兴产业。推进工业、服务业"双轮驱动"发展道路，依托制造业深入发展生产性服务业，形成"二三产联动"模式。坚持创新引领，提升科技创新能力。打造区域性科研创新中心，建设一批科技企业孵化器、众创空间、高新技术产业化基地等科技创新平台。推进赣州市国家级产城融合示范区和龙南、信丰两个省级产城融合示范区建设，鼓励在产城融合体制机制上先行先试。大力推进发展智能制造，建立健全智能制造行业标准和智能制造创新平台。

工业园区布局规划。中心城区工业用地布局形成带状的工业产业空间发展格局，推进产业集聚发展。以产业园区为载体，形成一批特色产业基地和产业聚集区，进一步健全产业服务体系与支撑体系，提升土地利用效率。逐步构建绿色产业体系，大力推进生态工业园区建设，打造赣州经开区、赣州高新区、新能源汽车科技城等生态工业园区，强化污染控制要求，严格产业入园门槛，大力推进清洁生产，控制污染物排放，确保污水达标排放。至2035年，规划工业用地面积为5760~7040公顷，占城市建设用地的18%~20%。

物流基地布局规划。结合交通条件，形成覆盖面广、功能明确、布局合

理的物流园区，推动物流业向网络化、规模化及智能化方向发展，建设区域性商贸物流中心。规划物流仓储用地 920.63 公顷，占城市建设总用地的 2.88%，人均 2.88 平方米。

第二节　都市区工业振兴分析

一、研究概述

本书所指的赣南都市区主要指"五区一县"，即章贡区、赣州经开区、蓉江新区、南康区、赣县区、信丰县。其中蓉江新区成立时间最晚。

赣州蓉江新区（以下简称"蓉江新区"）位于赣州市中心城区西南部，北起上犹江（凤岗至蟠龙段），南至潭口镇上元村，西起蓉江（潭口龙岭交界段），东至章江。下辖潭东镇、潭口镇和高校园区管理处，总面积约 130 平方千米，辖区总人口 22 万。其中规划城市用地 77 平方千米，常住人口 56 万人。

蓉江新区地处赣州中心城区的几何中心，与章贡区、赣县区、南康区、赣州经开区共同组成赣州中心城区的"五大功能区"，距离黄金机场、赣州站、赣州西站（高铁站）仅 15~20 分钟车程，区位优势明显。区内有赣南师范大学、赣南医学院、江西应用科技职业学院、赣州卫生健康职业学院、赣州师范高等专科学校五所大中专院校，科技创新优势突出。生态环境优美。三面环水、一面向山，风景秀丽，气候宜人。区内有星罗棋布的江河、水塘等水网组织系统，水域面积达 2 万余平方千米，生态环境十分优美。

2016 年 3 月，江西省编办批复设立赣州蓉江新区管理委员会。同月，中共赣州蓉江新区工作委员会成立。8 月，赣州市人民政府批复赣州蓉江新区管理区域。9 月，赣州市委、市政府批复赣州蓉江新区管理委员会主要职责、内设机构和人员编制。9 月 30 日，赣州蓉江新区与赣州经济技术开发区举行事权交接大会。2017 年 5 月 16 日，赣州蓉江新区党工委、管委会正式挂牌。9

月 7 日，赣州市委、市政府出台《关于支持赣州蓉江新区加快发展的若干意见》，明确将蓉江新区打造成为赣州经济发展的核心区和总部经济中心、金融商务中心、科技创新中心、文化旅游中心"一区四中心"定位，指明了新区在全市发展大局中的发展路径和方向。

根据《关于支持赣州蓉江新区加快发展的若干意见》，《赣州蓉江新区发展规划》明确了"一区四中心"的具体建设内容。

建设总部经济中心。鼓励引进世界 500 强企业、中国 500 强企业、中国制造业 500 强企业、中国服务业 500 强企业、跨国公司、国内大企业的区域总部及其功能性中心落户蓉江新区，并引导央企、国企、重点赣商、行业领军企业在新区投资发展，对入驻蓉江新区的大项目实行"一企一策"，区级给予相应的入驻奖励和税收优惠政策，奖励企业管理层税负超过 15% 以上部分的个人所得税。支持开展专题招商、境外招商。鼓励其他县（市、区）将企业总部迁入或设在蓉江新区。在蓉江新区新建一批智能、绿色高端商务楼宇，引进有成熟市场经验的楼宇经营管理机构。

建设金融商务中心。银行、保险、证券、基金公司、互联网金融公司等金融机构在赣州市设立总部或二级以上机构，鼓励落户蓉江新区。鼓励在蓉江新区设立融资担保机构、小额贷款公司、民间融资登记服务机构等类金融机构。支持发展互联网金融等新金融业态，设立金融后援服务中心。鼓励民间资本发起设立典当行、融资租赁、融资担保、金融服务公司等机构。提高蓉江新区重大基础设施、公共服务和产业项目的金融服务水平，加大对蓉江新区信贷投放力度。赣州市本级现代服务业重大项目优先落户蓉江新区，鼓励在赣州央企和省属、市属国企总部和研发中心入驻。大力发展服务外包、电子商务、商业会展、高端酒店、现代物流、研发设计、会计事务、工程咨询、检测检验、法律服务等现代服务业。支持蓉江新区发展跨境电商，建设跨境电子商务综合试验区。蓉江新区现代物流、总部经济、金融、研发、设计、知识产权等高端服务业用水、用气、用电价格按照国家规定执行最低标准。制定相关政策措施，在企业入驻、企业所得税、个人所得税等方面给予补助、奖励和优惠。

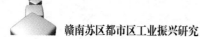

建设科技创新中心。鼓励培育新技术、新产业、新业态、新模式，推动蓉江新区新服务经济、绿色经济、智慧经济和分享经济发展。支持蓉江新区依托区内高校资源优势，强化科研创新能力，培育技术技能型人才。支持蓉江新区与珠三角、海西两大经济圈或其他发达国家与地区的知名高校、企业合作，在蓉江新区设立研发中心，共建实验室，组建产学研联盟。打造蓉江新区特色科技小镇。规划建设集建筑设计、传媒设计、服装设计、工业设计、软件研发、人工智能、新型材料研发等主要业态于一体的设计创意产业园。鼓励蓉江新区设立创新创业基金，积极培育大学科技园、科研成果转化中心、众创空间等科技创新载体，探索知识产权保护与交易机制。鼓励蓉江新区开展科技人员创新创业和科技成果使用、处置、收益管理改革试点。

建设文化旅游中心。依托峰山、欧潭、蓉江、章江及蓉江新区内蓝绿成网的优质生态资源，建设以文化旅游、健康养老、科技文创等为主题的特色文化创意小镇、艺术小镇。依托欧潭及滨江良好的交通区位资源和优美的自然环境禀赋，打造以文化休闲、体育健身、主题游乐、交通集散为主的文化旅游中心。

由于蓉江新区设立时间较晚，加之工业领域主要发展偏重于工业设计研发等产业链前端，招商引资等各项工作正紧锣密鼓展开，效果评估尚需时日。因此，本书不打算进行专门论述。

赣县位于江西省赣州市中部，赣江上游，环绕赣州市区，东邻于都、安远，南接信丰，西连南康、章贡区，北与万安、兴国接壤，面积 2993.09 平方千米，总人口 64 万。2016 年 10 月，江西省政府印发通知，按国务院有关批复精神，同意撤销赣县，设立赣州市赣县区。

赣县区位优越，交通便利。县城处在赣州市区的"二环线"上，是闽南 9 市、赣州市东河 8 县（市）"下赣州、上京九、达 105 国道"的咽喉要道，更是大京九经济增长带和赣龙铁路经济增长带的十字交汇点，境内赣江通达长江至海外；105 国道、323 国道和赣粤高速公路纵横县境连接东南沿海开放城市，全县公路通车里程 1900 多千米。

赣县矿产资源丰富，钨、铜、煤等矿产开采历史较早。还有稀土、铋、锡、钼、铅、钴、铁、金、银等金属矿产，萤石、黄铁矿、石灰石、重晶石、硫黄、钾、高岭土、铸石、卤水等非金属和泥炭矿产。已知矿床（点）共有百余处。其中经地质勘查成型的矿床18处。钨矿约66处，钨（W03）储量26671吨（不含白石山）。稀土分布10个乡，县矿区储量221140吨。煤主要分布在韩坊、小坪，县矿区储量3043万吨；石灰石的钙含量达50%以上的仅小坪牛岭，储量达5000万吨。高岭土分布于石芫广教寺、湖江、韩坊，储量80万吨。

赣县经济比较发达。以2012年为例，GDP突破100亿元，达到104.9亿元，三次产业结构比调整为17.8：56.8：25.4。赣县财政投入资金4.58亿元（工业方面），其工业基础比较雄厚。2012年全年完成规模以上工业增加值47.5亿元。钨、稀土、铜、铝、生物食品五大主导产业实现主营业务收入145亿元，占全县工业总量的67%。规模以上工业企业10家，总数达到63家，销售收入过亿元企业45家，税收超千万元企业12家，其中过亿元企业2家。工业实现税收6.98亿元。规模以上工业占GDP的比重达到45.2%。重点推进了赣州铜铝有色金属循环经济产业基地、储潭高新技术产业园等平台建设，园区建成面积达到8.5平方千米，入园企业总数达到186家。2017年，赣县主攻工业23个重大项目集中开工，涵盖了移动机器人、自动化设备生产、高性能磁性材料等项目，总投资达77.03亿元，其中新建项目12个，技改扩建项目6个，总部经济项目5个，项目达产达标后，可实现年销售收入146.79亿元，利税20亿元以上。其中便携式燃气数码智能发电机生产项目拥有全球首条数码变频智能发电机生产线，达产达标后预计年销售收入25亿元，利税5亿元。

二、章贡区

（一）章贡区工业布局的演变

1. 基础条件

章贡区东、南、北与赣县接壤，西与南康区、赣州经济技术开发区相邻，是赣州主城区，全市政治、经济、文化、交通和信息中心。历为赣州地区（专区）行政公署驻地。1999年6月15日，县级赣州市撤销，赣州市章贡区成立，面积 375.52 平方千米，2018 年末户籍总人口 518568 人。

赣区是交通要城，自古为沟通赣粤闽湘的江南重镇，唐代即为"海上丝绸之路"的重要节点，现为江西南大门、珠三角直接腹地、海西经济区和长江中游城市群重要组成部分。京九、赣龙、赣韶铁路，赣粤、厦蓉高速公路，105 国道、323 国道，以及赣州黄金机场连接东西、贯通南北；昌吉赣深高铁已经开工建设，赣州至泉州出海铁路同步推进；船舶可通过赣江直达长江经济带各港口及沿海；构建起航空、铁路、高速、水运等较为完善的综合立体交通网络。北至南昌、南抵广州和深圳、东进厦漳泉、西达长株潭均在 4 小时车程内，四省九市区域性中心城市的区位优势更加凸显，成为该区域人流、物流、资金流、信息流的中转、集散、交汇之地。

赣区人力资源富集。区内驻有江西理工大学、赣南师范大学、赣南医学院等 13 所大中专院校和 20 多所职业技术学校，每年培养技能人才 20 余万人。

赣区拥有"一区三园"工业发展平台，即升格后的章贡经济开发区及下辖的沙河产业园、水西产业园和规划建设中的水西铜铝产业园。其中，沙河产业园属省重点工业园区、被评为全省先进工业园，命名为江西省机电工业城、省级民营科技园；水西产业园被列为江西省首个战略性新兴产业基地、全省循环化改造试点园区。构建了有色金属及新材料、装备制造（汽车及汽车零部件）两大主导产业和电子信息、生物医药、节能环保三大新兴产业，即"2+3"新型工业产业体系。自古"商贾如云、货物如雨"，现有赣南贸易广场、建材大市场、家具大市场等 50 多个批发贸易市场，成为辐射四省边际 30 多个县（市）的商品集散地。

2. 工业布局

早在十年前，章贡区就明确了工业产业发展方向是做大做强"四大支柱产业"、培育扶持"三大成长型产业"。"四大支柱产业"即有色冶金及新材料业、机械制造业、现代轻纺业、汽车及汽车零部件制造业；"三大成长型产业"即中成药和生物制药业、精细化工业、电子电器及信息业。

《章贡区三年强攻工业实施纲要（2010～2012 年）》进一步细化，希望通过实施三年工业强攻战略，到 2012 年，全区规模以上工业增加值年均增长

35%以上，占 GDP 比重年均提高 2 个百分点，突破 50 亿元。主营业务收入年均增长 40%以上，突破 200 亿元；利税总额年均增长 40%以上，突破 20 亿元。为实现这个目标，明确了五大重点任务。

第一，确定产业方向，明确发展重点。在充分调研和论证的基础上，确定章贡区工业发展的重点为做大做强"四大支柱产业"（有色冶金及新材料业、机械制造业、现代轻纺业、汽车及汽车零部件制造业），培育扶持"三大成长型产业"（中成药及生物制药业、精细化工业、电子电器及信息业）。力争建成规模以上主营业务收入超 10 亿元的产业集群 6 个，即有色冶金及新材料、机械制造、现代轻纺、汽车及汽车零部件、中成药和生物制药、电子电器及信息业产业集群。其中有色冶金及新材料产业集群超 50 亿元，现代轻纺产业集群超 30 亿元。

第二，全力打造特色园区（基地）。力争建成主营业务收入超 100 亿元且特色产业占 50%的园区和基地各 1 个，其中赣州沙河工业园主营业务收入（含规模以下工业企业）超 100 亿元，赣州钴钼稀有金属产业基地主营业务收入（含规模以下工业企业）超 150 亿元。打造全国知名的汽车零部件齿轮加工基地、有色冶金及新材料生产基地和高端印制电路板产业基地。

第三，推进一批重大工业项目。抢抓世界经济结构和布局调整机遇，瞄准世界 500 强和国内 100 强企业，围绕"四大支柱产业""三大成长型产业"锲而不舍地做好招商引资工作。力争每年引进投资 5000 万元以上工业项目 10 个。根据章贡区 2010 年重点项目建设会战年活动实施意见的精神，抓好全区工业重点项目的建设工作，三年内实施投资亿元以上的工业项目 22 个，投资 2000 万元以上亿元以下的工业项目 24 个，拟建项目 40 个。力争完成项目投资 75 亿元，其中争取 30 个投资 5000 万元以上的项目实现竣工投产，项目建成后新增主营业务收入 170 亿元。

第四，壮大一批龙头骨干企业。重点扶持一批产业龙头企业，力争到2012 年，建成 10 个主营业务收入超 5 亿元的企业，即虔东股份、逸豪优美科、逸豪实业、江西江钨钴业、华劲纸业、青峰药业集团、天津百利钨钼、经纬汽车零部件和汉志电子等企业。其中赣州虔东稀土集团股份有限公司主

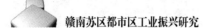

营业务收入力争突破 30 亿元,赣州华劲纸业有限公司、赣州逸豪优美科有限公司等企业主营业务收入力争突破 20 亿元。

第五,推动一批企业上市。重点做好赣州虔东稀土集团股份有限公司上市推进和赣州逸豪优美科有限公司上市培育工作,争取这两户企业在 2012 年前成功上市。同时,做好赣发集团、金环磁选、经纬汽车零部件、青峰药业集团等企业的上市培育工作。

《章贡区工业产业发展规划(2010~2015 年)》再次确认了上述产业布局。其要点如下:

第一,突出做大做强"四大支柱产业",培植扶持"三大成长型产业",引导促进产业集聚,突出抓好产业对接。有色产业重点引进高品质硬质合金、高比重合金等精深加工产品项目,节能灯、稀土永磁电机以及稀土贮氢电池、镍氢电池、锂电池等新能源材料项目,铜压力加工及铜杆线和铜排生产项目;机械产业重点是引进锻件、铸件、有色压铸件、模具、热处理、表面处理等基础项目;现代轻纺产业重点引进彩色印刷、模塑包装制品等项目;汽车及汽车零部件制造重点引进变速器配套项目及电动车配套项目;中成药和生物制药产业重点引进中草药提取物生产、生物药材园建设等项目;精细化工产业重点引进生产氟盐化工、复合肥、造纸化学品,生物化工等新领域项目;电子电器及信息产业重点引进行业领军型企业、高端印制电路板及覆铜板材料等电子元器件产品和新型显示器件产品项目。

第二,推进平台建设,培植特色园区(基地)。以"园区(基地)建设提升年"活动为契机,加强赣州沙河工业园区、赣州钴钼稀有金属产业基地(以下简称园区、基地)规划与城市规划、土地利用总体规划的衔接,建立和完善物流中心、服务中心、精细化工配套等综合服务功能,全面开展数字园区建设工作,实现园区管理信息化。整合优化土地资源,提高集约能力、扩大土地储备、筹建中小企业孵化基地,进一步扩大园区(基地)的承载能力。按照"龙头企业—产业链—产业集群—产业基地"的一条龙发展思路,大力引进和建设特色产业及其配套项目,提升产业发展层次和发展水平,加快形成集中度高、关联度大、竞争力强的园区产业集群。赣州沙河工业园以赣州经纬汽车零部件有限公司为龙头，加快六大专业化协作中心建设，做大做强汽车变速箱和同步器等汽车零部件产品；赣州钴钼稀有金属产业基地围绕稀土、钨钼、钴盐、铜等资源型产品，延长产业链，发展精深加工业，同时依托电镀集控区电镀配套和覆铜板资源加快元器件企业的招商引资，重点支持高端先进印制电路板，重点发展环保型覆铜板。

第三，强力实施项目带动战略。按照"开发储备项目、招商引进项目、组织实施项目"的原则实施项目带动战略。一是推进项目开发。依托大专院校、科研院所等机构，实施项目开发课题部门负责制，围绕"四大支柱产业，三大成长型产业"做好项目储备。力争到2012年编制5000万元以上工业项目50个。二是推进产业招商。区属各部门集中全力围绕章贡区2010～2015年工业产业发展规划确定的发展方向扎实推进产业招商。重点推介有色冶金及新材料、机械制造、汽车零部件、电子电器及信息产业的招商攻关，力争每年都有10个5000万元以上重大项目落户。三是推进项目建设。坚持和落实"四定两保"（定时间、定目标、定措施、定责任，确保按时开工建设、竣工和确保达标运营）责任制，发挥和完善重大项目协调推进机制的作用，推进项目建设。四是推进企业入规。对已竣工投产企业，要根据区政府的《关于加强区属工业企业"入规"工作的通知》要求，即时纳入规模企业，确保每年新增规模以上工业企业8户，力争10户。五是推进争资争项。主动对接国家和省产业振兴规划，精心组织包装一批符合国家产业政策和支持范围的重大技术改造和产业升级项目，争取获得更多国家和省工业专项资金扶持，确保每年实现向上争资1000万元。

第四，培育龙头企业核心竞争力。提高企业的核心竞争力，充分发挥龙头企业的核心带动作用。一是培育龙头企业。对主营业务收入有望冲刺5亿元、10亿元、20亿元以上的企业实行重点帮扶和指导，通过市场调节、政府引导推进资源整合，做大做强。力争到2012年，虔东集团主营业务收入力争突破30亿元，华劲纸业、逸豪优美科等企业主营业务收入力争突破20亿元。二是按照"四率"（全员劳动生产率、人均创利率、资金利润率、资源能源利用率）领先的要求，强化企业技术创新，在抓好现有青峰药业、虔东集团、

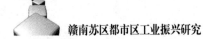
赣发集团 3 户省级创新型试点企业及省级企业技术中心的基础上，到 2012 年力争组织实施国家、省重大高新技术产业化项目 6 项，新增省级企业技术中心 3 户。三是提高融资能力。引导企业转变发展理念，增强合作精神，积极引进战略投资者，通过股权投资等方式加快传统企业、优势项目的裂变发展。四是健全上市培育体系。深化企业制度创新，打造上市后备梯队，推进企业上市步伐。到 2012 年，力争实现上市企业 2 户，重点培育 3~5 户。

第五，大力发展循环经济。以建设鄱阳湖生态经济区和海西经济区为契机，大力发展低碳经济、绿色经济，抓好沙河工业园生态建园工作。发展高效低耗的先进制造业和高技术产业，采用高新技术、先进适用技术和信息化技术改造传统产业，重点推进赣发集团与金力集团的风力发电合作项目和奇瑞投资新能源汽车项目，积极培育以低碳排放为特征的新的经济增长点。促进资源综合利用。围绕促进产业上下游发展目标，开发和推广应用高效、节能、降耗和环保的新技术、新工艺、新装备，大力实施资源综合利用项目。重点是大力发展钨、铜回收项目，尤其是低度钨矿石、废杂铜，扶持万年青水泥的资源综合利用项目和金属材料物流园项目。

第六，积极推进工业化和信息化的融合。加强赣州市沙河工业园和赣州钴钼稀有金属产业基地信息化建设和基础通信设施建设，进一步完善网络覆盖；全面开展数字园区建设工作，构建园区信息平台，实现园区管理信息化；加强园区网站建设，赣州市沙河工业园和赣州钴钼稀有金属产业基地都要建立门户网站。

第七，积极推动企业信息化建设。用信息技术改造传统生产模式，促进产业结构优化升级。引导企业加大对信息化的投入，在产品研发、生产设备、组织管理、过程控制和产品销售中广泛运用信息技术，提高企业的生产管理和技术装备水平，增加产品的科技含量，提升企业竞争力。推进骨干企业逐步建立信息、交易、结算、物流为一体的电子商务模式。

章贡区上述工业布局的显著特点有五个：第一，着力推进新型工业化，加快结构调整和转型升级，工业生产强势增长，重工业的增长大大快于轻工业。以 2011 年为例，当年全年区属规模以上工业总产值 164.75 亿元，按当年价格计算同比增长 66.3%。其中重工业产值 126.18 亿元，增长 87.3%；轻工业产值 38.57 亿元，增长 21.7%。工业销售产值 155.70 亿元，增长 62.5%。其中重工业销售产值 117.98 亿元，增长 80.9%；轻工业销售产值 37.72 亿元，增长 23.3%。工业品出口交货值 35.55 亿元，增长 1.5 倍。

第二，突出抓好主导产业发展，在做大总量、产业提升上取得了新突破，优势产业集群规模不断壮大，工业经济效益稳步提高。2011 年，全区规模以上工业实现总产值 193.93 亿元，增长 70.73%；实现增加值 40.47 亿元，增长 15.37%；实现主营业务收入 187.36 亿元，增长 67.8%。四大支柱产业实现工业总产值 142.98 亿元、主营业务收入 138.64 亿元、利税 30.73 亿元，分别占全区规模以上工业企业的 74%、74% 和 90%；汽车零部件产业被列为全省重点扶持发展的产业集群。3 家上市企业入驻，新增规模企业 12 户，年主营业务收入过亿元的企业达 37 户，其中虔东集团主营业务收入突破 50 亿元；纳税超千万元企业达 19 户，比 2010 年增加 3 户，其中青峰药业税收突破亿元，为章贡区首个年纳税过亿元企业；十大重点工业企业实现利税 29.77 亿元，占规模企业利税总额的 86%。新增规模以上工业企业 12 户，规模以上工业企业数达 66 户。

第三，重点骨干企业做大做强，优势产业更加明显。有色冶金及新材料、机械制造、现代轻纺、汽车及汽车零部件制造、中成药和生物制药、精细化工、电子电器及信息七大产业在全区工业企业中所占比重进一步加大，2011年七大产业累计实现主营业务收入 165 亿元、利税总额 33 亿元、利润 23 亿元，分别占全区规模以上工业企业的 88%、99%、99%。新增主营业务收入超亿元企业 11 户，主营业务收入过亿元企业达 37 户，其中虔东集团和青峰药业主营业务收入分别达 50 亿元、12 亿元。

第四，工业平台建设跨上新台阶，两个园区主营业务收入突破 150 亿元，利税实现 27.68 亿元。水西基地被列为全省首个战略性新型产业（赣州新型电子材料）基地。沙河工业园区被评为全省先进工业园区，且创建省级生态工业园区通过验收。园区全年共投入建设资金 6 亿元，新增工业建设用地 2700 亩，完成"三通一平"2800 亩，完成土地报批 3600 亩。新引进亿元以上工业项目 9 个，总投资 29.63 亿元。2011 年实现主营业务收入 154 亿元，完成利税 27.68 亿元，分别增长 56%、156%。

第五，"科技+品牌+生态"格局初步形成。2011 年，章贡区获得授权专利技术 118 项，其中发明专利技术 18 项，名列全市前茅；青峰药业、厦门德利等重点企业"技改扩能"投入达 4.15 亿元；逸豪优美科、金环磁选成功评为省级创新型试点企业。新增省级名牌产品企业 1 家。拒绝高污染、高耗能项目 20 余个，依法整治、关停污染企业 32 家，节能减排各项指标控制在目标范围内，环境质量跨入全省前列。

2013 年，章贡区产业布局进一步聚焦成"2+3"产业，其中两大主导产业指有色金属及新材料、装备制造业，三大成长型产业指电子信息、生物医药、节能环保产业。

（二）章贡区促进工业发展的政策及其成效

1. 促进工业发展的主要政策举措

第一，提高行政效率，优化营商环境的政策。先后出台《赣州市章贡区人民政府关于精简和调整一批行政权力事项的决定》《赣州市章贡区人民政府办公室关于取消调整区本级 44 项证明事项的通知》《赣州市章贡区人民政府关于取消 28 项行政许可事项证明材料的决定》《章贡区开展工程项目有关的规范性文件清理工作方案》《赣州市章贡区政府部门权力清单动态管理实施意见》《关于印发〈赣州市章贡区政府部门权力清单动态管理实施意见〉的通知》《2017 年"放管服"改革工作要点》等一系列文件，深入推进简政放权、放管结合、优化服务改革，加快政府职能转变，优化流程，不断提高政府管理科学化、规范化、法治化水平，不断优化营商环境。

第二，推动产业转型升级、培优扶强的政策。下发《赣州市章贡区人民政府关于印发〈章贡区区长质量奖管理办法〉的通知》《关于印发〈赣州市章贡区科学技术进步奖励办法〉的通知》《赣州市章贡区区长质量奖管理办法》，引导企业重视自我创新能力提升，注重产品质量。根据《赣州市章贡区科学技术进步奖励办法》，章贡区科学技术进步奖分为一等奖、二等奖、三等奖三个等级，对获奖者由区政府授予奖状、证书并发给奖金。为培育壮大赣州 PCB 电子产业，打造科技含量高、产业集聚性强、生产规模大、产业结构优、经济效益好的全国知名 PCB 电子产业基地。根据《赣州市章贡区 PCB 电子产业发展优惠政策》，财政连续三年每年预算安排专项资金用于扶持 PCB 电子产业发展。持续开展个转企、企入规、规改股、股上市工作，出台《章贡区 2013 年工业企业"入规上户"工作实施方案》《章贡区 2018 年主攻工业培优扶强工作方案》，全面建立工业企业"入规上户"工作长效机制，并从区属规模以上工业企业中选取技术领先、带动性强、具备规模提升能力及意愿的企业作为重点培养企业。扶持措施有收入增长奖、税收贡献奖、智能制造技改奖等，分别不同情况给予财政奖励。出台《章贡区发展智能制造装备产业扶持政策（试行）》，安排 1000 万元资金，鼓励企业智能制造、机器换人、绿色制造。制定《章贡区加快先进制造业发展奖励扶持办法》，加速推进先进制造业驱动区建设，从税收贡献奖、规模上台阶奖、年度优秀企业家奖、入规上户奖、技术创新奖、品牌创建奖、质量认证奖、企业上市奖、节能减排奖、两化融合奖十大方面予以扶持。出台《章贡区人民政府办公室〈关于印发赣州市章贡区工业企业技术改造项目贷款贴息补助资金管理办法〉的通知》《章贡区工业企业技术改造项目贷款贴息资金管理办法》等文件，加快推进工业企业产业升级、结构调整、节能减排等技术改造项目的步伐。设立 10 亿元的章贡区医药产业发展基金，主要投向赣州青峰药谷产业园项目、天然药物开发和产业项目、赣州医疗器械项目、赣州健康小镇项目、铜锣谷中药材基地项目、赣州健康医养结合示范项目、仰屏山医养健康旅游基地项目、医药总部经济项目，以及参与投资赣州市重大工业项目投资引导资金中的相关医药产业项目，推动生物医药产业发展，加快"两城两谷一带"建设。

第三，精准帮扶企业的政策。制定《章贡区重点工业企业帮扶工作方案（试行）》，着力提振企业发展信心，帮助企业解决融资、用工、生产经营等实际困难和问题，加快企业转型升级，营造集中精力抓发展、突出重点抓经济的良好氛围，形成推进全区经济社会又好又快发展的持续动力与强大合力。出台《章贡区"创业信贷通"管理办法》《章贡区"创业信贷通"工作实施方案》，重点支持高新技术及"千人计划"人才产业园、现代工业设计及创意创新孵化园人才，大中专院校毕业生，退役军人，赣州创业大学毕业学员，返乡农民工以及高校、科研院所等企事业单位在职专业技术人员等为创业主体在章贡区注册纳税的企业。出台《赣州市章贡区中小企业还贷周转金管理办法（试行）》，区政府授权"赣州五驱产业投资发展基金管理公司"（以下简称"五驱公司"），作为还贷周转金的管理公司，并由"五驱公司"决定是否发放还贷周转金。出台《关于促进经济平稳健康发展的若干政策措施》，降低企业用工、用能成本，加快标准厂房建设，创新用地方式，进一步加快项目开工建设，促进工业经济发展。

第四，积极打造产业发展平台的政策。《赣州沙河工业园区企业入驻管理暂行办法》明确规定入院产业方向、企业规模等条件。一是入园企业须符合《江西省产业结构调整及工业园区产业发展导向目录》，工业园原则上主要引进汽车变速箱、汽车同步器及相关联产业链项目。同时积极引进重大投资、龙头带动型及技术资金密集、高附加值、高税收的机电制造业项目。二是入园企业原则上固定资产投资（厂房、设备和地价款）须达到5000万元以上（含5000万元，外资可折算）；固定资产投资强度为121万元/亩以上。三是入园企业建成投产并达产达标后，每个会计年度实现的生产经营性税收达到6万元/亩以上。出台《章贡区开展"园区（基地）提升年"活动实施方案》，进一步提升沙河工业园区和钴钼稀有金属产业基地（以下简称园区、基地）形象，提高服务质量和服务水平，创优园区（基地）发展环境，创新园区（基地）服务机制体制，建设特色、效益、生态、和谐的现代化新兴工业园区（基地）。出台《赣州市章贡区软件产业孵化园建设管理工作方案》《赣州市章贡区软件产业孵化园扶持政策》，着力推进先进制造业驱动区建设，促进章贡区软件产业发展。

第五，大力招商引资的政策。《章贡区重点产业招商实施方案》明确重点抓好有色金属及新材料产业、机械制造产业、轻化纺产业、电子电器产业、生物医药产业五大产业的招商。《章贡区开展印刷线路板及电子相关产业专项招商实施方案》要求大力承接沿海地区印刷线路板及电子相关产业转移，促进企业发展壮大。出台《章贡区关于引进国家"千人计划"人才的实施意见》，重点围绕生物医药、智能制造等产业"招才引智"，瞄准国内30强、细分领域10强开展精准招商。

2. 政策落实情况

章贡区立足区情，发挥优势，突出特色，错位发展，找准产业主攻方向，围绕建设先进制造业驱动区，在推进优势产业发展上下功夫，不断提升振兴发展的区域竞争力。

第一，做大主导产业，做强首位产业。一是积极做大工业总量，不断加快发展战略性新兴产业，改造提升传统产业，着力推动产业转型升级。引导传统产业进行产品和生产模式创新，鼓励引进新业态，转换新动能，实现关键核心技术重大突破。大力实施"两化"融合试点，加快发展智能制造，争取更多企业和产品列入《中国制造2025》项目库。以智能制造为主攻，以科睿特、忆源多媒体为龙头，规划建设软件与物联网产业园，集中资源推动互联网、区块链、大数据、人工智能与实体经济深度融合。

二是着力做大主导产业，积极加快扶植产业链关键项目和配套企业，突出培育有色金属深加工、新型电子材料、汽车零部件与机械制造、现代轻纺、生物制药五大百亿元产业。加快电子信息产业补链强链、达产达能步伐，推动有色金属新材料、智能制造等产业集聚、创新绿色发展，构筑特色明显的产业高地，着力打造优势产业集群。推动虔东稀土、逸豪优美科等企业退城进园，加快硬质合金企业集聚发展。

近年来，章贡区主要培育了生物制药、电子信息两大主导产业。电子信息产业已形成了铜箔、印制电路板、线路板、触摸屏、LCD、LED、LCM为主的电子元器件产业链及产业集群。已建成章贡区软件孵化园和物联网创新应用产业园、云计算中心。现有深联电路、金顺电子、超越电子、中盛隆科技、逸豪实业等规模以上企业21家。2017年，全区电子信息产业实现工业总产值75亿元，同比增长40%。

三是做强骨干企业。实施扶优扶强战略，对龙头企业，在政策驱动、自主创新、要素保障、协调服务等方面给予全面支持，促进产业资本与金融资本融合，推进龙头企业上市，把区级龙头企业培植壮大成为行业领军型企业；

大力支持帮助战略性新兴产业发展壮大,打造一批主营业务收入超百亿元和利税超2亿元的企业方阵。

四是突出首位产业。章贡区把生物医药产业作为重点推进的首位产业,围绕全市"两城两谷一带"重大战略部署,以青峰药业为龙头,坚持走大投入、大手笔、大发展的路子。

青峰药谷是赣州市"工业十大重点工程项目"之一,项目总投资30亿元。章贡区围绕"1+3"工业产业体系,加快建设青峰药谷,打造大健康产业集群,构建生产制造、药材种植、医药贸易、大健康、公共服务五大板块,推进产业链前后延伸;加快青峰药业二期及国际化车间、山香药业、普元药业等项目建设,组建产业引导基金,支持青峰药业对外收购和兼并药企。加快通药集采、铜锣谷药材种植基地建设,推进一批药品及医疗器械产品上市,打造产城、文旅结合的国内一流生物医药产业基地。

为更好地服务项目建设,章贡区专门派驻由区人大常委会副主任、高新区管委会企业服务中心正科级干部及一般干部组成的青峰中药制剂及国际化药品生产项目服务小组,扎根项目工地,蹲点提供服务。项目攻坚服务组进驻项目后,严格落实"四个一"工作职责,围绕项目建设主动靠前、认真服务,认真研究工程具体情况,科学制订项目倒排计划;主动介入,实时掌握项目建设情况;建立困难问题台账,实行办结销号。

作为生物医药产业全国百强企业,青峰药业在全国各地拥有10余家全资子公司、2家控股公司和1家参股公司。青峰药业建有小容量注射剂、固体制剂、口服液和原料药等生产线,可生产注射剂、片剂、硬胶囊剂、口服液、散剂、原料药等,其生产的喜炎平注射液在清热解毒、抗炎抗病毒市场中占据主导地位,拥有120余项国家发明专利,近20项国际发明专利,先后承担了国家"十二五"重大新药创制科技重大专项3个,国家"科技企业创新基金"项目3个,国家发改委、工信部"高技术产业化"项目3个,国家"十三五"重大新药创制科技重大专项初步立项4个。

随着青峰药谷项目的推进和产业招商力度的加强,一批重大医药项目正加速向章贡区集聚。在药材种植方面,铜锣谷大健康产业园中药材种植已有收成，中草药博物馆已建成，仙峰谷生态产业园已种植中草药 195 亩；在生产制造方面，修正药业通药集采、南华医药项目已基本完工，青峰二期、晶康宇医疗器械、天羔药业正加快建设；在大健康方面，杨仙健康医养结合示范基地二期已有 9 栋楼封顶，杨仙岭人文健身公园已正式开园；在平台建设方面，科创中心、医贸产业园、医药冷链物流项目正在建设。产业规模从小到大，结构从单一到多元，初步形成了中成药工业占主导、化学制药工业次之、医疗器械工业等为补充的门类基本齐全的生物医药产业集群。2017 年，药谷规模以上企业实现主营业务收入 63 亿元。并成功纳入"中国制造 2025"试点范围，被认定为江西省重点产业集群。

第二，夯实产业发展平台。章贡区坚持以产城融合、城乡统筹的理念推进产业平台建设，建设国家级产城融合示范区。加快完成园区（基地）调区扩区工作，从而形成了"一区三园"管理和运行格局。整合各方资源，健全运行机制，着力开展园区"环境提升年"活动，启动行政服务进园区工作，加快基础设施和服务载体建设，深入实施环境提升改造工程，实施"腾笼换鸟"工程，加大闲置土地（厂房）清理力度，按规划有序推进沙河产业园"退二进三"工程，节约集约利用土地，为承接产业转移和加快产业转型升级提供强有力的支撑。用足用活外贸扶持政策，积极推动内陆口岸建设，降低企业商务成本。全方位推进章贡经济开发区建设，加快推动工业园区向集成产业、生态、生活、创新功能的现代园区转型。

依托区中小企业服务超市，启用章贡经济开发区中小企业服务平台，加快章贡汽车城、建筑产业园、金融总部大厦建设，力助小微企业创业园、新材料孵化基地、金属物流产业园发展壮大。组建区级融资性担保公司，创新中小企业融资担保模式，建立中小企业还贷周转金制度，扩大"财园信贷通""小微信贷通""统贷统还"受益范围，引金融活水浇灌小微企业等实体经济。

打造科技创新公共服务平台，强化创新驱动。支持虔东集团申报国家重点实验室、青峰药业申报国家企业技术中心，打造群星机械等省级创新平台。深化与江西理工大学、赣南师范大学、赣南医学院等高校合作，完善产、学、研合作平台，促进科技与产业融合，提高科技成果转化能力。深入实施"赣

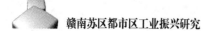

"人兴赣"工程，充分利用中心城区高校资源和人才集聚优势，引进高科技人才，抢占产业升级技术制高点。

归纳起来，章贡区为推动园区品位提质升级，主要进行了如下四个方面工作：

一是高标准编制一系列规划。坚持高站位与准定位相统一，立足章贡高新区实际，加紧与编制单位的对接联系，推动章贡高新区战略发展规划、提升改造规划、中国（赣南）健康城规划加快完成。

二是加快重大承载平台建设。以中国（赣南）健康城、千人计划人才产业园为重点，加快土地报批、"七通一平"、标准厂房等基础设施建设，高标准建好人才名宿、人才公园等配套设施。

三是推动老城提升改造。加快沙河大道等绿化、美化、亮化提升改造，实现道路"白改黑"、路灯"暗改亮"、管线"上改下"、老厂"旧改新"、围墙"灰改美"、绿化"绿改彩"。推动市政集团实施供水扩能改造，提升高新区生产生活供水能力。同时，加快水西标准厂房建设，引进酒店等运营商，完善水西园区配套功能。

四是推进环境保护硬件建设。加快水西园区固体废弃物填埋场综合治理、污水处理厂扩容改造，以及沙河园区污水管网建设。逐步实施水西园区"一企一管"改造。

第三，积极抓好项目引进工作。围绕国家政策导向，调整招商策略，充分利用国务院《若干意见》实施后形成的政策效应高地、投资成本洼地、效益回报福地，瞄准世界500强、国内200强、行业领军企业、产业链"链核"企业和关键配套企业，围绕主导产业，锁定目标企业，探索"点对点、专业化、产业链"招商，推进"订单式"招商，突出行业协会招商、以商招商、驻点招商，专项推介，持续跟踪，培育和引进一批"高、新、大"优质企业。

积极承接长三角、珠三角、海西经济区产业梯度转移，加快融入"一带一路"、长江经济带、昌吉赣高铁经济带，不断提高招商实效。实行招商引资"一把手"负责，强化招商引资考核，建立招商引资述职报告制度，完善招商信息管理、洽谈、服务及调度机制。深入开展民企入赣、外企入赣、赣商回归工程，鼓励在外赣商抱团返乡创业。

大力开展"安商服务年"活动，提高招商与落地实效。一是突出项目建设。按照季季有招商活动，月月有项目开工或竣工的要求，坚持一手抓增量、一手抓存量。章贡区建立完善了一个项目、一名领导、一个班子、一套机制的"四个一"项目工作模式和每月一通报、每季一签约、每半年召开一次流动现场会的"三个一"推进机制，对全区市重点项目实行倒排工期、挂图作战，对制约项目建设的问题，采取周办周结、限时督办，全力推动项目建设。在安商工作中，章贡区采取"店小二"式服务，政策叠加、精准对接、专业谈判、诚心服务，让一个又一个生物医药行业的顶尖人才，一项又一项具有独立知识产权，甚至填补空白的项目纷至沓来，为医贸产业园注入了蓬勃动能。"人才+项目+平台"的发展模式成为章贡迅速扩张的"秘籍"。截至2018年6月，共引进国家"千人计划"等高端人才达16名，总数居全省第一。二是精准帮扶企业。深入开展降成本优环境专项行动，帮扶企业变"大水漫灌"为"精准滴灌"、变"被动受理"为"主动对接"。对企业提出的问题实行"四级周办制"，能及时解决的问题，马上就办，不能马上解决的问题，"周办周结"，根据需要，第一周部门办理，第二周分管区领导办理，第三周区长办理，第四周书记办理。

3. 主要成效

表3-1　章贡区规模以上工业发展情况

年份	企业数（户）	总产值（万元）	工业增加值（万元）	主营业务收入（万元）	工业产品销售率（%）
2012	76	2060000	532600	1850000	
2013	82	2526600	611200	2420000	
2014	101	2855800	730800	2858800	
2015	100	3022500	740600	2950000	
2016			808400	3541500	
2017	132	—	—	3500000	
2018	—	—	—	—	

说明：1. "—"表示不详。2. 2016年新增规上工业企业16家。

资料来源：根据章贡区历年发布的政府工作报告、国民经济和社会发展统计公报公布的相关数据收集整理。

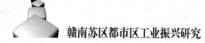

2012年，全区49个重点项目超额完成年度投资计划，共完成投资91.49亿元，完成年度投资计划的111.1%。其中，22个工业项目，共完成投资13.67亿元，完成年度投资计划的119%，其中历年结转工业项目完成投资9.73亿元，完成年度投资计划的128.2%。依托中心城区区位优势，以承接产业转移为主抓手，以招大引强为主攻方向，创新招商方式，突出招大引强。全年共组织赴香港、上海、广州、深圳等地开展专业招商活动10次，新引进亿元以上项目共6个，总投资达23.08亿元。

2012年，章贡区经济总量首次跃上200亿元，初步核算，全年全区GDP为200.18亿元，按可比价格计算同比增长13.1%。其中第一产业4.40亿元，增长1.1%；第二产业76.64亿元，增长14.2%；第三产业119.14亿元，增长12.9%。产业结构为2.2∶38.3∶59.5。第二产业中的工业增加值61.41亿元，增长13.3%。第一、二、三产业对经济增长的贡献率分别为0.1%、35.4%和64.5%。实际利用外资6982万美元，增长11.1%；现汇进资6409万美元，增长112.4%。现汇进资创历史最好水平，列全市第一、全省前列。5000万元以上项目实际进资30.05亿元，增长29.7%。进出口总额为6.65亿美元，同比增长8.2%。其中出口为5.36亿美元，同比增长6%。

2012年，章贡区76户规模以上工业企业实现总产值206亿元、主营业务收入185亿元、利税18亿元（见表3-1）。其中，有色金属深加工、新型电子材料、汽车零部件与机械制造等五大优势产业实现工业总产值179亿元、主营业务收入157亿元、利税17亿元，占规模以上工业企业比重分别达87%、85%和94%。新增主营业务收入过亿元企业14户，总数达49户，其中过20亿元2户；新增利税过千万元企业6户，总数达20户；新增税收过亿元企业1户。工业企业税收占财政总收入的比重比2011年同期提高11个百分点。规模以上工业实现增加值53.26亿元，增长18.5%，完成年计划的123.2%。

骨干企业平稳运行。在国际国内严峻的经济形势下，龙头骨干企业保持平稳发展态势。江西青峰药业有限公司实现工业总产值27亿元，虔东稀土实现工业总产值30.99亿元，两户企业总产值占了全区生产总值的近1/3。

发展平台基础夯实。为解决园区企业用地瓶颈难题，争取省级用地指标751.22亩，园区全年共投入建设资金5.07亿元，完善了水、电、路等基础设施。积极开展扩区调区、老工业区整体搬迁改造工作。加快两大园区建设，拓宽发展空间，为工业经济的发展夯实基础，承接产业转移能力进一步提升。

2013年，全年全区500万元以上固定资产投资总额217.19亿元，同比增长29.2%。分产业看，第二产业投资增长快，第三产业投资比重大。第一产业0.65亿元，增长7.5%；第二产业43.24亿元，增长42.4%；第三产业173.30亿元，增长26.4%。分注册类型看，内资比重大，港澳台投资增长快。内资210.20亿元，增长27.4%；港澳台投资5.92亿元，增长1.9倍；外商投资1.07亿元，增长2.4%。

全年全区生产总值234.76亿元，按可比价格计算同比增长14.4%。分产业看，第一产业4.16亿元，增长4.9%；第二产业86.51亿元，增长14.0%；第三产业144.09亿元，增长15.0%。产业结构为1.8：36.8：61.4，二、三产业对经济增长的贡献率分别为28.5%和72.2%。固定资产投资217.19亿元，增长29.2%；出口总额6.17亿美元，增长15.2%；实际利用外资7689万美元，增长10.1%。

央企对接成效明显。全市首个央企投资百亿元大型工业项目——中汽零部件（赣州）产业基地项目开工建设，中集天达立体停车场项目正式入驻，与中国机械设备工程股份有限公司、华润万家有限公司等央企签订合作框架协议，与中国电子科技集团公司、中国东方电气集团公司等央企对接不断深入，江压公司空压机产品进入中国海洋石油总公司采购目录。

围绕工业主导产业，加大招大引强力度，积极参加赣台会等大型招商活动。组建了4支专业招商队、14支重点招商队和21支一般招商队，赴珠江三角洲、长江三角洲等地开展专业招商活动。全年引进投资亿元以上项目19个，其中10亿元以上项目4个，30亿元以上项目2个，总投资达197亿元，为2012年的8倍，超过前五年的总和。5000万元以上项目实际进资37.1亿元，增长23.3%。实际利用外资7689万美元，增长10.1%。出口总额为6.17亿美元，同比增长15.2%。新增备案登记企业16家，新发生出口实绩企业

4 家。

项目建设扎实推进。56 个重点项目超额完成年度投资计划。其中，华劲纸品等 2 个项目被列入省重点项目，江钨世泰科等 5 个工业项目开工建设，豪鹏科技等 4 个工业项目竣工投产。搭建政银企对接平台，设立小微企业互助合作基金，启动"财园信贷通"试点，协助企业融资 2.86 亿元。健全帮扶重点企业机制，有序推进经纬汽车上市培育工作。

产业集群加速显现。新增规模以上工业企业 10 家。全年全区 82 户规模以上工业总产值 252.66 亿元，按当年价格计算同比增长 22.65%（见表 3-1）。其中轻工业产值 83.75 亿元，增长 29.7%；重工业产值 168.91 亿元，增长 15.0%。轻工业的增长快于重工业。工业销售产值 240.41 亿元，增长 22.4%。其中轻工业销售产值 80.40 亿元，增长 33.9%；重工业销售产值 160.01 亿元，增长 17.3%。规模以上工业企业实现主营业务收入 242 亿元、利税 23 亿元，分别增长 25.4%、20.1%；规模以上工业增加值 61.12 亿元，增长 17.1%。"2+3"（即有色金属及新材料、装备制造两大主导产业和生物医药、电子信息、节能环保三大战略性新兴产业）产业集群主营业务收入、利税分别为 186 亿元、20.28 亿元，同比增长 23%、14%，占规模以上工业企业的 77%、88%。全年新增规模以上工业企业 10 家。企业创新能力不断提升，青峰药业、虔东稀土被确定为全国创新型试点企业，青峰药业建立全市首个企业博士后科研工作站，赣州虹飞钨钼有限公司申报省级企业技术中心获得批复，全区已认定省级企业技术中心达 11 家。

承接平台夯实提升。启动园区（基地）调区扩区工作，完成土地利用总体规划和控制性详细规划修编，沙河工业园、水西基地规划面积分别达 21.97、19.71 平方千米。全年投入园区（基地）开发建设资金 4.45 亿元，道路建设和绿化景观提升工程快速推进，闲置土地（厂房）清理工作取得实效，完成征地 5445 亩，争取新增建设用地计划 1954 亩。沙河工业园被批准为省级重点工业园区、更名为章贡经济开发区，水西基地被评为全省循环化改造试点园区。

2014 年，招商引资取得新进展。新引进投资亿元以上产业项目 18 个，总投资 109 亿元，其中投资 10 亿元以上项目 4 个，30 亿元以上项目 1 个。5000 万元以上项目实际进资 44.27 亿元。外贸出口 6.53 亿美元。实际利用外资 9719 万美元，增长 18.5%。

项目推进扎实有力。开展"百日攻坚战"等活动，全力推进 60 个重点项目建设，完成年度投资 88.61 亿元。其中，列入省重点项目 1 个，列入市重点项目 8 个，豪鹏科技、江钨世泰科等 3 个项目顺利投产，中盛隆、青峰药业等 37 个项目超额完成年度投资。

初步核算，2014 年全年全区生产总值 262.99 亿元，按可比价格计算比 2013 年增长 11.4%。其中第一产业增加值 4.23 亿元，增长 4.5%；第二产业增加值 96.14 亿元，增长 13.1%；第三产业增加值 162.62 亿元，增长 10.6%。第一、二产业的比重下降，第三产业比重上升，产业结构由 2013 年的 1.8∶36.9∶61.3 调整为 1.6∶36.6∶61.8。

2014 年全年 500 万元以上固定资产投资总额 263.07 亿元，增长 21.1%，增速比 2013 年慢 8.1 个百分点。其中内资 246.53 亿元，增长 17.3%；港澳台商投资 13.35 亿元，增长 1.3 倍；外商投资 3.19 亿元，增长 2.0%。全年固定资产投资 5 亿元以上的工业行业有：有色金属冶炼和压延加工业 20.66 亿元，增长 17.8%；计算机、通信和其他电子设备制造 9.85 亿元，增长 94.8%；电气机械及器材制造业 7.03 亿元，增长 5.0 倍；废弃资源综合利用业 6.22 亿元，增长 59.8%；通用设备制造业 5.96 亿元，增长 2.7 倍。

工业提质增效。全年工业总产值 286.08 亿元，按当年价格计算比 2013 年增长 14.3%。工业销售产值 283.27 亿元，增长 20.3%。营业收入 290.04 亿元，增长 18.3%。利润总额 15.28 亿元，增长 16.4%。工业增加值 73.08 亿元，按可比价格计算比 2013 年增长 13.8%。

全年工业总产值 10 亿元以上的行业有：有色金属冶炼和压延加工 77.93 亿元，下降 5.9%；医药制造 45.11 亿元，增长 9.0%；汽车制造 20.71 亿元，增长 18.5%；电气机械和器材制造 20.43 亿元，增长 20.0%；非金属矿物制品 16.77 亿元，增长 21.4%；农副食品加工 13.54 亿元，增长 3.8%；纺织服装和服饰 11.45 亿元，增长 26.7%。

　　全年产量增长10%以上的主要工业产品有：精制茶3618万吨，增长4.2倍；印制电路板339339万平方米，增长1.1倍；改装汽车975万辆，增长41.9%；机制纸及纸板122965万吨，增长35.0%；精制食用植物油2022万吨，增长23.5%；钢丝8982万吨，增长20.2%；矿山专用设备1825万台，增长19.4%；单一稀土金属9537062万千克，增长18.7%；水泥1777985万吨，增长17.3%；钢材120119万吨，增长16.3%；家具426971万件，增长14.9%；通信及电子网络用电缆10758万千米，增长14.0%；发电机组245506万千瓦，增长13.7%；服装847.5万件，增长13.2%；电力电缆13603万千米，增长10.2%。

　　如表3-1所示，2014年年末规模以上工业企业101个，总资产182.86亿元，比年初分别增加15个和增长16.0%。规模以上工业增加值突破70亿元，达73.08亿元，增长13.8%；规模以上工业实现总产值285.58亿元、主营业务收入285.88亿元、利税26.01亿元，分别增长11.9%、17.1%和13.1%。其中，"2+3"主导产业总产值、主营业务收入、利税占比分别为75%、75%和81%。新增规模以上工业企业13家，新增主营业务收入超10亿元、5亿元企业各1家。工业用电量增长52.1%。

　　科技创新支撑有力。新增省级企业重点实验室2家，省级科技创新平台总数达12个。新增高新技术企业9家，总数达19家。建立全市首个软件产业孵化园。虔东稀土被列为国家首批"两化"融合管理体系贯标试点企业，青峰药业被认定为国家技术创新示范企业，金环磁选科技成果获国家科技进步二等奖。专利申请量786件、列全省第四，专利授权量410件、列全省第三，获全省知识产权富民强县示范区称号。

　　平台建设成效显著。产业平台夯实提升，章贡经济开发区运行管理构架获省、市批复，被列为江西省机电产业基地。全年投入资金8.78亿元，实施园区基础设施及配套项目100余项，章贡经济开发区沙河口、天龙山路基基本修通，水西基地污水处理厂二期主体完工，基础设施及配套进一步完善。开发整理土地1800亩，依法清理闲置土地520余亩、厂房4.5万余平方米，园区承载能力不断提升。投融资平台大步跨越，区建投公司资产总规模突破百亿元，信用等级达 AA 级，获银行授信规模 18 亿元，到位资金 15.4 亿元。"财园信贷通""小微信贷通""小微企业互助基金"等融资新模式稳步实施，帮助 199 家企业融资贷款 4.39 亿元。3 家企业成功在上海股权托管交易中心挂牌。

2015 年招商引资成效明显。2015 年实际利用外资 10593 万美元，同比增长 9.0%；实际利用省外资金 50.25 亿元，同比增长 13.5%。成功承办第七届中国电子商务文化节，主动对接"赣港会""赣台会"，积极开展"赣商回归""民企入赣""集中外出招商月"等活动，新引进重大项目 16 个，总投资近 140 亿元，其中 10 亿元以上项目 5 个。外贸出口总额 65422 万美元，比 2014 年增长 0.3%，"十二五"时期年均增长 27.4%。

章贡区地区生产总值达到 291.04 亿元，占全市比重由 2014 年的 14.27% 提高到 2015 年的 14.76%，提高了 0.49 个百分点。第一产业增加值 4.40 亿元，比 2014 年增长 3.8%；第二产业增加值 102.05 亿元，增长 10.7%；第三产业增加值 184.95 亿元，增长 11.5%。三次产业结构由 2014 年的 1.6∶36.6∶61.8 调整为 2015 年的 1.5∶35.0∶63.5。

2015 年章贡区 500 万元以上固定资产投资 309.01 亿元，比 2014 年增长 17.5%。投资总量占全市总量约 1/6，位列全市第一。按经济类型分，投资总额中国有经济投资额达到 146.17 亿元，同比增长 33.2%，占全部投资总额的 47.3%。而港澳台投资、外商投资均出现大幅下滑的趋势，同比分别下降 74.4%、59.1%。年度 65 个重点项目完成投资 87.06 亿元，中盛隆电子、超跃科技、荣德有色等一批亿元以上项目竣工投产。

工业经济规模扩大，工业加速转型。面对持续加大的工业经济下行压力，章贡区启动实施"主攻工业、三年翻番"计划，培育壮大新兴产业，拓宽产业发展空间。2015 年末，规模以上工业企业数量达到 100 户，主营业务收入 295 亿元，同比增长 3%。"2+3"新型工业产业集群累计实现主营业务收入 221 亿元、利税总额 21 亿元，分别占全区规模以上工业比重的 74%、79%。工业用电量达 9.3 亿千瓦，增长 3.6%，总量列全市第一。规模以上工业总产值突破 300 亿元大关，达到 302.25 亿元，增长 5.7%；实现规模以上工业增加值 74.06 亿元，比 2014 年增长 10.7%。轻重工业呈协调发展之势，规模以上工业实现销售产值 298.06 亿元，比 2014 年增长 7.3%，其中，轻工业销售产值 102.04 亿元，增长 5.7%，重工业销售产值 196.02 亿元，增长 7.6%。

企业创新成效明显。新成立知识产权局，全年专利申请量 1652 件，专利授权量 927 件，专利申请量列全省第二、专利授权量列全省第三，被评为全省知识产权工作十强县（市、区）。青峰药业获批国家级重点实验室，在全省实现零的突破。新增省级企业技术中心 1 个、博士后工作站 1 个、高新技术企业 5 家。

工业平台不断夯实。2015 年章贡经开区调区扩区获省政府批复。章贡经开区"两化融合"示范园区创建工作快速推进，被评为全市首家省级"两化融合"示范园。投入建设资金逾 4 亿元，水、电、路网等基础设施不断完善，水西产业园冶金北路等主干道建成通车。加大闲置土地、厂房清理力度，沙河产业园"退二进三"工程稳步实施，消化处置批而未用土地 1124 亩，盘活闲置厂房 7.8 万平方米，土地使用效率进一步提高。

2016 年，完成地区生产总值 328.37 亿元，同比增长 10.3%，增速分别高于全省、全市 1.3、0.8 个百分点，总量、增速均位列全市第一，增速跃居全省首位。其中，第一产业增加值 4.76 亿元、增长 4.2%，第二产业增加值 109.98 亿元、增长 8.9%，第三产业增加值 213.63 亿元、增长 11.2%。500 万元以上固定资产投资 362.97 亿元、增长 17.5%。实际利用外资 1.18 亿美元，出口总额 5.17 亿美元。

实施民企入赣、赣商回归工程，举办电子信息、硬质合金等多场专题招商会，新引进亿元以上项目 25 个，总投资 189 亿元。实际利用外资 1.18 亿美元，增长 11.4%，完成年度计划；由于海关总署统计口径变化原因，出口总额 5.17 亿美元，完成年度计划的 78.99%。

实施"六大攻坚战"项目 87 个，总投资 533.55 亿元，年度完成投资 130.32 亿元。青峰药谷列为全市"两城两谷一带"重点主攻项目，超跃科技、中盛隆电子、秋田微电子等一批项目竣工投产。完成工业固投 65.86 亿元，增长 56.1%。

2016 工业经济支撑凸显。新增规上工业企业 16 家，实现增加值 80.84 亿元，增长 9.2%；主营业务收入 354.15 亿元，增长 20.05%（见表 3-1）。工业企业上缴税收 9.85 亿元，占财政总收入 28%。生物医药和有色金属及新材料两大首位产业实现主营业务收入 140 亿元，占规模以上工业比重达 40%；电子信息产业主营业务收入增长 28%，高于全区工业增速 13 个百分点。通过认定高新技术企业 6 家，总量达 27 家。青峰药业创新天然药物与中药注射剂国家重点实验室揭牌，华劲纸业等 2 家企业入选国家"两化"融合贯标试点，深联电路等 3 家企业评为省级"两化"融合示范企业，科睿特软件获批全省首家智慧城市软件工程研究中心，群星机械技改项目列为全省智能制造试点示范，金环磁选科技项目获第十八届中国专利奖，网联科技研发产品获第二十届中国国际软件博览会金奖。全年专利申请量 4213 件，增长 226%，居全省第一；万人发明专利拥有量列全市第一。申请注册商标 980 件，其中 11 家企业获省"著名商标"，5 家企业获市"知名商标"，1 家企业获评市长质量奖。

园区品质明显提升。调区扩区获省政府批准，规划面积由 667.81 公顷调整至 949.21 公顷。全年投入资金 1.56 亿元，实施园区基础及配套设施项目 43 个，水西产业园邻里中心投入使用，沙河产业园道路"白改黑"工程加速推进。收回溢升织造、德林实业等企业闲置及低效利用土地 358.42 亩，盘活厂房 6.84 万平方米。

2017 年，章贡区营商环境进一步改善。140 项政务事项实现一窗办理，办结时限平均缩短 40%。深入推进降成本、优环境专项行动，为企业减负 36.89 亿元；5 个"信贷通"累计放款 16.57 亿元，继续保持全省前列。

招商引资取得突破。组建 14 支专业产业招商队全年累计外出招商 170 批次。成功举办专题招商推介会 6 次。全年共引进项目 36 个，总投资 258 亿元，增长 28.7%，其中世界 500 强或全国 500 强企业 3 家。全区实现出口总额 5.79 亿美元，同比增长 11.9%，较 2016 年同期提升 32.8 个百分点。全区实际利用外资 1.30 亿美元，同比增长 10.0%，比全市增速高 2.2 个百分点。

项目推进坚实有力。实施六大攻坚战项目 98 个，完成投资 182.63 亿元，

完成年度计划 134.93%。富尔美科技、装配式建筑、云计算等 45 个项目实现竣工投产。全区 500 万元以上固定资产投资 414.15 亿元，同比增长 14.1%，增速分别高于全省、全市平均水平 1.8 个百分点、0.3 个百分点。总量和增速分别在全市排名第 1 位和第 9 位。其中工业投资总额达 100.07 亿元，同比增长 51.9%；总量位居全市第 3，占全区投资总量的比重为 24.2%；较 2016 年同期相比增长 51.9%，高出投资增速 37.8 个百分点。从项目情况看，全区 500 万元以上固定资产投资项目 284 个，同比增长 83 个，增幅为 41.3%，其中计划总投资 5000 万元以上的项目共 247 个。全年新增项目 116 个，新增计划总投资 393.58 亿元。三次产业投资结构优化为 0.4∶24.2∶75.4。

全区实现生产总值 387.65 亿元，增长 10.2%，高于全省 1.3 个百分点、全市 0.7 个百分点。分季看，四季度地区生产总值累计增速分别为 10.4%、10.3%、10.1%、10.2%，经济增长总体平稳，呈现稳中有进、稳中提质、稳中向好的良好发展态势，全年总量和增速均持续稳居全市第一。GDP 总量由 2016 年的全省第十二名跃居第十名，进入全省第一方阵。全区三次产业结构由上年同期的 1.5∶33.7∶64.8 调整为 1.3∶33.6∶65.1。其中，第一产业比重回落 0.2 个百分点；第二产业比重回落 0.1 个百分点；第三产业比重提高 0.3 个百分点。三次产业贡献率分别为 0.5%、23.8%、75.7%，分别拉动章贡区经济增长 0.05 个百分点、2.43 个百分点、7.72 个百分点。

工业量质并举，集聚发展迈上新台阶。如表 3-1 所示，全区新增规模以上工业企业 30 家，总数达 132 家；主营业务收入 350 亿元，增长 15% 以上；新增步莱铽、华劲纸品、逸豪优美科、国金黄金主营业务收入过 10 亿元企业 4 家。首位产业加速集聚。青峰药谷纳入"中国制造 2025"试点范围；生物医药产业列为省重点产业集群，实现工业总产值 52 亿元，占规模以上工业比重达 13%。电子信息产业实现工业总产值 80 亿元，增长 35%。憶源多媒体公司加入智慧物联产业联盟，群星机器人项目列入江西省智能制造试点示范项目。

企业科技创新再上台阶。2017 年，章贡区全社会研发经费为 4.73 亿元，较 2016 年增长 131.8%，其中工业企业研发 4.65 亿元，占全部研发经费的

98.3%。净增高新技术企业 15 家，总数达 42 家。新增省级"5511"工程项目 4 个，列全省第一；新增省级科技孵化器 2 个，实现零的突破。全年专利申请量 5218 件，列全省第一；专利授权量 807 件，列全省第四。青峰药业、经纬科技获国家两化融合管理体系贯标试点。金环磁选和虔东稀土公司获批省级重点培育实验室。赣州科睿特软件股份有限公司评为 2017 年度国家中小企业公共服务示范平台。章贡区软件产业孵化园被评为省级服务外包示范园。全年专利申请量 5218 件，列全省第一；专利授权量 807 件，列全省第四。赣发、深联等 8 家企业的 8 个产品荣获 2017 年江西省名牌产品。

园区品质又有新的提升。大力实施"园区提升工程"，投入资金 4 亿元，开工基础设施项目 195 个，盘活闲置、低效用地 509 亩、厂房 20.26 万平方米；建成厂房宿舍 3 万平方米。章贡经开区迈入全省重点工业园区前十强，获批省级高新技术园区。

2018 年章贡区经济运行总体稳中有进，结构趋优。实现生产总值 441.21 亿元，同比增长 9.8%。其中第一产业增加值 5.15 亿元，同比增长 1.9%；第二产业增加值 145.46 亿元，增长 9.0%；第三产业增加值 290.6 亿元，增长 10.4%；三次产业结构由 2017 年同期的 1.3：33.6：65.1 调整为 1.2：33.0：65.8，一、二、三产业对 GDP 增长的贡献率分别为 0.3%、31.0% 和 68.8%，分别拉动 GDP 增长 0.02 个百分点、3.03 个百分点和 6.74 个百分点。

就工业而言，2018 年 1～11 月，全区 129 户规模以上工业企业完成主营业务收入 327.13 亿元，提前完成全年目标；同比增长 20.64%；规模以上工业增加值同比增长 9.1%。完成工业增值税 6.8 亿元，同比增长 28.03%，总量和增速分别列全市第一位和第九位。区属规模以上工业企业 1～10 月上缴税金 8.91 亿元，同比下降 6.45%，占财政总收入比重的 24.4%。

重点企业培育有成效。2018 年 1～11 月，赣南电力完成主营业务收入 19.65 亿元，科力稀土完成主营业务收入 18.64 亿元，预计全年主营业务收入有望突破 20 亿元。深联电路完成主营业务收入 8.85 亿元，江钨世泰科完成主营业务收入 8.78 亿元，全年主营业务收入有望突破 10 亿元。万年青水泥、柯恩饲料、逸豪实业、世泰科江钨等 4 户企业分别完成主营业务收入

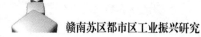

5.76 亿元、5.5 亿元、5.45 亿元、5.02 亿元，提前完成全年主营业务收入突破 5 亿元目标；中盛隆电子完成主营业务收入 4.99 亿元，预计全年可突破 5 亿元。

优势产业电子信息产业加快发展。1~11 月，全区电子信息产业完成主营业务收入 73.24 亿元，同比增长 41.24%，增速高于全区平均增速 20.6 个百分点。其中秋田微电子同比增长 293.98%，中盛隆电子同比增长 64.63%，深联电路同比增长 51.4%。1~11 月，有色金属及新材料产业完成主营业务收入 120.59 亿元，占全部规上工业企业比重为 36.86%；同比增长 19.55%，较上月提升 3.85 个百分点。1~11 月，智能装备业完成主营业务收入 11.39 亿元，占全部规上工业企业比重为 3.48%，较 2017 年同期下降 1.26 个百分点。

首位产业生物医药产业 1~11 月完成主营业务收入 44.95 亿元，占全部规上工业企业比重为 13.74%，较 2017 年同期下降 2.28 个百分点；同比增长 3.48%，较上月提升 2.68 个百分点。

近年来，章贡区 R&D（科学研究与试验发展）经费逐年增长，每年增长率保持在 6.2% 以上，特别是赣州市提出"主攻工业，三年翻番"，章贡区企业特别是工业企业重视研发创新，企业研发投入经费呈现快速增长态势。

三、赣州经济开发区

赣州经济开发区位于赣州市中心城区西北部，成立于 1990 年，2010 年获批为国家级经济技术开发区，辖区总面积 218 平方千米，建成区面积 46.85 平方千米，常住人口 35 万。近 30 年的砥砺前行，赣州经开区培育了 500 多家工业企业，其中高新技术企业 60 多家、上市企业 8 家。开发区开展"国家生态工业示范园区"建设正式获得国家环保部、商务部和科技部批准，成为继南昌高新技术产业开发区、南昌经济技术开发区后，全省第三个取得创建批复的"国家生态工业示范园区"。在 2017 年全国国家级经济技术开发区综合实力考评中居第 71 位，江西省第 2 位。

图 3-1　大美经济技术开发区

图片来源：赣州经济技术开发区官网。

（一）经济技术开发区工业布局的演变

1. 基础条件

赣州经济技术开发区（简称经开区）工业发展的基础条件比较优越，具体体现在如下五个方面。

第一，有色金属资源丰富。开发区所在赣州市在全国甚至全球范围内重稀土和黑钨矿两种矿种资源优势突出。赣州具有得天独厚的离子型稀土资源优势，有"稀土王国"之美誉。2010 年全国矿产资源储量利用现状调查成果统计，赣州 94 万吨，位居全国第三；保有离子型稀土资源 45.69 万吨，居全国第一。"世界钨都"赣州的黑钨矿保有储量居全国第一位，约占全国的30%。截至 2010 年底，赣州已发现钨矿产地 74 处，矿点 429 处，钨矿勘查工作已完成勘探矿区 22 个，详查矿区 14 个，累计查明钨资源储量 118 万吨，保有钨资源储量为 48.85 万吨，约占我国保有钨资源储量的 8.27%。目前年可向市场供应稀土金属 13000 吨，APT45000 吨，钨粉 12000 吨，碳化钨粉 8000 吨。丰富的资源优势为赣州经济技术开发区发展新能源及新能源汽车、电子信息、机械制造等产业的上游原材料产品及相关配套产品提供了良好的发展条件。

第二,工业发展基础良好。赣州经济技术开发区工业已具备一定的产业规模和竞争力,拥有一批龙头企业,具备一定的产业配套设施和技术基础。早在 2009 年,开发区实现生产总值 51.2 亿元,增长 33%;实现工业主营业务收入 140 亿元,增长 33.21%;实现全社会固定资产投资 65 亿元,增长 50.99%。开发区已初步形成了以澳克泰工具、华茂钨材等企业为代表的钨深加工产业,集聚了硬质合金、合金工具等钨制品及应用产品生产企业 13 家,年生产能力达 1 万吨;以东磁稀土、金力永磁等企业为代表的稀土深加工产业,集聚了以生产钕铁硼及荧光材料为主的稀土生产企业 20 家,年生产能力达 1.5 万吨;集聚了以格特拉克和五环机器等企业为代表的机械制造业,年可产车用变速器 200 万台套;集聚了以华坚国际鞋城、深圳曼妮芬等企业为代表生产成鞋、鞋材、内衣等的轻纺业;以章贡酒业、双胞胎集团、美园畜牧等企业为代表的食品加工产业。开发区现有产业优势符合国家宏观政策支持方向,坚实的产业基础将有力地支撑工业跨越式发展,为未来工业产业链延伸和提升产品附加值提供了良好的基础平台。

第三,政策比较优势突出。《若干意见》中明确提出支持赣南等原中央苏区振兴发展,对赣州市执行西部大开发政策,同时,执行财税、投资、金融、产业、国土资源、生态补偿、人才、对口支援等优惠政策。赣州是华东地区唯一执行西部大开发税收政策的设区市,赣州经济技术开发区作为赣州都市区重要组成部分,所有鼓励类产业的内资企业和外商投资企业,包括钨和稀土有色金属精深加工、生物医药制造、电子信息制造、汽车变速箱等关键零部件制造、新能源及新能源汽车等产业,都可以在 2012~2020 年享受减按 15% 的税率征收企业所得税的优惠政策。

第四,区位交通条件优越。赣州经济技术开发地处赣州市新城区,与河套内老城区仅一江之隔,大广、厦蓉高速公路在区内设有出入口,京九铁路、赣韶龙铁路在区内设有货运站台;从区内出发前往赣州黄金机场、火车站、长途汽车站只需 15 分钟车程,区内已开通九条公交线路,交通便利,出行方便。距南昌仅约 420 千米,深圳约 520 千米,厦门约 582 千米,是珠江三角洲、闽东南三角区的直接腹地和内地通往东南沿海的重要通道，也是沟通长江三角洲与华南经济区的纽带。目前，开发区已初步形成了由铁路、公路、水运、航空组成的交通运输网络；京九铁路、赣龙铁路、赣粤高速公路、105、323国道贯穿境内；4C级黄金机场可直飞北京、上海、广州、深圳、厦门、重庆、南京等地；1500吨级船舶可通过赣江直达长江各港口及沿海。即将建成的昆厦高速公路和赣韶铁路，使开发区成为江西"南大门"中心城区和"长珠闽"地区共同腹地的区位优势进一步凸显，并在融入"泛珠三角经济圈"和"海西经济圈"中发挥"桥头堡"作用。

第五，工业发展平台较多。赣州经济技术开发区被商务部、人力资源和社会保障部、海关总署认定为全国加工贸易梯度重点转移承接地。有6个国家级研究和检测中心，分别是国家钨与稀土产品质量监督检验中心、国家离子型稀土工程技术研究中心、国家铜冶炼与加工工程技术研究中心、国家脐橙工程技术研究中心、赣州澳克泰工具技术有限公司院士工作站、赣州有色冶金研究所。全区现有院士工作站、博士后科研工作站、海智计划工作站等各类聚才平台50个，其中国字号平台18个。全区现有国家级高端人才25名，其中诺贝尔物理学奖获得者1名；院士8名，其中两园顾问3名；国家"千人计划"人才13名，其中自主培养3名；享受国务院特殊津贴人才3名，博士及同等人才782名，为各类人才创新创造创优营造了良好发展环境。同时，区内拥有江西首家国家级综合保税区，已经打造成为对外开放的新载体、特色产业发展的新平台。

赣州综合保税区位于开发区中部，规划面积4平方千米，是江西省首个综合保税区，自一期2.229平方千米于2016年10月19日正式通关运行以来，建成标准厂房、保税仓库19.84万平方米，在建20万平方米，落户海富莱、进出口木材中转交易中心、一峰电子等项目47个，国际贸易供应链平台、智能仓储、跨境分拨中心和供应链大厦项目建设加快推进。"赣州至香港货运直通车"平稳运行，开行110班次，实现通关货物总值8120万美元。2018年实现进出口货物总值22.75亿元，同比增长156%，加速融入全市"1+N"内陆国际港建设。

第六，相比于沿海发达地区，赣州经开区投资成本较低，具有比较优势。

具体见表3-2～表3-7（2018年投资成本）。

表3-2　赣州经开区销售电价

电价类别	用电量（千伏）	销售电价（元/千瓦时）
居民生活用电		0.6
非居民生活用电	1≤用电量≤10	0.7652
非工业、普通工业用电	用电量<1	0.7802
大工业用电	10千伏	0.6587

资料来源：赣州经济技术开发区招商局。

表3-3　赣州经开区销售水价

水价类别	单价（元/吨）
工业用水	2.0
生活用水	1.95
商业建筑用水	2.63

资料来源：赣州经济技术开发区招商局。

表3-4　赣州经开区工资水平（供参考）　　　　单位：元/月

最低工资标准	1430
管理人员	2500以上
技工	2000～2500
普通工人	1800～2000

资料来源：赣州经济技术开发区招商局。

表3-5　赣州经开区物流价格（供参考）

类别/到站	公路（元/吨）	铁路（元/20英尺集装箱）	航空（元/千克）
赣州-广州黄埔港	210	2380	2.2
赣州-厦门	270	3600	2.3
赣州-深圳	150	2780	2.5
赣州-东莞东	180	2700	2.5
赣州-上海	320	3000	3.8

资料来源：赣州经济技术开发区招商局。

表 3-6 赣州经开区铁海联运 （供参考） 单位：元

运输线路	20 尺柜	40 尺柜
赣州–深圳盐田港	3400 以下	4600 以下
赣州–厦门港	3600 以下	4900 以下

资料来源：赣州经济技术开发区招商局。

表 3-7 赣州经开区建筑成本 （供参考）

类别	造价（元/平方米）
框架结构厂房	1200～1300
钢架结构厂房	800～900
租用厂房	8～10

资料来源：赣州经济技术开发区招商局。

2. 工业布局

赣州经开区工业布局经历了不断优化的演进过程。2010 年之前，主要布局有色冶金及新材料、机械电子、现代轻纺三大产业。围绕"一个保持、两个突破"和"五个十百亿"工程，力争到 2011 年全区实现工业主营业务收入400 亿元，其中规模以上工业主营业务收入 300 亿元；力争有色冶金及新材料、机械电子、现代轻纺三个产业主营业务收入超 50 亿元，其中：有色冶金及新材料产业主营业务收入超 100 亿元；力争江齿、新江钨、老江钨、华坚、华夏、双胞胎饲料、章源钨业、鸿图线路板、东磁稀土、荧光磁业、通诚磁材等 11 户企业主营业务收入超 10 亿元，其中江齿、新江钨、老江钨 3 户企业主营业务收入超 50 亿元；力争 60 个投资亿元以上工业项目竣工投产，其中江齿、华坚、新江钨、老江钨等 5 个投资 10 亿元以上项目竣工投产。通过五年时间，把开发区建设成为国家级开发区、国家级出口加工区、国内乃至世界上有重要影响的钨和稀土深加工基地。

在进行上述工业布局时，开发区坚持以产业集群理念为引导，发挥集聚优势。为此，开展了电子产业园、铜铝产业园、综合保税区、机械加工产业园、生物医药产业园、食品产业园、稀土和钨产业园、新能源汽车产业园、印刷产业园、总部经济产业园十个专业产业园区概念性规划设计，引导开发

区产业分类集中安排，建立产业配套完善的特色专业产业园区，促进产业向规模化、集约化、专业化发展，实现产业集群发展效应。

上述产业布局集聚效果明显。以电子产业园为例，到2015年，电子信息产业就落户了江钨新型合金材料有限公司（高导电低氧光亮铜杆）、光宝力信科技（赣州）有限公司（微型变压器）、万宝至马达（江西）有限公司（微型电机）、赣州金信诺电缆技术有限公司（通信电缆）等知名企业，形成了以通信铜线、电缆、变压器、电机为主的产业链。

随着招商引资力度不断加大，开发区产业格局不断优化，与此相适应的是，《赣州经开区十三五规划》在"二区一基地"（国家级开发区、国家级出口加工区、国内乃至世界上有重要影响的钨和稀土深加工基地）定位基础上，进一步优化，明确赣州经开区的战略定位是"一区四基地"，按照国内一流园区的建设要求，依托重点龙头企业，着力推进园区主导产业、支柱产业、配套产业和现代服务业的协同化、高端化、集群化发展，把赣州经济技术开发区建设成为中部地区开放开发的国家级创新示范区、江西省工业经济的重要增长极、赣州市打造大都市实现跨越发展的核心载体。

"一区四基地"的"一区"即"打造赣州工业发展龙头示范区"，"四基地"即建设全国重要的新能源汽车产业基地、全国知名的电子信息产业基地、全省一流的生物制药基地、全省闻名的产城融合创新示范基地。

全国重要的新能源汽车产业基地。到2020年，全区新能源汽车产业产值要超过1000亿元，引进3家以上年产超15万辆的整车生产企业，动力电池产能达到100GWh以上。

全国知名的电子信息产业基地。到2020年，全区电子信息产业产值要超500亿元，引进6家以上年产值50亿元的整机生产企业。

全省一流的生物制药基地。到2020年，全区生物制药产值超150亿元，再引进10家以上有品牌、有实力的农药、中成药、医疗器械、制造设备生产企业，形成2000亩以上的"药谷"。

全省闻名的产城融合创新示范基地。建设与工业配套的生产性服务和生活性服务两大体系。生产性服务业重点解决主导产业上下游配套问题，生活性服务业重点解决企业高管、员工的吃住行游购乐学医和生态环境问题。

显然，开发区在产业布局上坚持了两个原则：一是统筹发展原则。统筹开发区全区产业协调发展，扶持壮大新能源及新能源汽车、电子信息、生物医药等主导产业，配套发展现代服务业，实现园区产业多元化协调发展。二是特色突出原则。加强新能源及新能源汽车、电子信息、生物医药等特色主导产业发展，通过推进"两化"融合、技术改造、产业链延伸和配套服务提升，实现特色优势产业的集群化、品牌化发展。全力打造以钨与稀土新材料产业、新能源及新能源汽车产业、电子信息产业、生物医药产业四项主导产业，配套发展现代服务业的产业集群。

为避免同质化发展，开发区在《赣州经开区十三五规划》出台不久再一次调整战略定位，将原来的"一区四基地"调整为"一区三基地"，即把赣州经开区打造成赣州工业发展龙头示范区、全国重要的新能源汽车产业基地、全国知名的电子信息产业基地、全国闻名的产城融合创新示范基地，向全国一流的现代化国家级经开区加速迈进。《赣州经济技术开发区促进改革和创新发展三年攻坚行动方案（2018～2020年）》再次明确，主攻工业必须坚持"规划引领、市场主导、产业集聚、产城融合、错位发展"原则，积极培育新兴产业，改造提升传统产业，加快新旧动能接续转换，大力开展创新强园、开放提升、集群式项目满园扩园、两型三化管理目标提标提档、体制机制创新、优化营商环境六大行动，力争通过三年的努力，全区的产业集聚效应和产业竞争力更加凸显、经济发展主战场地位更加凸显、高水平营商环境示范带动作用更加凸显，为推动全区实现高质量、跨越式发展提供强有力支撑。为此，提出了三个衡量指标：一是规模壮大。到2020年，全区主营业务收入突破1000亿元。在全省开发区争先创优综合考核评价中进入前5名。二是结构优化。围绕新能源汽车首位产业与电子信息主导产业，明确发展目标、空间布局、关键环节和核心领域，推动优势产业高端化、集群化、标准化发展，打造国家级新能源汽车产业集群和省级电子信息产业集群。到2020年，全区首位产业集聚度达到45%以上，高新技术产业增加值占比达到40%以上，规模以上工业企业科研经费支出占主营业务收入比达到1.8%以上。三是质量提

第三章 赣南都市区工业振兴情况

123

升。到 2020 年，全区利润总额突破 70 亿元，土地利用率持续提高，亩均投资强度超 400 万元，主营业务收入超 400 万元，利润超 30 万元。污水集中处理率、重点排污单位在线监控设备安装联网率均达 100%。

2019 年，赣州市提出"主攻工业、三年再翻番"的口号。经开区响应市委市政府号召，要求坚定不移做大做强新能源汽车首位产业和电子信息主导产业，致力打造两个千亿产业集群；要想方设法推动平台升级，按照拆迁为王、道路先行、配套到位、厂房同步、满园扩园的要求推动园区升级；要矢志不渝服务企业发展，发扬为企业提供优质服务的优良传统，兑现扶持政策，培育企业家队伍，推动园区内企业产品互相配套，为企业提供"店小二式"服务，构建"亲""清"新型政商关系。

综上，围绕《国务院关于赣南等原中央苏区振兴发展的若干意见》、部委对口支援和区位优势，赣州经开区通过科学分析研判，将五个产业全面发展优化为两个产业重点发展，明确了新能源汽车、电子信息的主导产业地位，更好地将人力、物力、财力向两个产业倾斜，产业发展路径更清晰。

新能源汽车产业基地也叫赣州新能源汽车科技城。重点布局汽车整车、动力电池、驱动电机、电控系统及汽车零部件等企业。重点引进乘用车和商用车整车制造、动力电池、驱动电机、整车电控、轻量化材料及关键零部件企业。基地位于开发区西部，总规划面积 35.2 平方千米，自 2016 年 4 月开工建设以来，完成投资 92 亿元，完成征地 2.5 万亩，唐龙大道、城西大道、机场快速路、唐凤大道等 9 条主干道约 24 千米道路建成通车，科技城首期范围内的循环路网实现贯通。规划建设 5.92 平方千米的赣州职教园区内，江西理工大学、赣南职业技术学院、南方新能源汽车工程研究中心等科研院所和检测中心快速推进，章良、洋田 2 个城市组团加快建设，成功引进世界 500 强企业中冶交通建设新能源汽车小镇，一座集制造、研学、产景于一体的综合型生态新能源汽车产业新城初具规模。

电子信息产业基地也叫电子信息产业园。重点布局移动消费电子、导航系统、汽车电子、安防电子、显示器、集成电路等企业。重点引进两类企业：一类是汽车电子，主要是动力总成、电子控制、导航系统、汽车视听娱乐系统等。另一类是消费类电子，如手机、平板、无人机、家庭智能终端等整机产品和系统集成、液晶面板、模组等配套企业。此外也大力引进以芯片材料为主的集成电路相关企业。基地位于开发区中北部，总规划面积32.5平方千米，累计征地2.4万亩，平场7970亩，新建市政道路24.6千米，岗边大道、香江大道升级改造全面完成，"两横三纵"干道加速形成，园区框架迅速拉开；园区内道路基本完成"白改黑"，水、电、气等配套设施日臻完善。建有标准厂房46万平方米，新开工70万平方米，物流中心等配套功能区不断完善，共落户电子信息企业120多家。

（二）经开区促进工业发展的政策及其成效

1. 促进工业发展的主要政策举措

第一，推出优越的投资政策，大力扶持企业发展壮大。《国务院关于支持赣南等原中央苏区振兴发展的若干意见》赋予这里特殊的优势政策，执行西部大开发税收政策。赣州经开区围绕产业发展，制定了全产业链扶持优惠政策，设立了产业引导基金、工业发展奖励资金。开发区系列优惠政策包括工业用地政策、工业企业投资政策、总部经济政策、电子商务政策、楼宇经济政策、服务外包政策、金融政策、上市政策、物流政策、人才政策、大众创业万众创新政策等。仅《赣州经济技术开发区建设人才管理改革试验区实施意见》主要优惠措施就包括创新人才引进培养使用机制、创新人才服务机制两大方面15条，操作性非常强。

第二，加速产业培育的政策。出台了《关于加快推进4+1主导产业集群发展的实施方案》《赣州经济技术开发区主攻工业工作要点》《关于贯彻落实〈全省工业园区和产业集群2016年要点〉的实施意见》《关于推进工业园区创新升级的实施意见》和《赣州经济技术开发区建设使用标准厂房实施方案》一系列文件，做到主攻工业工作目标明确、有的放矢。2016年，省发改委批复同意了《赣州新能源汽车科技城产业发展规划（2016~2025年)》（以下简称《规划》)。赣州新能源汽车科技城总规划面积约30平方千米，以打造汽车整车企业为目标，着力构建完善的零部件配套体系及协同创新发展体系，集中优势资源，做大做强新能源汽车产业，推进赣州市汽车制造业实现跨越

式发展。届时将实现新能源汽车整车生产企业超过 3 家，新能源汽车产业链核心企业超过 100 家，全产业链实现产值 1000 亿元。整车年生产能力达到 50 万辆以上的目标。制定《2016 年赣州经济技术开发区生物制药产业推进工作要点》，在香港工业园赣通大道以北规划建设 3.7 平方千米的生物制药产业园，专门承接生物制药产业；制定中长期生物制药产业发展规划，出台扶持生物制药产业发展优惠政策，使企业不断发展壮大。为积极做好投资促进工作，做大做强电子信息产业，推动开发区加快建设全国知名的电子信息产业基地，制定《赣州经济技术开发区电子信息产业推进工作要点》，规划在厦蓉高速两侧规划建设约 13.3 平方千米的电子信息产业园，专门承接电子信息产业；制定中长期电子信息产业发展规划，出台扶持电子信息发展优惠政策，使企业不断壮大发展。制定《赣州经济技术开发区关于扶持电子信息产业发展的优惠政策（试行）》，通过上级扶持和区电子信息产业发展专项资金给予各类扶持、奖励和补贴。扶持对象是在开发区固定资产投资不低于 2 亿元（含）或主营业务收入 10 亿元以上，符合区电子信息产业发展规划的智能终端及其相关配套上下游生产制造的项目享受本优惠政策（笔记本电脑年出货量 40 万台以上，手机整机年出货量 1000 万台以上，电视、空调等白色家电、可穿戴智能设备及液晶模组、多点电容式触摸屏等相关配套上下游产品出货量居行业前十）。

第三，招商引资政策。坚决执行"大招商、招大商"的工作理念，重点引进投资额大、带动力强、成长性优的项目。实施大项目和大企业带动策略，加快出台经开区新能源汽车、现代服务业和总部经济优惠政策，真正形成新能源汽车和电子信息产业对开发区的支撑作用。出台《赣州经济技术开发区招商引资项目信息奖励办法》，明确奖励对象：第一个向赣州经开区介绍项目投资信息，提供项目投资基本情况，并直接介绍项目投资方与赣州经开区招商部门正式洽谈，且项目成功落户的自然人、法人和其他组织。

第四，提升企业自主创新能力的政策。下发《关于转发上级科技部门〈关于组织申报 2018 年度独角兽、瞪羚企业及培育企业的通知〉的通知》《关于做好 2018 年创新人才推进计划暨国家"万人计划"科技创新领军人才、科技创业领军人才推荐选拔工作的通知》《关于转发〈关于组织申报 2018 年赣州市科技计划项目的通知〉的通知》《关于转发〈关于征集 2018 年度赣州市科技创新券项目的通知〉的通知》《关于组织遴选高新技术企业及科技型中小企业培育后备库企业的通知》《关于转发上级〈关于组织开展全省科技型中小企业评价工作的通知〉的通知》《关于转发〈关于组织申报江西省 2018 年度科技计划项目的通知〉的通知》《关于转发〈关于组织开展 2017 年度第二批江西省科技型中小微企业认定工作的通知〉的通知》《关于转发〈关于申报 2017 年赣州市工程技术研究中心的通知〉的通知》《关于转发〈关于做好 2016 年度赣州市科学技术奖推荐工作的通知〉的通知》等文件，鼓励支持企业科技创新。采取财政贴息、补助奖励、设立产业发展引导基金、引进融资租赁公司等办法，鼓励企业采用新技术、新工艺、新设备、新材料，支持和引导企业加快"机器换人"步伐，增强传统企业创新能力和竞争实力。以赣市府字〔2010〕3 号文正式批复同意在赣州开发区设立赣州市科技企业孵化器、大学生创业园，设立"赣州市中小企业创业孵化基地""赣州市科技创业服务中心"，制定《赣州经济技术开发区科技创业孵化器建设 2015～2020 年发展规划》，引导孵化器不断创新和提升整体孵化能力，培养科技型中小企业和创业领军人才，促进科技成果产业化，培育战略性新兴产业。围绕主导产业，积极推广应用新工艺、新技术，以科技推动工业发展，出台《赣州经济技术开发区促进工业设计发展的若干政策措施（试行）》，对制造业企业及工业设计企业、组织和个人进行扶持。努力构建产学研平台，推动园区内企业与国内外知名学院"联姻"，支持江西金力永磁科技有限公司与南昌航空大学、赣州澳克泰工具技术有限公司与湖南大学、赣州通诚稀土新材料有限公司与江西省钨与稀土研究院建立了长期合作关系，促使科技创新快速转化为经济成果。支持国内外研究型大学、科研机构、国家重点实验室及大型企业科研机构以产学研合作形式落户。支持和鼓励企业承担国家、省重大科技项目攻坚，对获得国家、省、市科技创新奖励的企业，给予专项奖励。金力永磁磁性材料研究院、澳克泰院士工作站、五环机器总成检验检测室等一批国家级、省级重点研究中心、实验室建成、投入使用。

第五，完善园区配套服务的政策。下发《关于印发〈赣州经济技术开发区扶持公共事业发展优惠政策（试行）〉的通知》，进一步完善全区学校、医院、养老、文化、体育、普惠性幼儿园等公共事业的配套服务功能，加快推进产城融合，提升全区城市建设品位，增强对周边地区的辐射力和影响力。制定《关于扶持赣州综保区产业发展的优惠政策（试行）》，进一步提高赣州综合保税区外贸服务和产业配套能力，加快产业培育和发展。出台《赣州经开区"区块链金融产业沙盒园"发展扶持政策（试行）》，通过上级扶持、专项扶持、税收和产业发展专项资金给予奖励和补贴等扶持方式，加快赣州"区块链金融产业沙盒园"建设步伐，实现建设中国南方科技金融创新中心的发展目标。

第六，精准帮扶企业的政策。制定《赣州经济技术开发区精准帮扶企业发展若干政策措施》《全区挂点帮扶企业目标建议表》《关于开展全区领导干部结对帮扶园区工业企业活动的通知》《关于推进全区干部挂点联系帮扶工业企业全覆盖常态化的通知》《赣州经开区促进经济平稳健康发展若干措施》《赣州经开区关于加快培育经济发展新动能实施方案》《关于做好赣州经济技术开发区培育企业入规工作的通知》等政策措施。把省委省政府"80条"和市委市政府"90条"政策、《赣州市惠企政策文件汇编》以及区级出台的各项精准帮扶政策措施发放到各企业，健全完善一对一、面对面式结对帮扶企业工作机制，积极落实企业帮扶政策。出台了《赣州经济技术开发区加快推进企业挂牌上市工作实施方案》等政策，明确了企业上市的奖励政策，同时与国信证券股份有限公司签订了结对帮扶协议，积极走访企业，帮助企业解决实际困难，让企业在挂牌上市工作中少走弯路。截至2018年，赣州经开区挂牌上市企业达到9家。

2. 政策落实情况

高度重视招商引资工作。一是完善招商机制。完善项目评审机制。进一步健全部门联合实地考察机制，建立前瞻性项目专家咨询评审制。完善激励措施。完善项目引进奖励制度，将项目引进奖励分落户奖和投产见效奖等两种奖励，并侧重于投产见效奖。扩大宣传途径。在传统的电台、电视、报刊、互联网等宣传基础上，利用新兴社交媒体（手机客户端）传播速度快、点击阅读量大的特点，建立赣州经开区投资促进微博、微信。

二是创新招商思路。试行市场化招商。按照中央、省、市深化改革的精神，在全市率先将招商与招商（商务）行政工作分离，成立公司化运营的投资促进中心，全员面向社会公开招聘，经理实行"低年薪+高奖金"、项目经理实行"底薪+奖金"的薪酬制度。推行委托代理招商。在现有与北京智德盛投资有限公司委托招商基础上，与在长三角、珠三角具有较强影响力的行业协会、咨询公司各选择一家签订委托招商协议，明确约定在项目开工及投产纳税后给予奖励。组建专职招商小分队。组建钨与稀土新材料、新能源与新能源汽车、电子信息、生物医药和央企五支招商小分队，每支小分队2~3人，在区内公开挑选人员组成，进行脱岗招商。设立驻外招商办。设立2个驻外招商办，经费与人员相对独立，每个办事处2~3人，其中北京设立1个，主要对接央企和北京智德盛投资有限公司，珠三角或长三角设立1个，主要对接与园区签订委托招商协议的行业商会、咨询公司和当地企业协会。驻外招商办可与专职招商小分队结合。下达招商信息任务。为充分调动各部门的招商引资积极性，利用好广泛的资源优势，建议给各部门（乡镇、政法部门除外）下达招商信息任务（以部门联合实地考察并提供项目可行性研究报告为有效信息），其中副县级部门全年提供3条以上，正科级部门全年提供2条以上。发挥经济发展顾问作用。重新聘请区经济发展顾问，明确聘期，明确权责，定期召集会议，研究、分析园区经济发展态势，并要求其每年为园区引荐若干重点企业。

三是强化项目跟踪。对接央企项目。根据《若干意见》提出的央企帮扶精神，按照国务院国资委《三年对口支援工作计划》，加大与国资委对接力度，邀请国资委组织央企来园区考察；加大与北京智德盛投资有限公司对接力度，为园区引荐央企，力争引进2个以上央企项目。对接百强、十强项目。小分队、投资促进中心梳理汇编世界500强、国内200强、行业10强目标企业名录，进行针对性的上门招商，力争引进2个以上百强、十强项目。对接补链项目。认真开展产业现状调研分析，针对工业产业链、生活服务链的关

键缺失环节开展招商，力争用 3 年左右的时间补齐产业关键环节。对接增资和技改项目。对园区投产的主导产业企业进行全面梳理，积极对接准备增资扩股或新上技改项目的企业，协调相关部门提供增资扩股和技改便利，做大做强现有企业。特别重视招商引智工作。借鉴外地成功经验，结合主导产业，与国内知名理工大学特别是江西理工大学、赣州有色冶金研究所签订战略合作协议，打造全国知名的有色金属产业基地。

四是加强队伍建设。配强招商力量。结合工作实际，优化调整内设机构，合理增加人员，岗位实行双向选择，配齐配强招商力量。加强业务培训。每季度组织一次业务培训，聘请专家为招商人员进行培训，提升综合素质和招商能力。加强考核管理。制订内部考核方案，细化工作目标任务，加强日常管理，调动干部积极性。

五是不断优化营商环境。提升基础设施水平。开展"信息通、市场通、法规通、配套通、物流通、资金通、人才通、技术通、服务通+双创平台"的"新九通一平"建设，打造宜居宜业宜创的升级版投资环境。加强金融支持。鼓励区属国有企业通过境内外上市、"新三板"、区域性市场挂牌以及发行债券等方式加快发展。积极争取国家开发银行、农业发展银行等政策性金融机构通过投贷联动、投债联动、投基联动、区域联动等方式，推进基础设施项目建设。强化功能性平台建设。以满足区内企业共性需求为导向、提升公共服务能力为目标、公共设施共享为重点，加快建设集政务服务、公共信息、技术转移、融资服务等为一体的综合性公共服务平台。完善土地开发利用机制。树立"以亩产论英雄"导向，健全亩均税收、亩均工业增加值、单位能耗和排放工业增加值的考核体系，强化土地节约集约利用。创新土地动态监管和用地评估制度，健全低效用地再开发激励约束机制，提高土地利用率和产出率。实行差别化供地政策，采取工业用地先租后让、租让结合、长期租赁、弹性年限等方式满足企业用地需求，降低用地成本。固定资产投资 5000 万元以下或亩均投资强度 300 万元以下的单个工业项目，原则上不单独供地，一律入驻标准厂房。鼓励建设使用多层标准厂房、下沉式厂房，实施"零增地"技术改造，对在符合规划、不改变现有工业因地用途前提下提高土地利用率和容积率的，不增加土地价款。

六是紧抓首位产业招商。根据赣州经开区新能源汽车和电子信息两大首位产业的定位，引龙头与补配套并举，紧盯世界 500 强、国内 200 强企业的发展方向和投资动态，集中引进一批行业内有影响力的汽车"三电"和关键零部件配套企业，努力形成整车种类丰富、核心配套齐全的产业链条。电子信息产业方面，一手抓汽车电子龙头企业引进，一手抓消费类智能终端产业链龙头企业引进，着力在手机整机、显示与触控核组、摄像头等几个领域招大引强，努力形成优势集聚。加快引进国外高端服务业企业，引进国内领先的健康医疗、文化创意、专业设计、专业金融、服务外包、电子商务企业，打造主导产业突出的服务业集聚区。针对重点项目、重点企业资源开展产业链招商，加宽拉长现有产业链条，加大对龙头企业的关联企业和上下游企业的引进力度。

强化创新驱动，加速推动工业创新。一是实施创新型产业培育工程。推进建设新能源汽车为首位产业和电子信息为主导产业的产业集群，推动关联产业、上下游配套企业和资源要素集聚，形成规模品牌和集聚效应。加强关键技术研发和成果转化，聚焦发展新能源、新材料、装备制造等成长型产业，抢抓机遇发展智能装备等培育型产业。

二是培育创新型企业。选择一批龙头企业，创建一批省级以上重点（工程）实验室、工程（技术）研究中心和企业技术中心等平台，培育若干家能够与国内外同行业领军企业竞争科技创新型领军企业；围绕突破一批核心基础性零部件、一批关键性基础材料、一批先进基础工艺、一批产业技术基础，建立高成长性企业筛选体系，培育高成长性的科技创新企业、高新技术企业；依托"大众创业、万众创新"，构建全链条的创新服务体系，着力培育科技型小微企业。

三是培育"专精特新"。选择一批主导产业中企业规模较大、产业特色明显、增长潜力大的企业作为培育对象，建立资产、收入、税金等主要指标台账，定期进行综合监测分析，同时积极协调解决企业发展过程中遇到的困难和问题，加大企业融资服务、人才培训服务等工作力度，促进企业健康培育和发展。

四是加快技术改造，加强技术改造投资引导，推动金力永磁、澳克泰工具、格特拉克、同兴达电子等重点企业加快技术改造步伐，鼓励企业进行增资扩建、新上项目。加大技术改造扶持力度，充分利用国家、省、市各类技改扶持政策，支持电子信息、钨与稀土新材料、机械装备等行业加速实施结构调整、节能降耗、安全生产等改造。

五是实施智能制造，推进制造业向自动化、数字化、网络化、智能化发展，加快工业机器人、数控装备等先进制造技术在生产过程中的应用。充分发挥孚能科技、澳克泰工具、金信诺电缆等智能制造试点示范项目在行业中的示范效应，推动行业设备智能化升级、工艺流程改造、信息化管理普及，逐步完善行业智能生产检测体系建设。

六是建设科技创新服务体系。推进与高校、科研院所合作，共建创新创业园等载体或组建创新研发联盟，促进科技成果转化运用。大力发展研发设计、检验检测、技术转移、知识产权、科技金融等创新服务机构。建设新能源汽车、电子信息产业检验检测公共服务平台。支持发展一批新型研发机构，提高自主创新能力。加大对企业、创新团队、创客技术研发支持力度。

3. 主要成效

表 3-8　赣州经济技术开发区规模以上工业发展情况　　　　　　单位：万元

年份	企业户数（户）	总产值	工业增加值	主营业务收入	工业产品销售率（％）
2012	101	—	1010000	4240000	—
2013	—	—	—	—	—
2014	119	—	1243000	5960000	—
2015	—	—	—	—	—
2016	140	—	1320000	7320000	—
2017	143	—	1450000	7450000	—
2018	184	—	—	6775000	—

注："—"表示不详。

资料来源：笔者根据赣州经济技术开发区统计公报公布的相关数据收集整理。

2012 年，赣州经济技术开发区工业经济总量快速壮大，工业经济已经成为全区经济发展的主要动力,成为赣州市工业发展的核心,在赣州市经济社会的主导地位更为明显。2012年开发区实现地区生产总值136.7亿元,增长28%;规模以上工业企业实现工业增加值101亿元、增长18.5%(见表3-8),工业增加值占生产总值比重达75%,占赣州市工业增加值的16.7%;规模以上工业主营业务收入424亿元、利税总额34亿元,分别增长29.3%和22.8%,其中工业税收占地方财政收入的62.5%,主要经济指标基本实现两年翻番。主营业务收入过1亿元的工业企业达到65户,其中过10亿元的7户;工业主营业务收入在全省34个百亿元工业园区中排位第8;开发区工业规模在全市工业中的比重由2009年的15.8%提升到2012年的20.3%,保持了赣州市第一的地位(见表3-8)。

特色工业体系基本形成,企业技术创新水平不断提高。到2012年,开发区已基本形成了以澳克泰工具、金力永磁、东磁稀土等企业为代表的钨及稀土新材料产业;以江钨新材、江钨高铁铜材等企业为代表的铜深加工产业;以孚能科技、金力永磁等企业为龙头的新能源及新能源汽车产业;以伟创力、金信诺电缆、研创光电等企业为龙头的电子信息制造业;以格特拉克、五环机器等企业为龙头的机械制造产业;以华坚国际鞋城、曼妮芬针织品等企业为龙头的轻纺产业;以章贡酒业、双胞胎集团、燕京啤酒等企业为龙头的食品加工产业。江钨新材、格特拉克、金力永磁等主导产业骨干企业主营业务收入超过10亿元。2012年,钨及稀土深加工、铜深加工、新能源汽车及其配套、机械制造、电子信息、食品药品等特色产业实现主营业务收入369亿元,利税36.5亿元,分别同比增长31%、13%,占全开发区比重达87%;其中,钨、稀土及铜深加工是开发区的传统优势产业,其规模占全区工业主营业务收入的50%以上,特色产业体系基本形成。部分产业领域的重点企业技术创新水平不断提高,在国内外市场具有较强的影响力,企业成长性较强。金力永磁的风电磁钢产品的综合性能处于国内领先地位,获得多项专利;澳克泰工具作为国家高新技术企业,其硬质合金产品达到世界一流水平;江钨新材是国内最大的紫杂铜直接利用加工企业,全国唯一的"中国紫杂铜直接利用示范基地";格特拉克在国内变速器行业中综合排名第二,技术达到世界一流

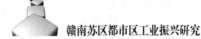
水平；五环机器是中国工程机械的传动装置的主要制造商之一，拥有 10 项国家专利。

项目建设持续稳步推进，工业发展潜力不断增强。赣州经济技术开发区以带动作用明显的重点项目为重点，积极推进项目建设，进一步改善投资结构、提高投资效益，全区固定资产投资继续保持快速增长的良好势头。2012年，全区完成固定资产投资达 151.5 亿元，增长 34.1%；其中，工业项目完成固定资产投资达 76.5 亿元，增长 15.7%。特别是一批投资规模大、技术先进，产品附加值高的项目先后建成投产，为工业发展鼓足了后劲。工业发展潜力不断增强。开发区实施了重大项目领导挂点责任制，有效促进了工业重大项目开工和投产。2012 年，列入赣州市重点调度的 24 个工业重大项目有22 个项目在建，全年累计完成投资 19.2 亿元，约占全市完成投资的 30%，中烟赣州卷烟厂、国星科技产业园项目厂房加紧建设，澳克泰工具、万宝至微型马达、东磁稀土永磁材料、齐云山油茶项目进入试生产，大田精密、海盛硬质合金等项目厂房全部封顶，进入设备安装阶段。项目竣工投产后，可实现年主营业务收入 574.5 亿元，税收 53.2 亿元。

招商引资取得重大进展。2012 年，招商引进项目 60 个，其中亿元以上项目 33 个，内资实际进资 74.6 亿元、增长 30.1%，外资实际进资 1.3 亿美元、增长 21%；外贸进出口总额增长 34.6%，出口加工区进出口增长 463.4%。2012 年 1~8 月，成功引进宝钢集团韶钢项目、赣州稀土产学研合作创新示范基地等重大项目，北斗战略新兴产业园、中科英华、德昌电机等在谈重大项目取得新进展。

配套设施建设不断加快，产业发展平台不断完善。综合保税区建设不断推进。赣州出口加工区于 2007 年 5 月 9 日经国务院批准设立。区内已建成监管大楼、卡口、监管仓库、验货场地、监管系统等设施，建成道路 6.5 千米，完成了供水、供电、通信、雨水、污水管网等配套基础设施建设，实现了"七通一平"。伟创力电源（赣州）有限公司、江西威赛光电科技有限公司、赣州中核科技有限公司等 10 家企业已落户。2012 年实现进出境货物总值 2.14亿美元，同比增长 463%，其中出境货物总值 1.85 亿美元，同比增长 547%。

区内各项指标排位前移，出口额居全省第一。基础设施加快建设。赣州经济技术开发区辖区控规覆盖面积 145.16 平方千米，2012 年底建成区达 45 平方千米，其中：香港工业园北区一期、西城区、出口加工区和高校园区的主要基础设施基本完成，赣州综合物流园正在加紧建设；建成 220 千伏变电站 2 座、110 千伏变电站 4 座，自来水厂 1 座，标准厂房 37.5 万平方米，配套宿舍 11.5 万平方米。配套服务体系逐步建立。全区已有 4 家投资担保和小额贷款公司、25 个银行网点、12 家规模以上物流公司，企业融资、物流等配套服务设施逐步完善；江西理工大学、赣南师范学院等 7 所大中专院校落户开发区，产业科技创新能力不断增强；建成专业市场 7 个，商务酒店 30 余家，商贸服务水平逐步提升。

2014 年，开发区实现 70 个项目开工，完成年任务的 140%；实现 80 个项目投产，完成年任务的 160%。全年实现地区生产总值 173 亿元、增长 14.6%，工业主营业务收入 602 亿元、增长 15.7%，财政总收入 32.4 亿元、增长 22.6%，全社会固定资产投资 210 亿元、增长 22%。赣州出口加工区实现进出境货物总值 6.34 亿美元，完成年任务的 198%，同比增长 130.95%，其中出境货物总值 3.46 亿美元，同比增长 31.93%；进出区货物总值 2.28 亿美元，同比增长 29.02%。全区 119 户规模以上企业完成工业增加值 124.3 亿元，实现主营业务收入 596 亿元、利税总额 56.1 亿元，分别同比增长 11.6%、15.7% 和 11.2%（见表 3-8）。

2015 年上半年，开发区实现新开工项目 26 个，同比下降 25%，新投产项目 28 个，同比下降 60%；新增规模以上企业 7 户，规模以上企业总数达 121 户；预计可实现规模以上主营业务收入 295 亿元，工业增加值 60 亿元，分别同比增长 3.8%、9%，分别完成全年目标任务的 45.4%、46.9%。

2016 年，开发区全年促进 42 个项目实现开工和 35 个项目实现投产。新增规模以上企业 14 户，规模以上企业总数达 140 户。如表 3-8 所示，全区实现工业主营业务收入 760 亿元、增长 22%，规模以上工业主营业务收入 732 亿元、增长 22%；工业增加值 132 亿元、增长 9.8%；财政收入 36.36 亿元、增长 2%；固定资产投资 284.8 亿元、增长 16.2%，工业固定资产投资 126.4 亿元、

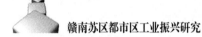

增长 32.4%，社会消费品零售总额 47.5 亿元，进出口总额 10.62 亿美元、增长 0.1%，其中出口总额 7.2 亿美元、增长 1.34%；实际利用外资 2.18 亿美元。

2017 年，赣州经开区通过工业发展基金等财政资金直接补助方式，累计兑现企业扶持资金 10.58 亿元，扶持企业 191 户次，同比增加 28 户奖励企业，扶持资金同比增长 17 倍，有效促进了赣州经开区企业发展和升级。全年完成入规企业 30 家以上，预计规模以上工业企业总数达到 143 户；全年可实现规模以上工业主营业务收入 745 亿元、增长 17%；规模以上工业增加值 145 亿元、增长 9.8%；固定资产投资 329 亿元、增长 15.5%，其中工业固定资产投资 158 亿元、增长 25%；财政总收入 38.86 亿元、增长 6.8%（见表 3-8）。

招商引资签约项目 70 个、签约资金 489.84 亿元。引进投资 1 亿元以上项目 59 个，其中 1 亿~10 亿元项目 43 个、10 亿~50 亿元项目 13 个、50 亿元以上项目 2 个。实际利用省外项目资金 98.86 亿元，增长 11.66%、完成市任务的 101.6%。实际利用外资 19388 万美元、增长 10.3%、完成市任务的 100.27%。进出口总额 8.05 亿美元，其中出口总额 7.05 亿美元、增长 1.4%。

重点工程项目加快建设。实现新开工项目 29 个，新投产项目 22 个，44 家重点工业企业完成增资扩建。国机智骏、山东凯马、中烟片烟醇化库等 25 个市重点工程建设项目年度计划投资 75.04 亿元，全部实现开工，全年实际完成投资 99.64 亿元，完成年度计划投资的 132.78%。

科技创新成果显著。一是创新主体地位凸显。新增高新技术企业 17 户，全区高新技术企业总数达 41 户，超额完成市下达的培育任务。二是知识产权应用保护能力提升。新增授权专利 284 件，授权专利总量达 1556 件。三是创新载体项目加快实施。成功申报省级重点新产品计划 8 个、省级科技型中小微企业 18 家。四是创新平台建设步伐加快。组织钜磁科技、福格新能源等 12 家企业申报省市工程（技术）研究中心，已有 10 家企业获批创建市级工程技术研究中心；新认定国家级创新创业平台 3 个，分别为江西福雷斯数据技术服务股份有限公司获批的国家级科技企业孵化器、赣州市创业服务中心有限公司、赣州恒科东方实业有限公司认定的国家级众创空间；全区共有国家及相关部委认定的科技创新及基础服务平台 14 个。五是新经济新动能崭露头角。以高端制造业、战略性新兴产业等为代表的新经济快速发展，带动传统产业转型升级，首位产业已经逐步由稀土和钨新材料转移为新能源汽车和电子信息产业。在当前中国制造2025的大背景下，工业企业掀起了一轮实施技术改造"热潮"，围绕制造领域关键环节，开展新一代信息技术与制造装备融合的集成创新和工程应用。特别是在推进"智能制造"工程方面，积极推动企业加速向高端"智造"转型升级，重点培育智能工厂、数字化车间示范试点，例如，孚能科技获评2017年国家智能制造试点示范企业以及智能制造综合标准化与新模式应用项目；澳克泰工具、孚能科技、金信诺电缆3项目获省智能制造试点示范项目；中烟赣州卷烟厂和金信诺电缆获选全市智能制造现场推进会标杆企业；孚能科技①、澳克泰工具、金信诺电缆、江西离子型稀土、海欣药业5家企业获评2017年赣州市智能制造试点示范项目。通过发挥试点示范效应，以点带面，园区智能化水平稳步提升。

园区平台建设日臻完善。围绕首位产业发展，积极搭建高层次发展平台，组织园区新能源汽车产业申报并获批省级重点工业产业集群，通过省工信委考核并获得全省2016年度先进工业园区和"两率一度"优秀工业园区的"双料"表彰。截至2017年底，全区共有国家及相关部委认定的科技创新及基础服务平台14个，省级工程研究中心4个。同时，指导加快标准厂房建设"筑巢引凤"，依托建投公司开发、PPP合作等模式，筑牢产业承载平台。同时，园区积极探索建设"新模式"，出台了《赣州经济技术开发区标准厂房建设使用实施方案》，采取依托建投公司开发、PPP合作开发等多种模式，为提升园区首位产业企业落户能力提供更强劲的动力。

经济发展领跑全市。2018年，全区共有赣州欧唯科技有限公司、江西弘耀达通讯有限公司、赣州亿鹏能源科技有限公司等36家工业企业成功入规。目前，全区共有规模以上工业企业达184家。如表3-8所示，全区实现规模

---

① 孚能科技于2002年成立，主要致力于新能源车用动力锂离子电池及系统的生产和研发，是拥有国际领先自主知识产权的高科技企业。作为全球第一批产业化三元锂电池制造公司，孚能科技制造出了全世界能量密度最高的新能源车用动力电池系统。2017年，孚能科技的动力电池系统出货量已进入全球前十位，荣登工业和信息化部、财政部公布的2017年国家技术创新示范企业名单，并入选工业和信息化部2017智能制造试点示范项目。

以上工业主营业务收入 677.5 亿元；规模以上工业增加值增长 9.9%；财政总收入 46.4 亿元，增长 13.1%，其中一般公共预算收入 22.5 亿元，增长 7.3%；固定资产投资 265.74 亿元，增长 10.7%，其中工业固定资产投资 166.98 亿元，增长 17.8%；实际利用省外资金 115.1 亿元，增长 16.4%；实际利用外资 21544 万美元，增长 11.34%；出口总额 43.14 亿元。多项主要指标连续多年总量排名全市第一。

赣州经开区围绕"一区三基地"建设目标，创新工作机制，招商引资超额完成目标任务，全年共签约引进项目 78 个，签约资金 1295.75 亿元，其中，引进亿元以上项目 75 个，引进 10 亿元以上项目 21 个，引进超百亿元项目 4 个。实现新开工项目 40 个，新投产项目 34 个，38 家重点工业企业完成增资扩建。截至 2018 年 11 月 26 日，经开区小微信贷通贷款发放 7164 万元，完成年度任务目标的 102.34%，惠及小微企业 46 户，提前 1 个多月超额完成全年 7000 万元的目标任务。

产业集群快速发展。首位产业发展后劲显著增强。新能源汽车科技城落户已落户工业项目 23 个，其中，国机智骏、凯马汽车、昶洧汽车、东风中电、中商国信等整车项目 7 个，孚能科技等关键零部件项目 6 个，科研院所和检验检测中心项目 9 个，汽车小镇项目 1 个，总投资达 840.4 亿元，特别是国机智骏汽车建成待审，凯马汽车建成投产，孚能科技获得奔驰戴姆勒 200 亿欧元订单，产能逐步释放，初步形成了"整车+关键零部件+研发+检测+汽车文化"的新能源汽车生态链，全区现有新能源汽车及关键零部件生产企业达到 67 家，项目全部达产后，可具备年产 100 万辆整车、32.3GWh 锂动力电池、10 万台新能源汽车电机等产品的生产能力。电子信息产业快速发展，现有电子信息企业 120 余家，规上企业、高新技术企业总数分别达 45 家、29 家，形成了"材料—芯片—模组—整机"智能终端完整产业链，金力永磁、金信诺科技、同兴达科技、立德电子等一批行业领先企业迅速壮大。2018 年规模以上企业实现主营业务收入 160 亿元，增长 35%。新能源汽车和电子信息两大产业占全区工业份额升至 38%，集聚度越来越高，已经悄然成为优势产业。钨和稀土等传统产业华丽转身，工业企业完成技改投资每年平均增速达 80%。以新经济引领带动传统产业转型升级，工业发展动力加速向新兴产业转换，集聚了国机、中车、五矿、招商局集团等央企和日本京瓷等世界 500 强企业。全区现有工业企业 558 家，其中规模以上工业企业 184 家，主营业务收入超 10 亿元的企业 10 家，利税总额超亿元以上的企业 7 家。

创新活力增强。大力实施创新驱动发展战略，努力推动从产业园区向科技创新园区转变。江西赣州人力资源产业园、赣州国家高层次人才产业园建成开园，出台了系列人才引进和科技创新扶持政策，兑现人才公寓、人才补贴、研发经费等政策。与中科院、中国工程院、清华大学、北理工等科研院所开展深入合作，全区共有研发、检测及基础服务平台 46 个，其中国家级科技孵化器和科技创新及基础平台达 15 个，数量位列全省第一；有院士工作站 5 个，省级博士后创新实践基地 3 个，海智计划工作站 1 个，汇聚了高层次人才 771 名，其中院士、国家"千人计划"专家等国家级人才 25 名。成功申报 63 个国家、省、市科技计划、重点新产品等项目。新能源汽车科技城获批全省唯一的第四批国家级专家服务基地。企业专利总量 2275 件，注册商标总数 2560 件，高新技术企业总数 87 家，位居全市县（市、区）第一，约占全市高新技术企业总数的 20%。成功申报全国首批标准化服务试点，全国知名品牌创建示范区通过国家质检总局验收。

产城融合加速推进。主动融入中心城区联动发展，助力省域副中心城市建设。大力推进城市项目建设，城市路网进一步完善，新经济快速发展，城市功能和品质不断提升，城镇人口加速集聚，城镇化率达 68%，成功创建全国文明城市和国家森林城市。赣州综合物流园正式运营，被评为"2018 年全国优秀物流园区"；"吉集号"智慧物流平台注册司机用户突破 30 万，荣登 2018 年中国产业互联网 TOP 100 排行榜，辐射周边 10 多个省市；孚能科技获得 C 轮融资超 10 亿美元，刷新了全球动力电池行业纪录；全国领先的趣店集团成功在美国上市，金力永磁在 A 股成功上市，全区上市企业达 8 家；全国首个区块链金融产业沙盒园平稳运营，入驻区块链、金融科技类企业 22 家，多元化的现代服务业产业体系建设不断完善。全区各类市场主体 3 万余户、从业人员 8 万余人、注册资金 700 多亿元，建成 7 个专业市场；拥有金融机构

22 家，发放贷款总数列全市前列；物流企业超 200 家，总吨位、仓储面积、税收总量居全市第一。

综上所述，赣州经开区工业发展成就巨大，但是，依然存在不少困境。一是制约项目推进的瓶颈问题依然存在。主要为土地报批、水、电、路、气、平场等要素滞后问题大大影响项目推进进程。二是新经济新动能潜力仍旧未释放。开发区重点打造的新能源汽车产业和电子信息产业虽然取得了一定成绩，但经济总量不高，产业占比偏低，产业链条不完善等问题依然存在。三是园区龙头企业比重少、产品层次低。开发区多数企业为中小企业，普遍规模较小，且产品处初、中端加工阶段，终端应用产品很少，产品整体层次不高。

四、南康区

（一）南康区工业布局的演变

1. 基础条件

南康是江西省赣州市辖区之一，东邻章贡区、赣县区，南通信丰县，西连上犹县、崇义县、大余县，北接吉安遂川县、万安县，属原中央苏区县和罗霄山集中连片特困地区，是中国甜柚之乡、中国实木家居之都。全区国土面积 1722 平方千米，人口 86 万（其中凤岗镇、三江乡和唐江、太窝 9 个村共 10 万人、119 平方千米，已于 2016 年划归赣州经开区管理）。

自然资源丰富。其中，矿产资源较丰富，种类较多，金属矿产、非金属矿产、燃料矿和地下水、矿泉水 4 大类均有。金属矿产中有黑色金属、有色金属、贵重金属、放射性金属、稀有金属和稀土金属矿产，非金属矿产有冶金、化工、陶瓷、玻璃、水泥原料，还有燃料和地下水资源等。储量较大的有钨、锡、铜、金、稀土、石材、砂石、黏土。森林资源有林地面积 163.75 万亩，占国土面积的 62.7%，其中国有林地面积 13.1 万亩，集体林地 146.28 万亩，林木蓄积量 211.13 万立方米，森林覆盖率 60.82%，林木绿化率 63.97%。按林业分类经营要求，已初步规划公益林面积 39 万亩，商品林面积 101.67 万亩，其中油茶面积 14.1 万亩，果业面积 8.89 万亩。

创业热土。具有深厚的商业传统和创业氛围，古有"商贾如云、货物如雨、万足践履、冬无寒土"的记载，近有"江西的温州"之称。特别是近年来，南康人凭着敢想敢干的创新精神、吃苦耐劳的客家传统，在没有木材、矿产、纺织资源的条件下，形成了家具和矿产、服装、电子等主导产业，著名社会学家费孝通把南康经济现象概括为"无中生有、有中生特、特在其人、人联四方"。目前，南康是全国最大的实木家具制造基地，家具产业集群产值在2016年突破千亿元大关，达到1020亿元。2017年1~7月，家具产业集群实现产值702亿元，增长19.6%。全区拥有家具企业7500多家，从业人员40多万，专业家具市场面积180万平方米，建成营业面积和年交易额均位居全国前列；是"全国知名品牌创建示范区""家具产品质量提升创建示范区"，拥有"中国驰名商标"5个。在家具产业的带动下，现代服务业快速发展，建成了赣南汽车城、物流商贸城、金融中心等一批公共服务平台，拥有物流企业450多家，线路1300多条，基本覆盖全国各地；拥有金融机构56家，是省级金融改革试验区，存贷款余额达到448亿元、310亿元；电商及相关配套企业达到1200家，2016年电商交易额突破百亿元达到118亿元，被商务部授予"全国电子商务示范基地"称号。2017年上半年，实现电商交易总额113亿元，增长56.9%。目前，正在采取PPP模式高起点、高标准规划建设家居特色小镇，打造世界家具创新创业生态园。目前，该特色小镇被列为全省首批30个特色小镇，正在申报全国第三批特色小镇。

四通八达的集散中心。在古代，即有"据豫章上游，为岭北巨邑，雄踞赣南通湘粤"的记载。如今，南康境内有1个内陆港口、1个机场、3条铁路、3条国道、4条高速。昌吉赣客专、赣深高铁建成后，至厦门、深圳、广州、南昌等地均可2小时直达。赣州港是全国第8个内陆对外开放口岸和内陆首个国检监管试验区，现已开通16列内贸和铁海联运班列（赣州港至成都、海南、儋州、昆明、贵阳等地内贸班列，至盐田、蛇口、厦门等港口铁海联运快速货运班列）；7列中欧班列（2列"俄满赣"中欧进口班列，5列到吉尔吉斯斯坦、乌兹别克斯坦、哈萨克斯坦、土库曼斯坦、波兰华沙的中欧出口班列），实现了俄罗斯—赣州港—吉尔吉斯斯坦的中欧班列双向对开，成为了盐田港、厦门港、广州港的腹地港，赣州港已全面融入"一带一路"国家倡议。依托赣州港，打

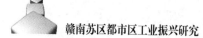

造"全国乃至世界的家具集散地",南康家具企业已从世界 50 多个国家和地区进口木材,家具产品销往全球 100 多个国家和地区,为把赣州打造成为连接"一带一路"的重要节点城市和国际货物集散地奠定了坚实基础。

投资胜地。南康享有苏区振兴和罗霄山片区扶贫政策的叠加优势,执行西部大开发按 15%税率征收企业所得税、贫困地区企业 IPO"绿色通道"等系列优惠政策,有国家发改委、中国证监会、中国民航局对口支援帮扶。南康经济开发区是省级工业园区,规划面积 20444 亩,已开发面积 13350 亩,拥有规模以上企业 164 家,"新三板"挂牌企业 3 家,兼并上市企业 2 家。"亲商、安商、富商"环境好,对企业诉求能马上就办、办就办好,对重大问题实行"一企一策""一事一议",入驻企业能享受到专人对接、专人代办的"店小二""保姆式"服务。

2. 工业布局

与赣南苏区其他县(市、区)类似,南康工业产业布局呈现明显的外向性,主要接受外部转移产业。且因其区位优势明显,发展迅速。

在工业布局上,南康着力抓好产业集群建设。重点打造 6 个优势产业集群,即家具和矿产品两个 200 亿元产值的产业集群,以节能照明为主的 150 亿元产值的电子信息产业集群,以及服装、化工、食品三个 50 亿元产值的产业集群。加快培育金属新材料、非金属新材料、新能源、绿色食品等战略性新兴产业,形成新的增长点。以 2011 年为例,全市实现生产总值(GDP)105.99 亿元,第二产业增加值 57.03 亿元,增长 17.0%;一二三产业比例由 2010 年的 16.3∶48.6∶35.1 调整为 2011 年的 14.3∶53.8∶31.9,二产比重首次突破 50%。全年实现工业总产值 210.2 亿元,比 2010 年增长 48.8%,总量突破 200 亿元大关,其中规模以上工业完成产值 171.8 亿元,增长 53.7%。实现工业增加值 52.49 亿元,比 2010 年增长 18.8%,工业占 GDP 的比重由 2010 年的 43.8%上升到 49.5%。新增入规企业 6 家,累计达到 66 家。规模以上工业实现增加值 46.1 亿元,增长 19.2%,其中,地方规模以上工业增加值 36.59 亿元,增长 19.8%。地方规模以上工业企业实现主营业务收入 164.62 亿元,增长 50.1%;利润 8.28 亿元,增长 55.4%;利税 12.03 亿元,增长

41.5%。全年工业园区实现工业总产值145.26亿元，增长54.0%，占全社会工业总产值的69.1%，实现产品销售收入138.46亿元，增长45.7%，上缴税金3.56亿元，增长31.4%。全年家具产业实现产值80.8亿元，增长87.9%，实现增加值17.3亿元，增长49.7%；矿产品业实现产值61.6亿元，增长46.5%，实现增加值13.3亿元，增长24.8%。家具产业总量超过矿产品产业总量，成为南康工业经济加快发展的领头雁，被授予"中国中部家具产业基地"称号，"大澳"商标被评为赣州市首个"中国驰名商标"，家具成品企业申报江西省著名商标12个，赣州知名商标26个，家具质量明显提升。电子（节能照明）、服装产业稳步发展，产值双双突破10亿元，分别达到11.2亿元和12.8亿元。自此，南康把主攻工业作为战略核心，形成了家具和矿产、服装、电子等主导产业。其中家具成为首位产业（关于南康家具产业将在本书第三章详述）。立足于把南康打造成为全国最大的以实木为主的家居产业基地、全国有色产业转型升级示范基地、全省服装创新创意创业中心、全市战略性新兴产业核心区域，大力推进家具千亿产业和矿产品、服装、电子、战略性新兴产业集群建设。

（二）南康区促进工业发展的政策及其成效

1. 促进工业发展的主要政策举措

第一，改善营商环境的政策。一是不断推进"放管服"改革，大力提升行政效能，降低企业成本。为此，陆续出台《关于精简和调整行政审批项目的决定》《中共赣州市南康区委赣州市南康区人民政府关于开展降低企业成本优化发展环境专项行动的通知》《关于进一步深入推进降低企业成本优化发展环境的若干政策》《2015年推进简政放权放管结合转变政府职能工作方案》《关于进一步深化"放管服"改革优化发展环境工作方案》《关于降低企业成本优化发展环境的若干政策措施》《赣州市南康区"减证便民"专项行动实施方案》等文件，深化供给侧结构性改革，着力解决困扰企业"办证多、办事难"和"奇葩证明、循环证明、重复证明、推责证明"等问题，扎实推动南康区"一次不跑"和"只跑一次"改革，进一步减轻企业负担，构建良好营商环境。

二是不断加大招商引资力度。制定《南康市对台招商经济发展规划》，积

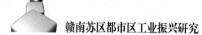

极引进境外企业资金到南康投资兴业。对台招商重点是电子产业。通过引进，拓宽南康电子接插件品种涵盖面，逐步建立全系列生产群，夯实与高端整机生产项目配套的产业基础。以南康有色冶炼为基础，开发电子焊料、封装材料和电子元器件生产项目，与中国台湾电子产业配套，延伸南康有色冶炼、电子产业的增值链条。以培育南康市场优势、产业工人技能优势为先导，对接中国台湾电子产业整体优势，承接电子产业生产线搬迁。下发《关于进一步强化措施，扎实推进2011年招商引资工作的通知》，明确招商任务。

三是精准帮扶企业的政策。出台《南康区领导挂点园区和联系企业活动工作方案》，帮扶企业解决运营过程中遇到的各种实际困难。制定《南康市工业园区"财园信贷通"融资试点工作方案》，财政筹集4000万元作为园区内企业贷款风险保证金，合作银行按不低于保证金8倍放大贷款额度（即3.2亿元）向园区内企业提供贷款。贷款企业无须提供抵押和担保，但企业的所有股东必须签署以个人所有财产对公司贷款承担无限责任的保证合同，企业按照获得贷款额的1%向工业园管委会缴纳互助保证金。出台《关于印发南康区"家具产业信贷通"工作方案的通知》《赣州市南康区"家具产业信贷通"工作方案》等文件，由区中小企业投资发展有限责任公司出资1500万元（即按企业获得贷款额的7.5%），家具企业出资1000万元（即按企业获得贷款额的5%）共计2500万元作为"家具产业信贷通"贷款风险代偿保证金，合作银行按不低于保证金8倍放大贷款额度（即2亿元），向家具企业提供贷款。出台《南康区中小企业还贷周转金管理办法（试行）》，设立"南康区中小企业还贷周转金"。还贷周转金的筹集规模为1亿元，由区中小企业投资发展有限责任公司负责筹集，其中向区财政局借款5000万元，以互助基金方式向企业筹集5000万元。此外，还积极鼓励企业上市直接融资，为此出台《南康市人民政府关于推动企业上市的工作意见》《南康市企业上市引导资金管理暂行办法》，引导资金由市财政每年从工业发展专项资金中统筹安排。2013年统筹安排1000万元，以后年份视财力情况逐步增加。鼓励和引导企业加快上市步伐，解决发展资金受限问题。

第二，打造工业发展平台的政策。制定《南康市工业园区入园企业服务管理办法（试行）》，要求包括东山工业区、龙岭工业区及今后列入工业园区管理的其他园区。进入园区的企业或项目，应当符合园区产业发展规划、符合康府发〔2011〕18号《关于印发南康市工业项目用地管理办法（试行）的通知》文件规定的相关条件和要求。先后出台《南康家具产业集群发展五年规划》，加快家具产业集聚发展，打造南康家具品牌。制定《龙华工业园红木城入园办法》，在龙华产业园划出一定区域，规划建设为红木家具城（统称"龙华工业园红木城"）。制定《南康市返乡农民工家具创业园入园指导意见》（简称《指导意见》），以政策为导向，以土地为杠杆，积极推进家具企业有序入园，促进家具企业依法节约集约用地，促进家具企业做大做强做优，优化家具产业布局，实现南康家具产业转型升级。《指导意见》规定，本地规模以上的龙头家具企业、骨干企业和有成长潜力的优质家具企业可优先安排进入家具产业园，引导企业走集团化、规模化发展道路。出台《南康区电子商务产业扶持办法（试行）》，支持建设家居线下体验馆；支持有条件的本地家具企业抱团（5家以上）在地级以上城市建设"南康家居线下体验馆"或"南康实木家具线下体验馆"，具备产品展示、配送安装、售后服务功能的，按最高300元/平方米的标准补贴装修费用，单个企业装修补贴资金最高不超过5万元，单个体验馆最高不超过30万元。该项补贴资金从产业发展资金中列支。制定《关于规范家具物流行业经营秩序的工作实施方案》，进一步规范家具物流行业经营秩序，促进家具物流产业发展，提升家具物流企业的整体服务水平和管理水平，确保家具物流行业健康、平稳、有序发展。

第三，鼓励企业增强创新能力，推动产业转型升级的政策。制定《关于实施标准化战略的意见》，坚持技术创新、国际接轨原则。以技术创新为重点，实现优势产业关键技术的突破，开发一批具有自主知识产权的高新技术的产品，形成一批具有核心技术和专利技术的产品。健全工业生产领域标准体系，促进新型工业化。以全国实木家具产业知名品牌创建示范区活动为契机，引导实木家具生产企业制定以"健康、环保"为理念的南康实木家具地方联盟标准，大大提高南康家具产业的标准化水平。积极支持企业参与行业标准、国家标准的制修订工作。引导工业企业按照《企业标准体系》《质量管

第三章　赣南都市区工业振兴情况

理体系》《环境管理体系》等国家标准要求，建立健全以技术标准为主体，管理标准、工作标准为支撑的企业标准体系，全面提高企业的现代化管理水平和安全保障水平，加快企业自主创新及科研、专利技术向标准转化的步伐，抢占产业制高点。出台《南康市推进商标品牌战略五年规划（2011~2015）的实施意见》，争取用五年的时间，使品牌商标企业规模得到进一步优化，注册总量、行业分布、运作能力等方面得到进一步提升；建立较为完善的商标使用以及品牌培育、发展、保护工作机制，培育一批具有较强竞争力和影响力的品牌商标、品牌产业，侵权假冒行为得到有效遏制；充分发挥品牌商标的聚集、辐射、引领作用，建立以品牌商标为主导的经济增长和品牌经济模式。按照"培育一批、扶持一批、推荐一批"的原则，建立创建品牌的梯队，加大帮扶力度，实现商标从数量型向质量型的转变。

2. 政策落实情况

在全力冲刺"工业三年翻番""三年再翻番"，争当全省工业高质量发展的排头兵过程中，南康坚持集群发展、创新发展，坚持扩量和提质并举，坚持招大引强、扶优扶强，强势主攻工业，紧抓政策落实。

第一，完善园区基础设施，着力抓好产业平台建设，夯实工业发展平台。加快龙岭工业园东区、西区，家具产业园、东山工业园、东山个私工业园等现有园区升级改造，推进铁皮厂棚改建标准厂房。完善园区特别是家具生产集聚区水、电、路、物流、燃气、消防、环卫、污水管网等基础设施，配套建设商贸、教育、职工周转房、人才公寓等生活服务公共设施。规范企业入园，实行项目供地与投资强度、提供税收和就业岗位直接挂钩，督促入园企业加快开工建设、竣工投产步伐。加强园区日常管理，完善项目及用地评审制度，加强项目入园管理，清理"僵尸企业"，推进"腾笼换鸟"，腾退低效闲置用地，确保单位面积的投资强度、建筑容积率和产出效益。积极实施绿色发展战略，鼓励清洁生产、淘汰落后产能，加强园区和企业环境保护设施建设。探索前端清洁生产、后端废弃物资源化绿色园区建设，促进园区可持续发展。

第二，着力改善营商环境。深化"放管服"改革，全面推行"最多一次办结"和"一次不跑"改革，实行行政服务事项"在线申请、网上办理、快递送达"。全面提升并联审批工作效率，力争把审批时限缩短50%。扎实推进"互联网+政务服务"，逐步提升全程网上办理事项比重。运营好行政审批中介服务超市。

第三，加大企业精准帮扶力度。进一步巩固和扩大"降成本、优环境"专项行动成果，切实解决好企业反映最突出的问题，确保各项惠企政策落实到位，促进企业提质增效。开展贷款中间环节收费专项整治，有效降低企业要素成本和制度性交易成本。大力发展融资租赁业务，减少企业一次性投入成本，让企业轻装快跑。健全结对帮扶企业工作机制，采取政府购买服务方式，建立管理咨询、财务会计等中介机构资源库，为企业提供全方位服务。全面落实中小微企业帮扶政策，降低企业生产经营成本。积极引导各类资源、要素和政策向优势产品企业、产业龙头企业、外贸出口型企业以及规模以上企业集中，综合运用项目核准、用地、融资、财税等扶持措施，着力培植一批龙头骨干企业，快速壮大南康工业体量。把握中国证监会挂点帮扶机遇，引导优质企业在主板或创业板上市。积极推进工业园标准厂房按揭贷款、仓单质押融资、中小企业还贷周转金等工作，发展"财园信贷通"等融资模式，着力解决中小微企业融资难题。

第四，大力完善产业配套。一方面大力发展物流、电商业。加快申通家具转运中心、万林金融监管仓、南康智慧物流园和桥口物流园等项目建设，推进本地物流企业"转企升规"和进区入园，实现规范发展、抱团发展。加大家具、服装等实体企业发展电商力度，在京东、阿里巴巴设立"南康家具"品牌馆，拓宽销售渠道。另一方面是着力完善港口功能。理顺完善赣州港体制机制，逐步建立集团公司管理框架，提升港口运营管理水平。全面发挥口岸功能，把进境木材监管区全面建成集通关、检验检疫、仓储、物流、监管仓金融、拼板加工为一体的产业聚集区。完成监管仓、保税仓项目建设并投入运营。争取马士基等一批远洋船公司将赣州港设为"目的港"，建立集装箱提还箱点。推进电子口岸建设。积极争取批复建设公铁海空多式联运海关快件监管中心和邮件监管中心。完善港口保税功能，大力引进培育报关报检、金融保险、船代货代等服务配套企业，支持金融机构开发授信、租赁、保险、供应链金融等新型涉外金融业务。建成公路运输甩挂中心，加快京东、顺丰等八大物流企业落地建设，完善港口物流配套服务体系。大力推动多口岸直通、多品种运营、多方式联运。争取省政府加快与国家质检总局签订备忘录，破除多品种运营瓶颈。深入对接深圳、广州、厦门、满洲里、阿拉山口、霍尔果斯等沿海沿边口岸，逐步实现中欧班列主要出入境口岸直通。深化与深圳盐田港的合作，联合打造国家多式联运示范项目。常态化开行铁海联运快速货运班列和中欧（亚）班列。规划建设全省首个中欧工业（中外中小企业）合作区，在木工机械、环保设备、智能制造装备等方面，引入德国、意大利、波兰等欧洲国家的先进技术、管理经验、人才资金，把南康打造成世界家具类工业制造中心。

第五，着力招大引强。充分发挥南康的区位、交通、土地、劳动力及产业基础等优势，积极宣传推介赣南苏区振兴发展各项优惠政策，创新招商工作机制，突出以商招商、专业招商、产业链招商等方式，全面提升南康招商引资水平。尤其是围绕家具、服装、矿产品、电子等主导产业和电子商务、总部经济，紧盯世界500强、行业100强和大型民营企业，着力引进一批龙头项目、配套产业链项目、总部经济项目、高新企业和知名企业。

第六，培植壮大优势产业集群。南康坚持打造一批千亿元、百亿元产业集群，引领和支撑南康经济实现有速度、有质量、有效益的发展。进一步完善家具、服装、矿产品、电子等主导产业发展规划，编制战略性新兴产业发展规划，完善龙头骨干企业帮扶政策措施，倾斜资金、技术、土地等生产要素，加快推动四大产业集群发展壮大。

一是加快传统工业产业转型升级步伐。产业升级是应对经济新常态下各种经济风险的根本抓手，也是提升区域经济发展水平的重要支撑。为此，南康不断强化创新驱动，着力推动家具、服装、矿产品等传统工业产业转变发展方式、提升竞争能力。在更高层次上推动家具产业转型升级。紧盯打造"全国乃至世界家具集散地"目标，纵深推进"转企升规"，大力实施"设计引领、创新驱动、品牌带动"战略，促进家具产业迈向价值链中高端。以资本为纽带加快推进家具企业并购重组、抱团发展。完善规上家具企业考核机制，严格进退管理，实现规上企业从数量扩张向质量提升转变。高标准高效率推进家居特色小镇建设，统筹地上地下开发，加速建成木屋、展览馆、博物馆等核心功能区。发挥特色小镇运营基地作用，加大招商运营力度，推动家具研发、设计、销售等各环节高端要素加速向小镇聚集，打造世界家具创新创业的孵化园、生态园，成为引领家具产业转型升级的主抓手、新引擎。发挥家具工业设计中心引领作用，提升原创能力，推动技术创新、产品创新及科技成果转化，争取申报成为省级工业设计中心。以"南康家具"区域品牌获批为契机，抓紧制定南康家具主要品种制造标准，严格准入机制，运作好"南康家具"区域品牌+企业商标的"母子"商标模式。加快入规企业入园、入标准厂房步伐。采取政策引导、环保倒逼等办法，大力推广环保、智能制造设备，推进家具企业智能化、品牌化、标准化、清洁化、定制化发展。推动矿产品产业改造升级。积极利用南康在 APT（仲钨酸铵）、锡冶炼加工等方面的产能优势，着力引进中铝、云锡等企业或先进技术，大力发展精深加工。加快矿产品技改项目实施，确保开源矿业、新南山科技、正浩锡业 3 家企业按时建成投产，基本完成龙回工业园 51 家小微矿产品企业整治整合项目建设，同步推进汇丰矿业、集盛科技就地技改升级，壮大以锡为主的多金属循环利用产业集群。深化产学研合作，提升技术和工艺水平，发展精深加工。引导新南山科技、正浩锡业、博晶科技等研发新产品，不断提升矿产品产业附加值。

二是培植壮大战略性新兴产业。利用国家推动产业结构调整和发展方式转变契机，因地制宜培育新能源汽车、新材料和电子等战略性新兴产业。首先是大力发展高端电子信息产业。抢抓赣深高铁即将开通重大机遇，运用好 IPO "绿色通道"不受脱贫影响政策，通过"科研院所+""研发设计+""引导基金+""标准厂房+""智能制造+""孵化培育+"等 6 个"+"，加速实现电子信息产业年产值超 100 亿元。龙岭工业园西区电子信息科技园以德普特智能玻璃盖板、"智造谷"、光电智造园三大项目为引领，全面推进博大精机、碧海洁净、维华科技等企业达产达标。围绕龙头企业延伸产业链，强势推进高端电子信息龙头企业招商，重点引进一批与智能触控显示屏产业链、磁电

功能材料相配套的高端装备制造企业。依托工业电子设计中心的孵化培育作用，加快完成临港电子信息产业园项目建设，推进成启思创、贵州航铄等企业发展壮大，打造一批"专精特新"企业。其次是积极发展新能源汽车产业。策应新能源汽车科技城整车项目建设，引进一批动力电池、驱动电机、电子控制等方面的关键核心企业，加快推进首期3000亩的新能源汽车零配件产业园建设。加快玖发新能源汽车项目建设，形成集群化发展，努力打造成为南康第二个千亿元产业集群。

3. 主要成效

表3-9　南康区规模以上工业发展情况　　　　　　　　　单位：万元

年份	企业户数	总产值	工业增加值	主营业务收入	工业产品销售率（%）
2012	82	1878200	513500	—	—
2013	—	—	—	—	—
2014	—	—	658000	—	—
2015	—	—	627000	—	—
2016	—	—	776000	3290000	—
2017	—	—	—	—	—
2018	—	—	—	—	—

注：①"—"表示不详；②2013年净增规模以上企业32家。
资料来源：笔者根据南康区历年发布的政府工作报告、国民经济和社会发展统计公报公布的相关数据收集整理。

据初步测算，2012年南康招商引资成效显著。南康区2012年外商直接投资签约项目11个，增长57.1%，签约资金10242万美元，增长31.5%，实际利用外资8338万美元，增长10.4%。固定资产投资强劲。2012年500万元以上项目完成固定资产投资78.41亿元，同比增长30.3%，较2011年提高6.6个百分点。其中，第一产业3.12亿元，增长180.7%；第二产业30.66亿元，增长94.9%；第三产业44.63亿元，增长3.0%。外贸出口较快发展。全年完成进出口总额8833万美元，增长7.8%，其中，出口总额7781万美元，增长

28.4%，比全国、赣州市分别快 20.5 个、18.4 个百分点。实现生产总值 122.89 亿元，按可比价计算，比 2011 年增长 12.0%，较 2011 年上升 0.2 个百分点，分别高于全国、全省、赣州市平均水平 4.2、1.0、0.1 个百分点。其中，第一产业 20.88 亿元，增长 4.9%；第二产业 63.99 亿元，增长 15.8%；第三产业 38.02 亿元，增长 9.5%。三次产业分别拉动 GDP 增长 4.1、4.9、3.0 个百分点。经济结构进一步调整，产业结构由 2011 年的 14.3∶53.8∶31.9 调整至 2012 年的 14.1∶54.4∶31.5。民营经济活跃。年末个体私营企业 26467 户，增长 21.7%，从业人员 22.78 万人，增长 47.6%，注册资金 92.82 亿元，增长 86.6%。全年民营经济纳税 10.54 亿元，增长 41.7%，占财政收入 70.3%。民营经济实现增加值 83.92 亿元，同比增长 13.4%，占 GDP 比重达到 68.3%，较 2011 年提高 0.2 个百分点。

工业经济快速发展。随着"一区四园"建设的扎实推进，2012 年工业完成总产值 286.61 亿元，增长 36.3%；实现工业增加值 58.69 亿元，增长 15.9%，占全市 GDP 近"半壁江山"，达到 47.8%。全年新增规模以上工业企业 25 家，达到 82 家，完成总产值 187.82 亿元，增长 16.2%；实现增加值 51.35 亿元，增长 16.0%；实现利税总额 13.10 亿元，增长 9.6%（见表 3-9）。

工业园区发展不断壮大。2012 年，园区工业企业完成总产值 156.44 亿元，增长 17.7%，占全市工业总产值比重达 54.6%；上缴税金 3.76 亿元，增长 16.1%，占财政总收入的比重达 25.1%；实现就业人口 1.96 万人，增长 17.1%。

2013 年，实现生产总值 137 亿元，增长 10.7%；500 万以上固定资产投资 100 亿元，增长 28.8%。工业产业加快转型。实现工业总产值 336.7 亿元，增长 17.5%，净增规模以上企业 32 家。家具类新增一般纳税人企业 57 家、市场面积 20 万平方米，被授予"全国实木家具产业知名品牌创建示范区"称号，以南康为主体的赣州家具基地成功列入第三批国家外贸转型升级专业示范基地。德普特科技、博晶科技、超越电子、格棱电子等企业快速成长，开源矿业澳斯麦特炉、小兰金属扩建等项目加快推进。70 家企业获得"财园信贷通"贷款 3.2 亿元。

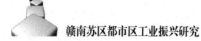

2014年，南康产业转型升级取得突破性进展。打造家具、新能源汽车2个千亿元和矿产品、服装、电子3个百亿元产业集群工作强势推进。家具全产业链配套公共服务平台基本建成。全面推进家具产品检测中心、喷涂中心、烘干中心、研发中心、物流中心等九大公共服务平台建设，部分项目竣工投入使用，得到了省委主要领导的充分肯定。政府收回5000亩家具产业园的开发建设权，园区建设和企业入园步伐全面加快；全年新增家具专业市场20万平方米，达到140万平方米。家具产业产值突破700亿元，增长46.7%。家具企业用地难题开始得到破解。成功争取省国土资源厅和省林业厅特殊扶持政策，规划建设15个家具生产集聚区，推动违法占耕地建厂的家具企业"退厂还耕"，使困扰南康家具产业发展多年的历史遗留问题得到破解。新能源汽车等战略性新兴产业落地生根、快速发展。玖发新能源汽车项目首期1万多平方米厂房建成并试产。德普特科技通过长信科技重组上市，公司总部从深圳迁至南康。博晶科技汽车尾气催化净化剂生产项目建成投产并填补省内空白。现代服务业尤其是生产性服务业发展势头强劲。物流商贸城项目快速推进，7万多平方米家具物流市场投入运营。电子商务快速崛起，电商企业累计达900余家，其中22家年销售额超千万元。矿产品、服装等传统产业改造升级步伐加快。投资20亿元的开源矿业澳斯麦特炉3万吨精锡冶炼技改项目进入设备安装阶段，南山锡业、金龙矿业异地搬迁和51家小微矿产品企业整治整合工作全面启动。服装产业转型升级内生动力增强，康意服装省级创新中心通过验收，首期300亩服装创意产业园规划建设正式启动，新的服装批发大市场开工建设。知识产权工作快速发展，全年专利申请量达838件，居全省首位，被评为全省专利十强县。企业融资工作取得重要进展。华源新材料公司正式登陆"新三板"，实现了南康企业挂牌上市融资的历史性突破。引进深圳前海股权交易中心设立南康服务基地，为46家企业提供1.15亿元融资。积极实施"财园信贷通""小微信贷通""家具产业信贷通"和"财政惠农信贷通"等融资模式，累计为企业融资7.5亿元，其中"财园信贷通"融资规模列全省第一。

2014年，南康全年生产总值实现148.5亿元，增长10.1%，增幅分别高于全省、全市平均增幅0.4和0.1个百分点；规模以上工业增加值65.8亿元，增长11.7%。

2015年南康工业产业升级步伐加快。遵循全产业链理念，打造了口岸、物流、喷涂、烘干、检测等家具产业九大公共服务平台，家具产业集群实现产值880亿元，增长25.4%；实现税收2亿元，增长20.1%。开源矿业澳斯麦特炉技改项目和51家小微矿产品企业整合项目进展顺利。启动了服装产业基地建设，南康服装批发大市场竣工封顶。深圳前海股权南康服务基地为61家挂牌企业实现融资1.44亿元；设立中小企业还贷周转金，为34家中小企业提供"过桥"资金9326万元；积极实施"财园信贷通""小微信贷通""财政惠农信贷通""家具产业信贷通"等融资模式，为企业解决贷款14.1亿元，名列全省第一；积极推进工业园标准厂房按揭贷款、小微企业扶持债和仓单质押融资，着力加快基金产业园和小微企业征信平台建设，有力缓解了企业融资难题。

强化开放平台建设。南康经开区新增开发面积5500亩，建成标准厂房10万平方米、在建20万平方米。11个家具生产集聚区完成"三通一平"2885亩，签约入驻企业160家。赣州港实现与深圳盐田口岸直通，全年报关报检1770个标箱，其中进口1262个标箱，出口508个标箱。设立家具企业进出口贸易服务中心，出台鼓励木材进口、家具出口10条优惠政策。木材进口、家具出口和贸易服务专向招商成效显著，已签约落户项目94个，跟踪在谈40个。南康家具远销美国、非洲市场。

2015年全年实现地区生产总值170.2亿元，增长10.6%；完成固定资产投资145亿元，增长19%，增速居全市第一；实现规模以上工业增加值62.7亿元，增长10.5%（见表3-9）。

2016年，南康实现生产总值188.24亿元，增长10.2%，增速全市第二。全区实现500万元以上固定资产投资171.6亿元，增长18.4%；全年新注册个体工商户和私营企业合计突破1万户，增长24%。以木材、家具为主的外贸进出口逆势增长，完成外贸进出口1.97亿美元，增长30.9%，其中出口1.65亿美元，增长23.3%。

第三章 赣南都市区工业振兴情况

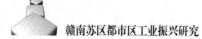

主攻工业势头良好。如表 3-9 所示，2016 年，南康实现规模以上工业主营业务收入 329 亿元，增长 12.9%；完成规模以上工业增加值 77.6 亿元，增长 10.1%；工业用电量 7.06 亿千瓦时，增长 7.5%；完成工业固投 85 亿元，增长 56%。矿产品企业退城进郊、技术改造和整合整治项目进展顺利，以开源矿业、南山锡业为龙头的多金属循环利用百亿元产业集群初步成型。积极对接赣粤电子信息产业带，以德普特科技为核心的光电智造百亿元产业集群快速推进。康意服饰等一批服装企业向品牌化、个性定制化发展。玖发新能源专用车销售超 2000 辆，全国同行业排名第六。

高度重视平台建设。各工业园区和乡镇家具生产集聚区建设快速推进。开工建设标准厂房 100 万平方米，建成 30 万平方米，规模占全市半壁江山。外贸服务体系更加健全，家具进出口外贸服务中心运转良好，新引进报关报检、船代货代、供应链金融等各类外贸服务企业 8 家，总数达到 22 家。

2017 年，南康主要经济指标增速保持全市一类县（市、区）前 3 名。

生产总值突破 200 亿元达 214.27 亿元，增长 9.6%；加上压库收入，财政总收入突破 30 亿元，同口径增长 19.4%，国税收入首超地税，税源结构发生历史性变化；工业固投和工业税收分别突破 100 亿元、10 亿元，增长 26.9%、48.5%，三年任务两年完成；一般公共预算支出和政府性基金预算支出合计突破 100 亿元，列全市各县（市、区）第一；各项筹资总额突破 100 亿元，有力保障了重大项目建设支出；500 万元以上固定资产投资增长 14.6%，规上工业增加值增长 9.3%，出口总额增长 27.1%。"产业扶贫信贷通"等六个"信贷通"发放贷款 30.2 亿元，"财园信贷通""小微信贷通"放贷规模均列全省、全市第一；2017 年共为 383 家企业发放"财园信贷通"贷款 15.6115 亿元，增长 70.25%，贷款户数及总量均位居全省第一，有效降低了企业融资成本，促进了实体经济发展。

产业升级步伐加快。落实新发展理念，推动产业集群发展、创新发展。以千亿元家具产业为代表的工业产业活力迸发，成为全省典范。新增省级规上工业企业 203 家，全省第一。现代家居城建设提速增效。推动 1008 家家具企业"转企升规"，三年目标一年实现。建成标准厂房 220 万平方米，在建

300 万平方米, 全省县级第一。完成首批规上家具企业选房入驻。组建全省首个家具工业设计中心, 一批可推广、可复制的智能工厂、标准车间相继投入使用。家居特色小镇快速推进, 项目招商开局良好。产业集群产值突破 1300亿元, 增长 27.45%。电子信息产业迅速崛起。与电子科大联合组建电子工业设计中心, 江西国创、深圳瑞德森、普希德刀具等 60 多家企业入驻发展。矿产品企业实现退城进郊、技改升级, 百亿元产业集群指日可待。港口配套更加完善。赣州港铁路专用线升级改造为赣州国际港火车站, 获批纳入国网运行。铁路场站二期、监管仓、临港经济区电子信息产业园、龙泰安冷链等项目快速推进, 国际贸易 "单一窗口" 国家标准版顺利运行。京东、顺丰等国内八大物流企业 "抢滩登陆", 港区建设拉开百亿元投资规模框架。赣州港开通 17 条中欧 (亚) 班列, 通达中亚五国和欧洲经济腹地, 成为盐田港、厦门港、广州港的内陆港。实现家具、木材、煤炭、蔬菜、汽车整车和电子信息产品的多品种运营, 港口年吞吐量达 23.8 万标箱, 是 2016 年的 4 倍, 位居全国铁海联运外贸吞吐量首位, 是全国开行班列线路最多、辐射国家最多、进口班列比例最高、开行货物品种最多的 "一带一路" 节点。

南康以培植壮大矿产品产业、家具产业、服装产业、电子信息产业等产业集群为核心, 大力挖潜扩能做大总量, 调优结构提高效益, 创新驱动增强活力, 扎实推动工业主导产业发展。2018 年前三季度, 南康区工业总产值实现 730.66 亿元, 同比增长 14.9%。矿产品产业、家具产业、服装产业、电子信息产业等工业主导产业总产值实现 728.86 亿元, 同比增长 15.1%。其中, 矿产品产业总产值实现 109 亿元, 同比增长 10.8%; 家具产业总产值实现 564亿元, 同比增长 15.9%; 服装产业总产值实现 25.26 亿元, 同比增长 15.6%; 电子信息产业总产值实现 30.6 亿元, 同比增长 17.7%。

随着主攻工业的不断深入推进, 工业发展成效明显, 工业税收贡献突出。2018 年前三季度, 工业税收实现 9.2 亿元, 同比增长 47.3%。总计 1~11 月, 全区工业税收完成 11.32 亿元, 同比增收 3.3 亿元, 增长 41.2%, 超过总收入增幅 29.1 个百分点。具体看, 采矿业税收翻番, 1~11 月采矿业累计完成税收 53661。制造业累计完成税收 8.3 亿元, 同比增收 2.1 亿元, 增长 34%,

主要由家具制造业、非金属矿物制品业、有色金属冶炼和压延加工业税收增长所拉动，其中家具制造业累计完成税收 2.6 亿元，同比增收 3369 万元，增长 15%；非金属矿物制品业累计完成税收 7148 万元，同比增收 3113 万元，增长 7.7%；有色金属冶炼和压延加工业累计完成税收 2 亿多元。

五、信丰县

（一）信丰工业布局的演变

1. 基础条件

信丰地处江西南部，毗邻广东、福建，东邻安远县，南连龙南县、定南县和全南县，西接广东省南雄市，北靠南康市、赣县，西北与大余县为邻。全县面积 2878 平方千米，总人口 77.5 万。

区位优越。信丰是珠三角及海西经济区的腹地，史有"赣粤闽三省通地"之称，京九铁路、大广高速、105 国道三条交通大动脉纵贯县境南北，信雄（南雄）、信寻（寻乌）、信池（大余池江）等三条省道和寻全（寻乌—全南）高速横穿县境东西，赣深客专正在建设，是赣州南部的交通枢纽，也是粤港澳通往大陆中部省份和长三角地区的重要通道。北距赣州 77 千米、南昌 450 千米，南距广州 350 千米、深圳 360 千米，位于沿海港口 500 千米范围内，处于赣州一小时经济圈，广州、深圳和南昌四小时经济圈，是珠三角、海西经济区的直接腹地。

资源富集之地。境内蕴藏煤、麦饭石、石灰石、稀土等 45 种矿产资源，煤的蕴藏量居赣州市之首，曾是全国 200 个重点产煤县、全省 5 个重点产煤县之一；石灰石储量居全市前三名；稀土以中钇富铕混合氧化稀土为主，稀土元素配分全、品位好，主要化学成分含量居全国领先地位；金盆山麦饭石资源储量达 251 万吨，为长江以南独有，堪称"江南一枝独秀"。脐橙、烤烟、红瓜子、萝卜等名优特产久负盛名，是赣南脐橙发祥地、"中国脐橙之乡"。森林覆盖率 68.2%，是赣南林区多林县和重点产林区之一。

产业基础比较扎实。工业支柱产业初步形成，电子信息、新型建材、食品制药三大产值超百亿元产业建设扎实推进，集聚效应日益显现，电子信息首位产业快速壮大。2010 年，全县工业完成增加值 30.57 亿元，按可比价计算比 2009 年增长 23.7%，增速比 2009 年提高 1.8 个百分点，占全县生产总值的比重为 36.4%，比 2009 年提高 4.7 个百分点。规模以上工业企业完成增加值 18.8 亿元，比 2009 年增长 23.6%，规模以上工业企业完成总产值 77.21 亿元，同比增长 42.2%。分经济类型看，国有企业完成总产值 972 万元，下降 3.7%，集体所有制企业完成总产值 4392 万元，增长 34%，股份有限责任公司制企业完成总产值 324868 万元，增长 70.6%，外商投资及港澳台商投资企业完成总产值 411302 万元，增长 37.8%，私营企业完成总产值 30577 万元，增长 7.6%。工业品累计产销率为 99.15%，比 2009 年上升 0.45 个百分点。规模以上工业企业主要工业品产量如表 3-10 所示。

表 3-10　2010 年信丰县规模以上工业企业主要工业品产量

产品名称	产量	比上年增长（%）
原煤（万吨）	24.06	3.8
水泥（万吨）	170.64	-5.8
中成药（吨）	230.5	65.4
人造板（立方米）	174770	5.8
发电量（万度）	25200	313.1
饮料酒（千升）	2410	20.5

资料来源：信丰县政府官网。

工业经济效益不断提升。2010 年全县规模以上工业企业完成主营业务收入 76.33 亿元，增长 42.2%，比 2009 年加快 1.2 个百分点，利税总额 5.37 亿元，增长 42.69%，其中：实现利润总额 2.75 亿元，增长 49.85%。工业经济效益综合指数达 204.6%，连续两年突破 200%。2010 年规模以上工业亏损企业为 8 家，亏损面为 11.7%，比上年减少 3.1 个百分点，亏损面进一步缩小。木材加工及木、竹、藤、棕、草制品业，饮料制造业，有色金属冶炼业，通信设备，计算机及其他电子设备制造业，以水泥为主的非金属矿物制品业五大行业实现的利润 1.75 亿元，占全部规模以上工业企业实现利润总量的 64%。

2011 年，信丰县全年全部工业完成增加值 38.23 亿元，比 2010 年增长 16.4%，占生产总值比重达 38%，比 2010 年提高 1.7 个百分点。规模以上工业企业完成增加值 25.6 亿元，增长 20.1%。如表 3-11 所示，信丰县规模以上工业企业完成总产值 106.58 亿元，增长 52.01%，其中：轻工业完成总产值 53.76 亿元，增长 46.4%，重工业完成总产值 52.82 亿元，增长 58.6%。分企业类型看：集体所有制企业完成总产值 0.28 亿元，增长 19.3%，股份有限责任公司制企业完成总产值 49.87 亿元，增长 60.8%，外商投资及港澳台商投资企业完成总产值 55.86 亿元，增长 48.07%，其他经济类型企业完成总产值 0.57 亿元，下降 50.53%。工业品累计产销率为 98.54%，比 2010 年下降 0.6 个百分点。2011 年信丰县规模以上工业主要产品产量及增长情况如表 3-12 所示。

全年规模以上工业企业实现主营业务收入 105.61 亿元，比 2010 年增长 52.42%。全年规模以上工业综合经济效益指数 217.39%，比 2010 年提高了 21.8 个百分点。实现利税 8.94 亿元，增长 80.71%，其中利润 5.9 亿元，增长 124.79%。

表 3-11　2011 年信丰县规模以上工业总产值主要分类情况

产品名称	产量（亿元）	比上年增长（%）
工业总产值总计	106.58	52.01
轻工业	53.76	46.04
重工业	52.82	58.60
国有企业		
集体企业	0.28	19.30
股份合作企业		
股份制企业	49.87	60.82
外商及港澳台商投资企业	55.86	48.07
其他经济类型企业	0.57	−50.53
国有控股企业	3.63	15.61
非公有工业	102.67	53.83
大中型工业企业	30.66	41.85

资料来源：信丰县政府官网。

表 3-12　2011 年信丰县规模以上工业主要产品产量及增长情况

产品名称	产量	比上年增长（%）
水泥（万吨）	150.4	10.7
原煤（万吨）	16.6	22.3
纸制品（万吨）	2.3	83.7
饲料（万吨）	25.5	8.4
人造板（万立方米）	14.3	−18.1
服装（万件）	2488.2	80.5
饮料酒（万千升）	1.5	21.7
塑料制品（万吨）	2.4	63.8
发电量（亿千瓦时）	1.2	−52.6
钢材（万吨）	6.4	−26.7
背包（万个）	2549.0	72.2
家具（万件）	63.9	51.4

资料来源：信丰县政府官网。

　　2011 年，信丰县工业园区投产企业达 130 家。全年园区完成工业增加值 26.84 亿元，比 2010 年增长 20.8%；主营业务收入、利润、利税分别完成 102.71 亿元、5.41 亿元和 2.88 亿元，分别增长 51.1%、145.4%和 44.7%。

　　始建于 2001 年的信丰工业园区，是省级重点工业园区、省级民营科技园区、省级循环经济试点工业园区、十百千亿元工程百亿元园区。完成"三通一平"近万亩，建有"五纵九横"近 50 千米的交通路网，建有 220 千伏、110 千伏变电站各一座、35 千伏变电站三座，建有 DN600 和 DN300 供水管道各一条，医院、学校、银行等配套服务功能完善。工业园西区规划建设了占地 8039 亩的电子器件产业基地和占地 3500 亩的赣南（信丰）脐橙产业基地，依托这两个基地规划建设的工业新城和以花园湾为核心区的城南生态新城正加快推进。大唐等工业园建设稳步推进，"一区三园"发展格局加快形成。

　　投资环境优良。信丰人自古以来诚实守信、勤劳淳朴、热情好客、与人为善，营造了良好的人文环境。实行行政审批事项一站式服务、一个窗口受理、项目代办服务、并联审批、限时办结、服务时效跟踪和责任追究制，打

造安商服务"绿色通道",着力营造投资成本最低、信誉最好、效率最高、服务最好投资环境。先后荣获"中国金融生态县""江西省首届投资环境优良县""浙商(省外)最佳投资城市""全省和谐平安建设和社会治安综合治理先进县""全省依法行政示范单位"等殊荣。鼓励政策较优。信丰县拥有《国务院关于支持赣南等原中央苏区振兴发展的若干意见》和《关于赣州市执行西部大开发税收政策问题的通知》等国家政策红利,出台了《信丰县鼓励投资的若干政策规定》等优惠政策。

2. 工业布局

如果说南康是依靠其大量在外务工的木匠和矿业人才撑起了家具产业和矿业的话,信丰则主要以其丰富的自然资源和其临近广东的区位优势发展工业。信丰石灰石储量丰富,位居全省前列,从而为发展新型建材产业提供了充足的原料。新型建材产业已形成水泥、商品混凝土、水泥管桩制品初步的产业链,并已初具规模。在食品制药产业方面,信丰也具有得天独厚的原材料优势。信丰是赣南脐橙发祥地,赣南脐橙种植面积达210万亩,产量达240万吨,信丰所属产业基地产量较大,且还拥有10万亩的蔬菜生产基地,原材料十分充足。从而使得脐橙、农副产品深加工及制药产业已初具规模,尤其是脐橙产业,已形成分级、保鲜、精、深加工、包装、营销较为完整的产业链。其电子信息产业则主要是发挥区位优势的结果,该产业链条逐渐拉长,为电子信息产业发展提供了产业配套。如可立克科技为高飞数码科技配套电子变压器,富运彩印为高飞数码科技配套电子产品包装,福昌发电子为高飞数码科技配套线路板,天科电子为可立克科技配套磁性材料,正天伟电子、普源电子等为线路板企业提供配套。

信丰县"十一五"规划根据自身资源和区位优势,以打造工业板块为目标,调整产业结构,初步构建"1+3+5"园区工业布局、城市空间布局和产业发展布局,基本实现城乡共同繁荣,经济社会协调发展的宏伟目标。其中园区工业布局实施"1+5"模式。即指一个工业园,紧紧抓住省委省政府把信丰工业园列为全省30个重点工业园的历史性机遇,重点抓好"台湾工业小区、东盟(印尼)工业小区、深圳工业小区、在外务工人员回乡创业小区、香港工业小区"五个工业小区建设。

在产业发展布局上，着力培育壮大一个基地、做大做响一个品牌，做强做优龙头企业，大力主攻基础工业，着力打造支柱产业。即在县城建成一个规模较大、设施完备、以脐橙出口为主导的果品出口基地。力争2010年把信丰建成"世界最优脐橙主产县""中国最大脐橙出口县"，把信丰脐橙商标打造成为"中国第一、世界知名"脐橙品牌。大力发展新型建材、机械电子、食品制药、矿产加工、轻纺化工等基础工业。

着力提升工业发展水平。以具有比较优势的建材、矿产资源加工、农副产品加工等行业为依托，充分利用信丰现有的产业基础和资源优势，以工业园为平台，通过加大招商引资力度、创优工业园区、推进技术创新，促进产业结构的调整。自觉实行错位发展，筑巢引凤，吸引、承接长珠闽劳动密集型产业向信丰转移，着力实施"质量振兴，以质取胜"战略，建立优胜劣汰、公平竞争的市场秩序。加快培育壮大骨干企业和名牌产品，坚持走科技含量高，资源消耗低，环境污染少，经济效益、社会效益和质量效益并举的新型工业化道路，遵循发展产业集群、实施规模经营的思路，按照市场化理念运作，建立融制造业和加工业为一体的工业经济板块，重点发展新型建材、机械电子、食品制药、矿产加工、轻纺化工五大支柱产业，努力把信丰建设成为赣州南部区域经济中心和全省工业强县。主要经济指标到2008年翻一番，到2010年翻1.5番，到期末培植销售收入超亿元企业达到10户，超2亿元企业达5户，名牌产品8个以上。

新型建材。信丰县石灰岩资源丰富，储量居赣南之首，石灰岩中碳酸钙（$CaCO_3$）含量高，发展建材工业具有得天独厚的资源优势。要充分利用石灰岩独特的资源优势，发展以普通硅酸盐水泥为主，特种水泥、白灰等多种建材并举的新型建材工业，建设和引进大型装饰材料及新型墙改材料生产企业，以万基水泥、圣塔水泥、亚太不锈钢等龙头企业带动，在整合、改造现有水泥企业的基础上，发展品种多、产品全、门类齐的建材业集群，形成建材工业的集聚效应，做大做强信丰县建材业。

机械电子。通过外引内联的办法，走发展民营经济与外向型经济相结合的路子。一手着力培植本地土生土长的机械制造民营企业，充分利用已掌握的关键技术，做成"小产品、大市场"，并以此为带动开发出其他配套产品和通用机械产品，培育一批机械制造业的"小型巨人"。一手大力引进外资企业，通过引进资金、技术、管理推动机械制造业取得大发展。培育和建立适应市场经济和国际竞争要求的电子市场体系，加快发展数字化、网络化产品、开发新型电子电器件与电子材料，发展软件产业。加快高飞电子、金煌实业的建设进度，将其培植成为信丰县电子工业的龙头企业，通过引进更多的高新技术大型电子企业及发展上下游配套企业，培育高投入、高技术含量、高附加值、高税利、高带动力的"五高"电子产业集群，将信丰县建成赣州南部最大的机械电子工业基地。

食品制药。以市场需求为导向，以促进农业产业化为契机，建立和完善大农业、大食品、大流通、大市场的食品产业体系，以提高食品工业技术水平和确保食品安全、卫生、健康、质量标准为目标，加快食品工业的结构性调整和发展，延伸产业链。发展功能性食品、保健食品、方便食品，以"方便、绿色、环保、卫生、营养、保健"为前提，通过引进新技术进行深度开发，在食品行业中重点推广应用真空冷冻干燥、无菌包装、冷杀菌等先进实用技术。实现肉鱼禽蛋成品化，主食加工精细化，营养保健食品绿色化，饮料产品多样化。充分发挥信丰县的麦饭石资源优势及"中国脐橙之乡"的名牌效应，利用县内物产丰富的传统农业优势，通过与科研机构及高等院校的联合，引进先进技术，实行深度开发利用，发展麦饭石系列保健产品及脐橙系列产品，并搞好甜玉米、萝卜干、红瓜子等农副产品的精深加工。在整合现有食品小企业的基础上以恒隆、中侨、味中味等企业为龙头，通过"公司+农户"的办法，用现代科学技术和先进工艺设备改造传统产业，做响"赣石"牌麦饭石酒、"大圣塔"牌脐橙、"太阳花"牌甜玉米、"恩惠"牌蜜饯、"无及"牌酱菜萝卜等食品品牌。按照建立龙头、强壮龙身、搞活龙尾的思路，扭转加工产品档次低规模小的局势，提升信丰食品生产企业技术和规模。发展集脐橙果蔬深加工、仓储、物流为一体的大型骨干企业 1~2 个，发展麦饭石系列产品精深加工大型骨干企业 1~2 个，带动果蔬加工及麦饭石系列产品开发向纵深发展。将信丰县建成以脐橙、麦饭石系列产品为龙头，集仓储、商贸为一体的辐射赣、粤、闽周边地区的农副产品商贸、物流中心。制药业以诚志药业为龙头，利用原有的基础，做响做大"千喜片""陈香胃片"等中成药品牌，并不断开发新产品，通过节能降耗降低成本，提高效益。努力开拓市场，不断提高市场占有率，做强制药产业。

矿产加工。信丰县是赣南矿产资源大县，矿种多，分布广，现已发现矿种35种，探明资源储量矿产17种，煤、石灰岩储量居赣南之首。要充分发挥煤、石灰岩、稀土等优势矿产资源的作用，通过整合资源，实行合理有序的开采和矿产品深度开发利用。煤炭业要通过对现有矿区周边资源进行有偿整合扩采来减少浪费，提高资源利用率；石灰岩的开采利用除提供水泥生产原材料外，还要做好研发工作，延长产品使用链，提高产品附加值；稀土业要做好精深加工文章，引进资金和技术，对粗稀土产品进一步精深加工，提高产品科技含量。此外，要做好麦饭石矿、粉石炭矿、钨矿、瓷土矿等矿产资源的综合开发利用，将信丰县的资源优势转化为经济优势。

轻纺化工。充分利用信丰县地理位置、交通、劳动力、资源等优势，以现有企业为带动，依托骨干企业，大力发展针织制衣、包箱、体育用品、玩具为主的劳动密集型出口创汇轻纺工业。以靖迈化工、金吉化工为带动，发展电石、PVC管、工业用甲醛等系列产品，做大化工业。

"十一五"期间，通过大力实施"主攻工业"战略，以工业园区为平台，以重大项目建设为抓手，做到科学规划聚产业，招商引资增投入，扶持重点培支柱，着力培育电子通信、矿产品加工、新型建材、食品制药为四大工业支柱产业，全县工业经济发展取得了显著成效。"十一五"期末，全县完成总产值77.16亿元，比2005年增长4.8倍；实现主营业务收入75.4亿元，比2005年增长4.8倍；实现利税5.68亿元，比2005年增长1.9倍。全县规模以上工业企业达68户，比2005年增长1倍。纳税超千万元的企业5家，其中纳税超2000万元的企业2家。工业园区经济快速发展，入园企业达到135家，年纳税达到1.5亿元。

在取得上述成就基础上，《信丰县国民经济和社会发展第十二个五年规划

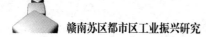

纲要》（以下简称信丰县"十二五"规划）继续坚持强工兴县，促进跨越发展。打造"一体两翼"工业发展格局，引进资金、技术、人才等生产要素向"一体两翼"聚集。其中，"一体"是以工业园区为主体，重点建设电子器件产业基地和脐橙产业科技示范园。"两翼"中的"左翼"是以大桥为中心的信寻线工业走廊，主要发展以脐橙、蔬菜（甜玉米）、肉禽加工为主的农特产品加工业和其他劳动密集型产业；"右翼"是以铁石口为中心的 105 国道工业走廊，主要发展水泥、煤为主的建材业和矿产品加工业及以脐橙、辣椒、萝卜、红瓜子加工为主的农特产品加工业。

在园区发展布局上，信丰县"十二五"规划围绕壮大四大支柱产业，按"一轴五区"来布局，即以迎宾大道为主轴，布局电子器件产业基地、脐橙产业科技示范园、新型建材产业区、矿产品深加工区、中小企业创业基地五大区域。

电子器件产业基地。在 105 国道西侧兴建 8039 亩电子器件产业基地，按照规划高标准、建园高规格、入园企业高档次的要求，重点发展现代家电、LED 照明、电子元器件、线路板四大类项目，建成江西省最大，中部地区最具竞争力的电子通信产业基地。同时，形成以高飞电子为龙头的产业集群，水东大道两侧，星村路东西两侧、城北大道东段两侧、中端南路中端两侧，主要安排电脑配件、DVD、MP3、液晶电视、音响设备线路板等项目，占地约 1000 亩。

脐橙产业科技示范园。迎宾大道以西，城北大道两侧，兴建占地 3500 亩的脐橙产业科技示范园。园区内重点建设五个片区：一是企业加工区，以脐橙分级打蜡包装为主的果品采后加工处理和以脐橙果品为主的农产品精深加工以及果蔬产业机械设备类企业；二是物流仓储区；三是品种示范区；四是管理服务区；五是休闲商贸区。

新型建材产业区。以 105 国道沿线的圣塔水泥、万基水泥、绿源人造板等企业为主轴，引进建材企业、机械企业安排在 105 国道沿线，集友路以北，在工业园北区打造新型建材、机械产业区，占地约 500 亩。

矿产品深加工产业区。以新利稀土以北，中端南路东段南侧，打造矿产品加工产业区，占地约 300 亩。

中小企业创业基地。在工业园集友路以东建设占地 300 亩的中小企业创业基地。创业基地内规划建设能人创业园、返乡民工创业园、大学生创业园以及外商创业园，到2015年，创业基地年工业总产值达2.5亿元，争创国家级中小企业创业孵化基地。

工业发展重点及主要任务。信丰县"十二五"规划强调要全力推进工业化进程，实现工业强县，信丰县"十二五"规划期末，规模以上企业实现主营业务收入力争达到247亿元，年均增长26.9%以上，全县工业经济占GDP比重达到50%。具体如下。

第一，做强做特工业园区。按照"效益建园、特色建园、生态建园"的理念，将信丰县工业园区建设成省级一类园区，争创省级经济开发区。工业主营业务收入达150亿元，比"十一五"末增长113%；工业增加值达45.1亿元，比"十一五"末增长111.3%；税收达4.5亿元，比"十一五"末增长92%，入园企业达300家以上，产值超30亿元的企业1家，超10亿元的企业2家，纳税超3000万元的企业5家、超1000万元的企业8家以上。一是抓实园区项目建设。重点建设省级电子器件产业基地和脐橙产业科技示范园，把电子产业建设成信丰县经济的重要增长极，将脐橙等优质农副产品精深加工作为食品工业的主攻方向，形成生产、加工、集散的产业体系，积极推进中小企业创业基地建设，坚决清理闲置土地，加快园区项目建设力度。二是完善园区配套设施建设。推进生态园区建设，实施生态工业园区建设规划，建设"三废"处理设施，加快园区污水处理的建设步伐，注重保护生态环境。加大基础设施建设力度，完善园区配套功能，开工建设一批职工公寓，加快园区集贸市场和生产生活配套服务设施建设。以工业化促进城镇化，将园区建设成为统筹城乡发展的示范区。抓好迎宾大道园区段的亮化、美化、绿化等工作，提升园区形象。三是推进乡镇工业小区建设。抓好乡镇工业小区的规划与建设，重点建设铁石口镇、大桥镇两个工业小区，力争"十二五规划"期末建成规模以上工业主营业务收入超10亿元的乡镇工业小区2个以上。

第二，壮大四大支柱产业。一是电子通信业。加快产业集聚，以做大电子器件产业基地为契机，积极承接沿海转移的电子类项目，重点发展现代家电、LED照明、电子元器件、线路板产业等。注重引进设计、研发、制造和

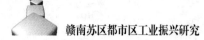

检测等上下游配套项目，提高产业集中度，提升电子通信产业集聚水平。"十二五规划"期末，电子通信产业总产值达到 100 亿元，年均增长 40%。

二是矿产品深加工业。做强做大矿业经济，积极发展稀土深加工产业，重点发展高性能稀土永磁材料、三基色荧光粉、白光 LED 荧光粉、磁致伸缩材料、稀土节能电机及稀土催化剂等高新技术产品。开发萤石矿、铁矿，引进和扶持钨、镍、锑、铜、铝等有色金属冶炼和加工企业。加大麦饭石资源的开发力度，抓好稀土资源的依法有序开采和规模集约经营，有序推进煤炭安全开采。"十二五"规划期末，矿产品深加工业总产值达 40 亿元，年均增长 30%。

三是食品药品业。依托脐橙产业科技示范园，加快发展脐橙、甜玉米、萝卜、红瓜子、食用菌、辣椒等名优农特产品精深加工业。饮料业：重点开发脐橙、甜玉米等为主的果蔬汁饮料及麦饭石矿泉水；酿酒业：巩固提升江西王、赖酒等白酒的品质，扩大市场份额，开发红酒、脐橙果酒等新品种；粮食加工业：巩固传统米面制品市场，开发营养化、功能化、方便化系列绿色新产品；肉制品加工业：发展猪肉等肉禽类食品加工业；药品业：发挥"千喜片""陈香胃片"的品牌优势，做响品牌，开发生产满山香片、颗粒感冒药，增加化积咀嚼片、健儿强胃颗粒等儿童用药，开发新药品种，扩大市场。抓好现有食品企业的升级和改造，扶持食品企业进行食品安全标志 QS 认证及申请条形码，大力发展绿色食品、有机食品、保健食品，提高食品质量，争创省以上名牌产品。"十二五规划"期末，食品药品业总产值达 26 亿元，年均增长 27%。

四是新型建材业。抓好圣塔、万基、闽丰等骨干企业的技改扩能和达产达标，形成水泥、商品混凝土、水泥管桩制品产业链。大力发展新型墙体材料，重点发展煤矸石和紫色页岩制品、利废烧结制品、混凝土空心砌块和加气混凝土砌块、各种轻质板材和复合板材，尽快建成年产 1 亿块及以上环保蒸压灰砂砖生产线。扶持纤维板、不锈钢、PVC 管、塑钢门窗及涂料和家具等建材企业的发展，积极引进和发展保温材料、防水材料、陶瓷、黏胶和密封材料以及与其配套的各种五金件、塑料件和各种辅助材料，形成门类齐全的建材产业集群。"十二五规划"期末，新型建材业总产值达 24 亿元，年均增长 8%。

第三，扶持两大成长性产业。一是机械制造产业。选择产业关联度大、延伸力强、能形成产业链、产业集群的行业，重点打造食品机械和汽车零部件制造等产业。二是化工产业。推进化工产业发展，提高化工企业的技术水平、工艺水平、装备水平、环境治理水平。重点发展精细化工、工程塑料的高精尖项目。"十二五规划"期末，两大成长性产业总产值达16亿元，年均增长30%。

第四，培育战略性新兴产业。按照"整合资源、保护环境、科学规划、合理布局、深度加工、做大产业"的方针，以资源为依托，以产业整合为手段，以发展高附加值的深度加工和应用产品为主线，重点发展稀土永磁电机、LED材料与器件、绿色食品、绿色照明及光电产品、金属新材料、新型动力电池等新科技、新能源、新材料、新医药的战略性新兴产业。

到2012年，信丰县已基本形成电子信息、新型建材、食品制药、矿产品深加工等四大特色产业。其中电子信息产业发展区域总面积已达10039亩，其中东区已建成面积达2000亩；西区规划了占地面积达8039亩的电子器件产业基地，该基地规划了电子元器件、印刷线路板、光电、家电、手机通信等产业区，并规划了仓储物流区、居住及安置区、中心服务及商住区等三大功能区；另外规划建设了占地面积达2139亩的大唐工业园发展电源动力产业。新型建材产业发展区域总面积达3500亩，其中东区已建成面积达1500亩；另外在东区东北方向拓展规划了2000亩发展新型建材产业。食品制药产业发展区域总面积达6300亩。其中东区已建成产业发展面积达800亩；西区规划了占地面积达3500亩的脐橙产业基地，规划了新鲜脐橙初级加工区、脐橙精深加工区、蔬菜加工区、农业机械加工区、科研信息培训推广区、物流仓储区及公共设施服务区七大区；另外在大塘埠镇规划了占地面积约达2000亩的大塘埠工业园发展食品加工产业。矿产品深加工产业发展区域面积达2000亩，其中已建成面积达700亩，另外在东区规划了占地面积达300亩的稀土产业园，并在东区向东拓展规划了占地面积达100亩的发展矿产品深加工产业。

（二）信丰县促进工业发展的政策及其成效

1. 促进工业发展的主要政策举措

政策落实大力招商引资的政策。持续出台《2014年信丰县开放型经济工作意见》《信丰县2014年度目标管理综合考核方案》《信丰县2014年招商引资工作考核方案》《2015 年招商引资工作意见》《信丰县 2015 年招商引资工作考核方案》《关于对 2015 年招商引资工作进行年终检查的通知》《关于 2016年招商引资工作意见》《关于印发〈信丰县 2016 年招商引资工作考核细则〉的通知》《信丰县提高招商引资项目质量的实施办法（试行）》《关于切实提高招商引资项目签约率、开工率、履约率的工作意见》等文件，全力招商引资，切实提高招商引资工作质量和效益，加快主攻工业步伐，有效解决项目签约、推进等方面存在的困难和问题，切实提高项目签约率、开工率、履约率。

《信丰县鼓励投资的若干政策规定》规定，凡在信丰县投资，经信丰县开放型经济工作领导小组批准并办理规定手续、固定资产投资达 1000 万元以上的国家鼓励类工业项目，享受本规定政策。具体如下。

第一，税收优惠政策。执行西部大开发税收政策，具体是：对设在信丰县内资鼓励类产业、外商投资鼓励类产业及优势产业的项目在投资总额内进口的自用设备，在政策规定范围内免征关税。自 2012 年 1 月 1 日至 2020 年12 月 31 日，对设在信丰县的鼓励类产业的内资企业和外商投资企业按 15%的税率征收企业所得税。企业从事国家重点扶持的公共基础设施项目，以及符合条件的环境保护、节水节能项目投资经营所得，可依法享受企业所得税"三免三减半"优惠。

第二，项目奖励政策。一是大优项目奖励政策。具体奖励如表 3-13 所示。

表 3-13　信丰县大优项目奖励政策

类别	基本条件	奖励政策
国内外知名企业	世界 500 强且固定资产投资额达 3 亿元以上	自项目供地之日起 8 年内，企业当年纳税达 500 万元以上，将其所缴纳增值税和企业所得税信丰县留成部分按 70%标准奖励给企业
	固定资产投资额达 5 亿元以上	
	国内 200 强固定资产投资额达 2 亿元以上	自项目供地之日起 7 年内，企业当年纳税额达 500 万元以上，将其所缴纳增值税和企业所得税信丰县留成部分按 70%标准奖励给企业；央企和省属重要企业奖金的 60%奖给信丰县内企业从事生产经营管理的相关人员
	央企、省属重要企业且固定资产投资 2 亿元以上	
	固定资产投资额达 3 亿元以上	

类别	基本条件	奖励政策
高新技术企业	有效期内的高新技术企业	企业当年纳税额达100万元以上,将其所缴纳增值税和企业所得税信丰县留成部分按70%标准奖励给企业
其他企业	固定资产投资额达1亿元以上	自项目供地之日起5年内,企业当年纳税额达500万元以上,将其所缴纳增值税和企业所得税信丰县留成部分按70%标准奖励给企业
	固定资产投资额达3000万元以上	自项目供地之日起5年内,企业当年纳税额达200万元以上,将其所缴纳增值税和企业所得税信丰县留成部分按65%标准奖励给企业
	固定资产投资额达1000万元以上	自项目供地之日起5年内,企业当年纳税额达100万元以上,将其所缴纳增值税和企业所得税信丰县留成部分按60%标准奖励给企业
技改扩能、增资扩产新增固定资产投资额达3000万元以上的企业		以企业当年纳税额减去该企业历年年度最高纳税额为其技改扩能、增资扩产新增纳税额,并按新增固定资产投资和新增纳税额对应以上所列不同类别企业标准进行奖励

资料来源:信丰县政府官网。

　　二是用地奖补政策。"三通一平"工业用地按5.6万元/亩以"招、拍、挂"方式公开出让,根据企业固定资产投资规模给予一定奖补。具体如表3-14所示。

表3-14　信丰县用地奖补政策

固定资产投资额	奖补标准（万元/亩）	备注
3亿元以上	一事一议	①享受工业用地奖补政策项目原则上为国家鼓励类工业项目,若项目用地以毛地出让,则奖补标准相应增加1万元/亩;②自提供项目供地之日起三年内有效,项目开工建设或土地出让成交后先按奖补标准的50%兑现,剩余部分奖补在有效期内按实际固定资产额相对应标准兑现
1亿元至3亿元	3.6	
5000万元至1亿元	3.2	
1000万元至5000万元	2.8	

资料来源:信丰县政府官网。

第三，各种行政事业性收费政策。一是企业建设期间免收信丰县各种行政事业性收费。二是经营性服务市场化，具有审批权的行政管理机构不得指定服务机构，经营性服务收费按不高于收费标准下限的50%收取。三是除综合配套建筑以外的企业厂房等生产性建筑，免收市政公用设施配套费、防空地下室易地建设费、墙体材料专项基金、水土保持费、散装水泥专项基金、白蚁防治费；企业建（构）筑物避雷设施的检测费用按收费标准的下限减半收取。企业办理"两证一书"（《建设用地规划许可证》《建设工程规划许可证》《建设用地项目选址意见书》），简化办事程序，免收工本费。

第四，土地管理政策。一是项目供地程序。项目引进单位将项目报信丰县开放型经济工作领导小组评审通过后报信丰县项目供地领导小组，信丰县项目供地领导小组根据评审情况，从产业布局、投资强度等方面确定项目用地。二是从交付土地之日起，投资商在2个月内完成规划报批，5个月内动工建设。

第五，金融扶持政策。一是支持金融机构加大信贷投入。帮助各类企业利用土地厂房、应收账款、知识产权、商标专用权、林权、矿权、仓单质押、股权出质、动产抵押、债权转股权等多种方式拓宽融资渠道。支持建立贷款付息长效机制，优先保障园区基础设施建设和入园重点优质企业的筹融资。二是支持小额贷款融资公司、财政投资担保公司、融资性担保机构为本地中小企业提供融资担保服务。建立担保风险补偿资金，按照企业用于本地工业项目建设和发展贷款担保总量的2‰给予奖励。三是鼓励本地企业上市融资。对成功上市的企业给予一次性奖励，金额为1000万元。四是鼓励引进或创建金融机构。凡引进或创建的金融机构，其注册资金达到2亿元以上，一次性奖励引进单位或个人、创业者共30万元；两年内存贷比达到51%以上（其中扶持工业项目建设和发展贷款资金占贷款总额的51%以上）、从上缴税收超过100万元的年度起，三年内信丰县财政将信丰县留成部分的营业税、所得税按比例奖励企业高管人员：第一年、第二年、第三年分别按30%、20%、10%的标准奖励。

第六，用电、用水、交通、通信等扶持政策。供电部门负责将电力线路架设到"一区三园"(工业园区及大唐、大塘埠、铁石口工业园)企业围墙边。用水、交通、通信、互联网、有线电视等部门负责将管线铺设到企业围墙边,水泥路铺设到工厂边,电话、宽带以及有线电视线路等直接进户。对"一区三园"内企业的设施建设,由管线部门一次性告知报装资料、工作流程和时限,按照"不指定设计单位、不指定施工单位、不指定设备材料"的原则,由企业择优聘请有资质的单位设计、施工,价格执行发改、物价部门批复的统一定价。

第七,用工扶持政策。一是务工人员户口、教育等政策。依法签订企业劳动合同且在城区或园区有固定住所的务工人员,其本人以及未满18周岁子女户口准予迁入城区;在园区就业的务工人员子女义务教育阶段就学由信丰县教育局就近安排。二是务工人员住房政策。务工人员住房需求纳入信丰县城整体住房建设规划,进工业园区务工3年以上或与工业园区企业签订5年以上劳动合同,年龄在18周岁以上且无自有住房的务工人员,可申购由政府统一建设的保障房,并享受相关优惠政策。三是务工人员养老保险政策。在务工人员合法权益得到维护的前提下,园区企业为职工缴纳基本养老保险缴费基数在上年度赣州市在岗职工月平均工资的60%以上。四是大优企业高管人员个人所得税奖励政策。八年内对年度纳税额达500万元以上的企业高管人员(副总经理以上人员),其个人所得税信丰县所得部分全额奖励纳税人。

第八,企业技术创新扶持政策。具体如表3-15所示。

表3-15 信丰县企业技术创新扶持政策

类别(信丰县范围内项目)	奖励政策
新建成的国家级和江西省省级技术中心	经国家有关部门验收后,分别奖励20万元和10万元
新认定的高新技术企业	奖励20万元
获得国家发明专利并对信丰县经济社会发展有突出贡献的企业和个人	经企业或个人申报,信丰县开放办、科技局初审,报信丰县政府审定后,奖励企业和发明人各3万元

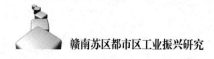

续表

类别（信丰县范围内项目）	奖励政策
获得中国名牌产品或全国驰名商标、江西省省（部）级名牌产品或著名商标	分别奖励 10 万元、5 万元
获得国家、江西省科技型中小企业技术创新基金扶持	分别奖励 10 万元、5 万元（同一年度按"就高不就低"原则奖励）
企业开发的新产品、新技术、新工艺等成果获得江西省省（部）级以上鉴定	每通过一个奖励 1 万元
被科技部、江西省科技厅审定列入国家、江西省科技计划项目	分别奖励 5 万元、2 万元（同一年度按"就高不就低"原则奖励）
获得国家、江西省省级科技进步奖	分别奖励 10 万元、5 万元
被江西省科技厅新认定为江西省省级民营科技企业	奖励 1 万元

资料来源：信丰县政府官网。

第九，大型产业园建设扶持政策。对开发建设面积达到或超过 1 平方千米且符合信丰县产业发展和布局规划的大型产业园，采取"一事一议"的方式给予奖励。

第十，为投资者提供优质服务。一是实行"一站式"审批、一次性告知制和限时办结制。全面实行每周一、周三、周五由信丰县行政服务中心牵头，各相关单位参与的一周三审并联审批、联合办公机制。有关人员要一次性告知其须办理的有关事项，在材料齐全的情况下，属信丰县级权限范围内审核批准的事项，在 3 个工作日内予以办结；对需上级部门审批核准的事项，必须尽快向上申报，在最短时间内予以办结。二是实行专职安商服务。各项目引进单位及安商职能部门各安排 1~2 名干部为专职安商联络员，做好项目相关服务。三是大力发展中介服务机构。加快能评、环评、安评、图审、会计、信息服务、知识产权、投融资担保、资产评估、信用评价、就业服务等社会中介服务体系建设。四是为固定资产投资额达到 1000 万元以上的投资者（董事会成员、总经理、副总经理）办理"客商荣誉证"，为其在就医、办证、子女就学择校、通行等权益保护方面提供便利。五是继续实行招商引资项目审批"绿色通道"服务。为招商引资项目提供最便捷、最快速的审批服务，做到非禁即入、令行禁止。在各级各项规定互为冲突时，取最有利于企业发展的规定，本级政府有规定、有抄告的，以本级政府的规定、抄告为依据办理审批。

第十一，为投资者创优发展环境。信丰县优化办每季度组织企业代表、安商服务联络员对安商服务职能部门进行民主测评，并将依据测评结果实行预警制。严格入企检查程序，须入企检查的单位，先到信丰县优化办申请并领取审批表，经信丰县优化办和信丰县法制办审核后，报信丰县分管工业和招商引资的领导审批同意后方可入企检查。

第十二，中介招商奖励政策。对提供意向投资信息且最终成功引进鼓励类内资工业项目固定资产投资额达 5000 万元以上且实际进资额达 3000 万元以上的中介机构和社会各界人士，由招商引资单位申报，经信丰县开放型经济工作领导小组审核通过后，按项目实际进资 0.3‰给予奖励，奖金从招商引资单位有关经费中列支。

出台十六条电子信息产业特别优惠政策，力争电子信息产业产值突破 120 亿元；制定九条高新技术企业激励政策，大力支持高新技术企业发展，实现江西省省级工程技术研发中心和高新技术企业的新突破。

明确信丰县工业园区项目入驻标准。一是必须符合信丰县产业政策及园区产业规划布局。二是固定资产投资额达 1000 万元以上或每亩土地年纳税额达 5 万元以上，入园项目固定资产投资强度不低于 150 万元/亩（其中线路板项目不低于 350 万元/亩）。三是入园项目（企业）须办理工商注册登记的公司法人、税务登记的一般纳税人、法人代码等有效证件。四是入园项目建成投产后应达到国家工业环保、消防、安全生产和职业健康等有关要求。五是固定资产投资额达 1 亿元以上的非主导产业特许项目。

2. 政策落实情况

信丰县坚持走特色化、集群化工业发展之路，不遗余力推动工业经济体量壮大、结构优化、层级提升。

一是打造大产业，培育产业集群。大力实施"3+2"产业集群发展战略，

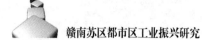

推行信丰县领导领办工作机制，实行干部力量、资源要素配置、优惠政策扶持倾斜，着力打造电子信息、食品制药、新型建材三个产值超百亿元产业，加快培植电源动力和新能源装备制造新兴产业，每项产业引进发展一批龙头企业、产业链上下游产品项目，不断延长产业链条，提高产业集中度、关联度，形成多极支撑的产业发展格局。坚定不移壮大首位产业。围绕智能制造、智能终端、智能模组产业，紧盯线路板行业全国排名前30强企业，发挥合力泰、信达等龙头企业的引领作用，积极招引优强品牌企业，把电子信息产业打造成分工有序、连接紧密的产业集群。大力建设线路板科技园，优化整合线路板牌照，发挥线路板环保牌最大效益。争取合力泰科技园二期、技研新阳一期、福昌发二期等21个以上电子信息产业项目竣工投产，加快将信丰县打造成赣粤电子信息产业带的核心板块、全国线路板知名样板区。

二是发展大企业。推动生产要素向龙头企业集聚，重点帮扶龙头骨干企业做大做强；坚持在政策上扶持、资金上倾斜、工作上指导，大力推进朝阳聚声泰、正天伟电子等企业上市。精选50家企业，重点是"3+2"产业骨干企业，将其划分为年内能竣工投产的企业、条件较成熟的拟入规企业、有潜力可挖的规模以上企业三大类，落实"一家企业、一名县领导、一支队伍、一套方案"要求，实行一对一精准服务，逐个企业明确年度帮扶目标，落实帮扶责任领导和责任部门，着力帮助企业解决生产经营中的融资、用工、用地及项目立项、环评等难题，扶持其做大做强。重点帮促包钢新利、华锐钨钼、圣塔水泥等25家骨干企业新上项目竣工投产、达产达标。加大力度扶优扶强。完善中小企业公共服务平台，深入推进"降成本、优环境"专项行动，帮助企业解决融资、用工等难题，扶持企业发展壮大。积极帮助康丰生物、朝阳聚声泰、华锐钨钼等企业做好"新三板"上市工作；力争全年新增规上工业企业、产值超10亿元企业、"新三板"上市企业不断取得突破。

三是建优大平台。全力实施"六通一平"工程，不断完善基础配套服务设施，立足园区现有电子信息、新型建材、食品制药、矿产品精深加工四大工业支柱产业，聘请专业团队高起点制定工业园区产业规划，推进园区企业集聚集约发展，不断提升现有工业园区的承载能力、产业层次、产出比重和产业集聚度。加快工业新城"四横一纵"道路网络建设，推进经二路延伸至站前大道，完成土方平整面积达 1000 亩以上。加快完成大唐电源动力产业园硬化、绿化、亮化、美化工程，推进古陂 110 千伏输变电站建设。启动新能源装备制造产业园规划建设，争取上级政策、项目、资金支持，帮助引进一批龙头企业、产业项目，加快把产业园打造成国家部委对口支援苏区振兴发展的示范区。加快小微企业创业园建设，在大塘埠镇、铁石口镇试点培育"小微企业孵化基地"。建成检验检疫监管办公室，创优外贸出口服务平台。启动工业园区东区规划修编，完成诚信大道改建工程，加快园区污水处理厂建设步伐，铺设配套污水管网达 10 千米以上。不断完善工业园区基础设施和服务能力建设，加大闲置土地和厂房清理力度，提高土地利用率和产出率。

四是主攻大项目。重视招商，着力引进好项目。强化产业招商，围绕主导产业及骨干企业，大力招引产业链核项目和配套项目，争取在引进国内 500 强企业、行业龙头企业上取得更大突破。突出以商招商，成立园区企业家联谊会，充分利用现有企业的信息、人脉等资源招引项目；鼓励引导现有企业增资扩产、并购重组、靠大联强。重视商会招商，建立政府与商会的战略合作长效机制，积极开展招商引资推介活动，引导商会抱团投资。善用乡情招商，充分利用乡贤资源，广泛捕捉招商信息，大力实施信丰县商人和乡贤"三回"计划，鼓励和吸引信丰县籍客商回乡投资创业。严把项目准入门槛，注重项目效益产出、税收贡献、环保要求等指标，提升招商项目质量。攻项目，着力推动大投入。坚持一手抓招商，一手抓落地，健全工业项目推进及考核机制，加快推进重大签约项目落地开工、竣工投产。着力推进科之光、超白电子玻璃、万辉塑胶、威信绳带等重大项目竣工投产，全力推进顺彩科技、创翔电源、信义光伏、晶科光伏等签约项目开工建设，加快推进线路板集控区 11 家线路板企业开工建设、竣工投产。

五是坚定不移地推进创新转型。全力实施"国家知识产权强县工程试点县"项目，整合政府各类引导资金，积极承接最新科研成果转化项目，支持研发及专利申请、保护和应用。加强与科研院所和高校的交流合作，建立科研基地、研发中心、检测中心、院士（博士）工作站。积极创建江西省省级高新技术产业园区，鼓励企业进行技改扩能、技术创新、人才引进和高新认定，推动20家以上重点企业实施扩能增效技术改造。重点帮扶海螺水泥、绿萌科技等企业走品牌化发展道路，争取新增国家高新技术企业、著名商标、江西省名牌若干个。

3. 主要成效

信丰县2012～2018年规模以上工业发展情况，如表3-16所示。

表3-16　信丰县规模以上工业发展情况

年份	企业户数	总产值（万元）	工业增加值（万元）	主营业务收入（万元）	工业产品销售率（%）
2012	—	1170700	317500	1120000	—
2013	—	—	370300	—	—
2014	—	—	435100	1661000	—
2015	75	1753600	489600	1706000	—
2016	79	—	570100	—	—
2017	97	—	—	2010000	—
2018	94	1345000	—	1276000	—

说明：1. "—"表示不详；2. 2013年新增规上企业9家。

资料来源：笔者根据信丰县历年发布的政府工作报告、国民经济和社会发展统计公报公布的相关数据收集整理。

2012年，信丰县全年实现地区生产总值达112.38亿元，比2011年增长10.7%。其中，第一产业增加值为22.89亿元，增长4.9%；第二产业增加值为47.95亿元，增长11.3%；第三产业增加值为41.54亿元，增长13.4%。三次产业结构调整为20.4：42.7：36.9。人均生产总值达16811元，增长10.4%。非公有制经济快速发展，实现增加值78.73亿元，增长12.3%，占GDP的比重达70.1%。

2012年完成全社会固定资产投资96亿元，比2011年增长25.5%。其中500万元以上项目固定资产投资77.2亿元，增长22.8%，城镇以上固定资产投资55.09亿元，下降3.8%。在固定资产投资（500万元以上项目）中，第一产业投资5.27亿元，增长28.3%；第二产业投资45.77亿元，下降4.4%；第三产业投资26.16亿元，增长140.2%。2012年信丰县完成进出口总额达

3.09 亿美元，比 2011 年增长 14.28%。其中，出口总额 2.69 亿美元，增长 12.3%。实际利用外资 8274 万美元，增长 10.03%；实际引进信丰县外资金 26.5 亿元，增长 8%。

新型工业加快发展。2012 年全部工业完成增加值达 40.72 亿元，比 2011 年增长 10.4%，占生产总值比重达 36.2%，比 2011 年下降 1.8 个百分点。2011 年规模以上工业完成总产值 117.07 亿元，比 2011 年增长 7.8%。实现主营业务收入达 112 亿元，增长 4.2%。实现利税 4.39 亿元，下降 51.8%。其中，实现利润 1.7 亿元，下降 71.38%；实现税金总额 2.69 亿元，下降 15.67%。规模以上工业企业完成增加值 31.75 亿元，增长 14.73%。在规模以上工业企业中，轻工业增长 11.1%，重工业增长 18.6%。分企业类型看，集体所有制企业下降 3.5%，股份制企业增长 20.7%，外商投资及中国港澳台商投资企业增长 8.8%。

2012 年信丰县规模以上工业主要产品产量及增长情况和规模以上工业增加值主要分类情况分别如表 3-17 和表 3-18 所示。

表 3-17　2012 年信丰县规模以上工业主要产品产量及增长情况

产品名称	单位	产量	比上年增长（%）
原煤	万吨	9.46	-42.90
发电量	亿千瓦时	1	-16.70
饲料	万吨	37.59	47.70
水泥	万吨	139.24	-7.40
机制纸及纸板	万吨	2.5	8.20
服装	万件	2488.2	-37.30
饮料酒	万千升	1.5	20.00

资料来源：信丰县政府官网。

表 3-18　2012 年规模以上工业增加值主要分类情况

产品名称	产量（亿元）	比上年增长（%）
工业增加值总计	31.75	14.73

续表

产品名称	产量（亿元）	比上年增长（%）
轻工业	16.4	11.1
重工业	15.35	18.6
国有企业		
集体企业	0.08	−3.5
股份合作企业		
股份制企业	12.44	20.7
外商及中国港澳台商投资企业	14.39	8.8
其他经济类型企业		
国有控股企业	1.45	42.1
非公有工业	4.84	28.3
大中型工业企业	30.22	13.8

资料来源：信丰县政府官网。

信丰县财政投入园区建设资金达 1.45 亿元，为历年之最；园区新增项目 45 个。工业园区投产企业达 120 家。2012 年园区完成工业增加值 27.86 亿元，比 2011 年增长 9.2%；实现主营业务收入 112 亿元，增长 12.48%、实现利税 4.11 亿元，下降 49.45%。四大主导产业具体发展情况如下。

电子信息产业。电子信息产业主要发展电子元器件、家电、光电、线路板等产业，现有投产企业 44 家，其中规模以上企业有高飞数码科技、可立克科技、福昌发电子、捷威科技、西亚士科技、正天伟电子、普源电子、聚声泰科技等 9 家，在建项目 7 个。2012 年实现主营业务收入 39.5 亿元，同比增长 18.7%，占园区总量的 35.2%；实缴税金达 8495 万元。

新型建材产业。新型建材产业主要发展水泥制造、人造纤维板、商品混凝土、水泥钢管等行业。现有投产企业 19 家，其中规模以上企业有圣塔集团、万基水泥、绿源人造板、巨龙管业、闽丰建材 5 家企业；在建项目 5 个。2012 年，新型建材产业实现主营业务收入 20.9 亿元，占园区总量的 18.6%；实缴税金 4555 万元。

食品制药产业。食品制药产业主要发展脐橙初加工、脐橙精加工、脐橙深加工、农副产品加工、蔬菜加工、机械加工、制药等产业。现有投产企业19家,其中规模以上企业有绿萌农业、友尼宝农业科技、本真药业等6家;在建项目7个。2012年,实现主营业务收入14.5亿元,占园区总量的12.9%;实缴税金达567万元。

矿产品深加工产业。矿产品深加工产业已形成稀土分离、矿产品深加工初步产业链。现有投产企业6家,其中规模以上企业有包钢新利稀土、磊源永磁材料、金石源、华锐钨钼等5家,在建项目5个。矿产品深加工产业2012年实现主营业务收入13.3亿元,占园区总量的11.8%;实缴税金达10455万元。

2013年,信丰县实现生产总值129.1亿元,增长13%;三产结构优化调整为19.2∶42.1∶38.7。

招大引强成效显著。签约项目62个,实际利用外资9108万美元,增长10.08%;实际引进江西省省外资金33亿元,增长25%;克服高飞数码停产不利影响,实现出口1.1亿美元,同比下降59.27%,完成2013年任务的36.8%。引进项目质量大幅提升,其中5000万元以上项目36个、亿元以上项目21个,较2012年分别增加7个和11个,成功引进了总投资额达19.6亿元的超白电子玻璃项目、总投资额达9亿元的科之光电子项目以及总投资额达6.2亿元的无公害大米项目。"二次招商"取得新成效,签约项目8个,总投资额达10.1亿元。

工业经济扩量提质。新增规模以上企业9家,实现规模以上工业增加值37.03亿元,增长13.32%;利税达6.5亿元,增长47.7%。四大支柱产业规模企业总产值达96.6亿元,增长26.8%,占规上工业总产值的67%。工业新城平整土地1600多亩,形成了"四横一纵"道路框架;大唐工业园建设快速推进,平整土地1200多亩,完成路基工程1.9千米。2013年完成工业固投58亿元,增长27.1%;新增开工项目33个、竣工投产项目34个;10个增资扩产项目全部开工建设,其中6个项目竣工投产。工业园区实现主营业务收入135亿元,增长20.5%,主营业务收入超亿元企业有31家,纳税额达千万元以上企业有7家,分别比2012年增加4家和2家,园区企业实缴税收近3

亿元。

2014 年，信丰县全年实现生产总值 143.8 亿元，增长 11%，总量居赣州市第 4 位、增幅居赣州市第 3 位。产业结构不断优化。信丰县三次产业增加值分别达到 26.2 亿元、60.6 亿元和 57 亿元，三次产业比例为 18.2∶42.1∶39.7，第三产业和第二产业比重达 81.8%，同比提高 0.9 个百分点，经济结构进一步优化。

招大引优成效斐然。坚持高位推动、领导主抓，突出产业招商，组建了 25 支产业招商队，开展了招商引资百日大会战活动，总投资额达 12 亿元的顺彩科技留置针项目、总投资额达 8 亿元的创翔电源等 11 个亿元以上项目相继签约落户。2014 年累计签约项目 34 个，签约资金 46.85 亿元，其中"3+2"产业项目 24 个；实际利用外资 8103 万美元，实际引进江西省省外资金 35.2 亿元，实现外贸出口 1.07 亿美元。

工业经济扩量提质。2014 年实现规上工业增加值 43.51 亿元，增长 13.5%，总量居赣州市第 6 位、增幅居全市第 4 位；完成主营业务收入 166.1 亿元，增长 14.31%；利税总额 21.23 亿元，增长 16.02%。工业项目加速落地。2014 年开工建设项目 25 个、竣工和投产项目 20 个，科之光、超白电子玻璃、万辉塑胶、威信绳带等项目、迅捷兴电子和兆泰电子等 8 家线路板企业、海志电源等 3 家电源动力企业主体工程建设加快推进，圣塔异地技改项目提前半年竣工投产。企业帮扶成效明显。落实信丰县领导挂点联系服务重点企业制度，全力帮助企业解决融资、用工等生产经营难题。"财园信贷通"为 60 家园区企业累计发放贷款 2.12 亿元，放贷额居赣州市第 4 位；"小微企业信贷通"为 25 家企业累计发放贷款 1700 万元；2014 年累计新增工业贷款 13.16 亿元，占新增贷款总额的 69.26%；大力开展招工送工活动，帮助企业招工 1452 人。2014 年预计新增海志电源、湘大骆驼饲料等 17 家规上企业；兴邦光电、瑞德电子等 13 家"车间型"企业实现转型；江西绿萌荣获"市长质量奖"。

产业集群加快发展。"3+2"产业集聚效应加速显现，2014 年电子信息、新型建材、食品制药三大产业新增开工项目 14 个，新增竣工和投产项目 9 个，累计完成主营业务收入 63.76 亿元，增长 36.35%，占规模以上工业总量的 38.39%。园区平台优化升级。工业新城和大唐电源动力产业园基础设施建设步伐加快，累计完成土方平整面积达 1100 多亩，硬化道路 4 千米；工业新城经二路、绿源大道两条多年未通的断头路已全线贯通；大唐电源动力产业园完成主干道硬化 1.9 千米，水、电、气已铺装到位。大力开展了供地率和土地利用率专项清理整改工作，收回闲置土地面积达 268 亩。工业园区污水处理厂主体工程加快推进，铺设污水管网 18 千米。园区实现主营业务收入 145 亿元，增长 12.5%，实现税收 2.86 亿元，增长 13%。

2015 年，信丰县实现生产总值 153.18 亿元，增长 10.3%。固定资产投资较快增长。2015 年新开发项目 186 个，包装"十三五"规划重大项目 327 个，总投资额约达 1377 亿元；2015 年已经纳入国家"十三五"规划重大项目 69 个，其中亿元以上项目有 53 个；开发储备三年滚动计划项目 448 个，总投资额达 325.52 亿元；滚动更新储备项目 719 个。完成 500 万元以上固定投资额达 140.3 亿元，增长 17.2%。全年实际利用外资 8919 万美元，增长 10.07%，完成 2015 年任务的 100.1%；引进江西省省外资金 37.45 亿元，完成赣州市任务的 101.4%，增长 13.18%。进出口总额实现 1.14 亿美元、增长 0.6%，出口总额 2015 年实现 1.07 亿美元，增幅同比提高 1.97 个百分点。

主攻工业初见成效。全面贯彻落实市"主攻工业、三年翻番"战略部署，制定出台了三年主攻工业推进计划等"1+8"政策文件，大力精准帮扶 50 家工业企业，工业经济实现逆势上扬。新增规上工业企业 9 家、总数达 75 家；新增国家高新技术企业 2 家、总数达 9 家，被评为"2015 年度江西省专利十强县"。规模以上工业企业完成工业总产值 175.36 亿元，累计实现主营业务收入 170.6 亿元。2015 年规模以上工业增加值完成 48.96 亿元、增长 11.0%，增速排赣州市第 1 位。电子信息、食品制药、新型建材三大产业完成工业总产值 71.41 亿元，占规上工业总量的 40.72%。其中电子信息产业完成工业总产值 35.47 亿元，同比增长 11.45%；食品制药产业完成工业总产值 19.2 亿元，同比增长 6.51%；新型建材产业完成工业总产值 16.74 亿元，同比增长 9.15%。工业用电量达 6.68 亿千瓦时，增长 9.3%。"财园信贷通""小微信贷通"为 168 户企业发放贷款 4.24 亿元，政府转贷资金为 9 家企业解决 1.04

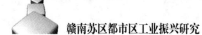

亿元"过桥"资金。圣塔集团与国内500强企业安徽海螺集团合作重组,纳税额首次突破亿元。上市企业实现"零"突破,兴邦光电、森阳科技和友尼宝科技成功在"新三板"上市。工业新城和大唐工业园基础设施更趋完善,完成土地平整面积达1535亩、道路硬化5千米,工业园区污水处理厂主体工程完工,铺设污水管网12千米。园区完成主营业务收入152亿元,实现税收4.44亿元,增长55.2%。

2016年,生产总值实现170.69亿元,完成2016年初计划的100%,(按可比价计算)同比增长11.4%。

一是有效投资较快增长。围绕补短板、调结构目标,2016年开发储备项目232个,争取项目355个,争取到位资金45.38亿元,争取用地指标5760亩。2016年签约招商项目59个,签约资金达123.8亿元。围绕"六大攻坚战"决策部署,2016年安排重大项目119个,年度计划投资118.05亿元,实际完成投资124.95亿元,占年度投资计划的106%,105国道绕城改造、骏达电子、汽车总站等114个重大项目开工建设,农夫山泉、文峰电子、信亚合金等82个重大项目竣工投产。有效投资拉动500万元以上固定资产投资162.09亿元,同比增长15.5%。二是外向型经济企稳回升。在利用外资方面,20年新批外资项目2个,增资项目1个,2016年利用外资9843万美元,增长10.36%,现汇进资达1843万美元。2016年上报江西省省外资金项目11个,其中亿元项目8个,实际利用江西省省外资金完成41.7亿元,同比增长10.34%。在外贸出口方面,2016年新增备案出口企业11家,实现出口业绩企业5家,其中江西集友、瑞德电子、褚信进出口3家业绩达千万美元。2016年实现出口总额11875万美元,同比增长10.7%。

二是三次产业协调发展,产业结构持续优化。第一产业增加值实现29.57亿元,同比增长4.4%;第二产业增加值实现68.73亿元,同比增长9.6%;第三产业增加值实现72.39亿元,同比增长12.9%,三次产业结构由2015年的17.8:41.4:40.8调整为2016年的17.3:40.3:42.4。

三是工业经济持续壮大。围绕"主攻工业,三年翻番"目标,主攻工业攻坚战成效显著。一是平台建设日益完善。以工业园区循环改造为核心,园区基础设施建设加快推进。诚信大道一期、产业大道西延、大唐工业园、污水管网截污主干管工程等基础设施项目已全面完工，工业园标准厂房主体工程已经启动。以推进神华信丰电厂项目为抓手，规划了赣州市绿色创新发展示范开发区，目前正在抓紧推进。园区平台建设和格局日益完善，进一步提升了工业产业承载能力和服务水平。二是企业帮扶日益精准。"降成本优环境"效果明显，2016年降低企业成本8.58亿元，在严格贯彻落实江西省80条、赣州市90条政策的同时，迅速出台信丰县降成本优环境政策100条以及扶持电子信息产业发展特别优惠政策16条，激励高新技术企业创新发展政策9条，帮扶企业降低成本、扶持电子信息首位产业、高新技术产业发展成效明显。帮扶企业入规取得实效。2016年新增文峰电子、威信绳带等9户规模企业入规，信丰县规模以上企业达79户；规模以上工业增加值实现57.01亿元，完成2016年初计划的100.36%，同比增长9.8%。百易建材、绿萌分选等第一批4户，信荣达电子、祥达丰电子等第二批11户企业年报入规帮扶工作顺利推进。帮扶企业挂牌上市工作取得实效。2016年新增森阳科技等2家企业在"新三板"挂牌上市，朝阳聚声泰、正天伟电子等2家企业上市工作顺利推进。三是主导产业日益壮大。创翔电源、农夫山泉、金钻建材等21个新增项目竣工投产，强达电子、华锐钨钼、金铝建材等32个新增项目开工建设。电子信息、食品制药、新型建材三大主导产业2016年完成工业总产值达88.66亿元，占规模以上工业总量的47.19%，同比增长14.31%；其中，电子信息产业总产值达44.98亿元；食品制药产业总产值达19.86亿元；新型建材产业总产值达23.82亿元。工业用电量约达5.66亿千瓦时，同比增长7.5%。

2017年，全年签约招商项目43个，签约资金达251.64亿元。围绕"六大攻坚战"决策部署，2017年安排重大项目140个，年度计划投资130亿元，实际完成投资178亿元，是年度投资计划的136.23%，信达电路科技园、赣南脐橙小镇等129个重大项目开工建设，合力泰科技园、华瑞钨钼等65个重大项目竣工投产。有效拉动500万元以上固定资产投资182.36亿元，同比增长12.5%。其中，第二产业投资88.95亿元，同比增长5.0%；第三产业投资93.32亿元，同比增长25.4%。

在利用外资方面，2017年新批外资项目2个，增资项目1个，2017年利用外资1.08亿美元，增长10.1%。2017年上报江西省省外资金项目12个，其中亿元项目9个，实际利用江西省省外资金完成48亿元，同比增长8%。在外贸出口方面，2017年新增备案出口企业15家，新增出口业绩企业3家，其中威信工业、安瑞时装2家企业业绩达千万美元。2017年实现出口总额2.31亿美元，同比增长94.5%。生产总值突破180亿元，达188.29亿元，同比增长9.9%；三次产业比调整为16.7∶39.9∶43.4，产业结构进一步优化。

工业经济亮点纷呈。规上工业企业总数达97家，实现规模以上主营业务收入201亿元，同比增长14%；实现利润总额16.5亿元，同比下降3.27%。规模以上工业增加值增长8.8%。在规模以上工业企业中，轻工业增长15.6%，重工业增长4.0%。从企业类型看，股份制企业增长4.3%，外商投资及中国港澳台商投资企业同比增长21.1%。

首位产业加速聚集，合力泰的引领效应初步显现，吸引20多家关联企业紧跟入驻，园区电子信息产业投产企业达74家，其中规模以上企业35家。电子信息产业共有国家高新技术企业12家、江西省省级企业技术中心2个、江西省省级工程技术研究中心3家，企业内部研发室5个。完成主营业务收入65亿元。工业企业效益明显提升，园区实现纳税5.28亿元，增长20.7%；纳税超千万元企业数量实现翻番，总数达12家。工业投入持续增长，500万元以上工业固定投资额达88.95亿元，17个项目实现竣工投产，33个项目开工在建。为121家企业解决190多个问题，助企减负9.13亿元，净增规模以上企业18家，新增高新技术企业10家，朝阳聚声泰郭桥生成为赣州市唯一的第三批国家"万人计划"人才。

园区平台不断优化，产城融合示范区建设快速推进。新增1.5万多亩工业、商住用地，超过前五年的用地面积总和。园区基础设施投入达6.5亿元，超过前三年投资金总和。通过稳妥处置"僵尸企业"，盘活园区闲置土地645亩。城北工业新城整体规划顺利完成，新建标准厂房面积达35万平方米。园区道路交通网络不断完善，东区道路提升工程加速推进，诚信大道等16条道路改造提升工程全面完工；西区整体框架全面拉开，产业大道与城区接通，合力泰路已全面打通，西区道路景观提升工程全部完工，工业园区整体环境大幅提升。2017年园区完成工业增加值同比增长9.1%；实现主营业务收入180.12亿元，同比增长12.9%；实现利润14.89亿元，同比增长14.9%。

2018年，信丰县生产总值突破200亿元，达到209.69亿元，同比增长8.5%，其中，第一产业增加值为30.69亿元，同比增长4.3%，第二产业增加值为86.36，同比增长9.4%，其中，工业增加值为69.63亿元，同比增长9.9%，第三产业增加值为92.6亿元，三次产业结构比调整为14.63：41.19：44.18，产业结构进一步优化。实际利用外资1.21亿美元，增长11.2%；实现出口总额19.17亿元，增长22.4%；500万以上的固定资产投资增长10.9%。

主攻工业实现"三年翻番"。信丰县94家规模以上工业企业实现工业总产值134.5亿元，增长20.8%；实现主营业务收入127.6亿元，增长14.7%；规模以上工业增加值增长10.1%；完成工业固定投资65.4亿元，增长27.3%，增幅位居赣州市第一；工业用电量7.63亿千瓦时，同比增长27.6%。电子信息首位产业加速集聚，现有规模以上电子信息企业38家，实现主营业务收入41.4亿元，增长25.2%，占园区主营业务收入的32%。建成标准厂房面积达30万平方米，合力泰科技园、技研新阳、众恒光电等行业龙头企业及上下游产业链项目相继落地。工业发展后劲持续增强，工业用电量在2017年增长9.6%的基础上，增长23%，达到7.63亿千瓦时，总量和增幅均位居赣州市前四；进出口额实现25.11亿元，增长32%；园区务工人员达3.6万人，增长31.5%；园区企业实现纳税6.96亿元，增长31.8%，占信丰县财政总收入的33.9%。

第四章 "两城两谷一带" 的建设

第一节 城区一体化发展概述

必须指出，为更好布局生产力，推进城区一体化发展，促进赣南苏区早日振兴发展，赣州市委市政府在行政区划的调整方面做出了很大努力。2011年 5 月，江西省政府向国务院呈报相关请示，提出南康撤市设区规划的构想。2013 年 3 月，赣州市四届人大常委会审议同意南康市撤市设区方案。2013 年 3 月，赣州市政府向江西省政府呈报部分行政区划调整论证评估情况的报告。2013 年 4 月，江西省政府向国务院呈报市部分行政区划调整论证评估情况报告。2013 年 10 月 18 日，经国务院批准，撤销县级南康市，设立赣州市南康区，将原县级南康市的潭口镇、潭东镇划归赣州市章贡区管辖。2013 年 11 月，经江西省政府批准，将南康区三江乡的解胜村、博罗村、筱坝村 3 个行政村划归章贡区潭东镇管辖，将章贡区潭口镇的下坝村、金塘村、台头村、村头村 4 个行政村划归南康区龙岭镇管辖。2014 年 2 月 25 日，赣州市南康区揭牌成立。撤市设区后，南康区高位推动"六个一体化"（公共服务一体化、城乡住区一体化、产业发展布局一体化、都市绿网一体化、综合交通一体化、市政基础设施一体化）建设，城市框架东拓北延；机场快速干道和城西大道南康区段开工建设，绕城高速连接线拓宽改造工程进展顺利，构建中心城市一体化发展支撑体系，主动对接《赣州市城市总体规划（2017~2035 年）》，

以赣州市中心城区标准谋划南康区城乡建设。该区以城市经济为导向，大力发展二、三产业，产业集聚高端发展态势更明显。以千亿家具产业为代表的工业产业活力迸发，组建江西省首个家具工业设计中心，一批可推广、可复制的智能工厂、标准车间投入使用，家居特色小镇快速推进，产业集群产值突破 1300 亿元，"南康家具"区域品牌成为全国第一个以县级以上行政区划地名命名的工业集体商标。该区城市公共服务能力明显改善。去年，南康区GDP 突破 200 亿元，财政总收入突破 30 亿元，一般公共预算收入突破 20 亿元，一般公共预算支出和政府性基金预算支出合计突破 100 亿元。

原南康市撤市设区，一方面实现了与赣州中心城区一体化发展，增强了南康区的集聚力和辐射力，为把赣州市建设成为省域副中心城市、区域性中心城市起到了积极作用；另一方面提升了南康区城市总体发展定位，带来了城市功能格局、结构体系重大转变，实现了发展思路、发展理念、发展战略的全面升级。同时，有力推动了原南康市从市域经济发展模式向城市经济发展模式转变，有力增强南康区作为贫困地区的自我发展能力，补齐公共服务短板，着力破解区域发展瓶颈制约，让脱贫攻坚与振兴发展齐头并进。

继原南康市撤市设区后，2016 年 9 月 14 日，国务院批复同意撤销赣县，设立赣州市赣县区，以原赣县的行政区域为赣县区的行政区域。2016 年 12月 28 日，赣县区正式揭牌。赣县区主动承担"两城两谷一带"战略任务，着力打造中国稀金谷核心区，量身定制建设规划，在推进产城融合的同时统筹城乡发展，两年来，赣县区城市面貌焕然一新，中国稀金谷核心区基础设施建设投入近 68 亿元；实施交通能源项目 47 个，完成投资 63.46 亿元；实施新型城镇化项目 108 个，总投资 138.5 亿元；多方筹措资金 57 亿元，完成了涉及5900 户居民的棚户区改造。

为加快建设四省通衢的区域性现代化中心城市，促进赣州市经济社会发展，赣州市设立蓉江新区，并于 2017 年 5 月正式挂牌。赣州市明确，将蓉江新区打造成为赣州市经济发展的核心区和总部经济中心、金融商务中心、科技创新中心、文化旅游中心。

由此，调整后的赣州市中心城区面积比原城区面积扩大近 5 倍，章贡区、南康区、赣县区、赣州经济开发区（以下简称赣州经开区）、赣州蓉江新区五区同城的格局正式形成，五区联动一体化发展步伐加快。

第二节 "两城两谷一带"的工业振兴

一、工业发展新格局

2016 年以来，赣州市在主攻工业时，提出重点建设"两城两谷一带"。"两城"是指新能源汽车科技城、现代家居城；"两谷"即指中国稀金谷、青峰药谷；"一带"指赣粤电子信息产业带。新能源汽车科技城位于赣州市经开区，现代家居城位于南康区，中国稀金谷位于赣县赣州高新区，青峰药谷位于章贡高新区。赣粤电子信息产业带由龙南县、信丰县、南康区、章贡区和赣州市经开区等 5 个核心区组成。"两城两谷一带"已成长为赣州市产业聚集新高地、经济核心增长极，全市工业发展新格局逐步形成。

新能源汽车科技城于 2016 年 4 月启动建设，是赣州市"主攻工业"、承接新能源汽车及关键零部件项目的主平台。科技城内规划以整车带动关键零部件发展，围绕整车配套电池、电机、电控以及其他关键零部件，在园区内部可实现主要零部件的相互配套。目前，新能源汽车科技城初步形成了以凯马新能源、昶洧新能源等整车制造项目为龙头，以孚能科技、生一伦等电池、电机、电控及格特拉克关键零部件生产企业为配套的完备新能源汽车产业生态链；凯马、国机智骏实现了整车下线，一座年产值超千亿元的新能源汽车工业新城呼之欲出。

南康区现代家居城致力打造全国乃至世界家具集散地，目前建成了国内首个家具制造云"康居网"、江西省首个家具设计中心，"南康家具"商标获国家工商总局认定。依托赣州港，开通中欧、中亚班列，线路 30 多条，实现"木材买全球、家具卖全球"，家具产业集群实现产值突破 1300 亿元。

中国稀金谷先后入驻"国字号"创新平台 4 个，落户投资 50 亿元的寒锐钴业锂电池新材料、10 亿元的拓又达伺服电机机器人等精深加工项目 35 个；稀金新材料研究院一期工程建筑全面竣工；此外，还将重点引进和培育一到两家核心企业，做大做强中国南方稀土集团。赣州市稀土和钨产业集群主营业务收入超过 1200 亿元。

青峰药谷框架拉开，药品研发制造、药材种植加工、医药健康等板块建设全面推进，江西省首个"千人计划"人才产业园开园，引进 13 个生物医药领域"千人计划"项目，青峰药业成功创建国家重点实验室，被认定为国家企业技术中心。目前，青峰药谷在建项目 22 个，2017 年药谷规模以上企业实现主营业务收入 63 亿元。

赣粤电子信息产业带围绕建设在全国具有较强竞争力的新兴电子产业基地不断集聚壮大，近三年累计引进建设 10 亿元以上产业项目 40 个，引进合力泰等上市公司 5 家，全行业规模以上企业年主营业务收入突破 500 亿元。

二、主要发展举措

（一）改造提升传统优势产业

1. 中国稀金谷

赣州市稀土、钨等矿产资源丰富，是其传统的优势产业。2015 年，赣州市稀土及其加工应用产业规模以上主营业务收入近 500 亿元，产业规模居全国之首，也是全国产业链最完整、规模最大、产品最齐全的稀土主产区。尽管如此，赣州市的稀土产业并没有将资源优势变为产业优势、发展优势，其原因在于赣州市的稀土产业尚未形成品牌优势，大多数企业集中在上游采选、分离和初级加工领域，产品低，产业结构单一，受市场、政策以及环境问题的影响较大，存在向下游高技术含量、高附加值精深加工领域发展不足等问题，产业发展转型升级迫在眉睫。为适应经济新常态，推动稀土稀有金属产业发展升级，进一步提升稀土和钨产业的世界影响力，掌握国内乃至全球市场话语权，赣州市委、市政府结合自身特色及比较优势，作出了打造"中国稀金谷"的战略决策，充分发挥稀土、钨产业优势，大力发展新材料及应用项目，推动产业链向后端延伸，建设"中国稀金谷"，打造具有世界影响力的稀土稀有金属高新技术产业集聚区。

按照规划，"中国稀金谷"为"一核、两区"。即以国家级高新技术开发区（以下简称高新区）——赣州高新技术产业开发区为（以下简称赣州高新区）核心，以国家级经开区——赣州经开区和龙南经开区为重要发展区域。其致力于建设一个集稀土稀有金属产业创新要素于一体的"谷"产业生态，实现稀土和钨高端技术、高端人才、高端产业和高端金融的集聚。其中，"核心区"规划面积达125平方千米，重点布局科研、信息、金融、龙头企业等，发展稀土和钨新材料及应用产业，建设成为中国稀土稀有金属领域的自主创新高地、技术孵化高地和成果推广应用高地。"中国稀金谷"协同创新园规划面积达8平方千米，重点建设稀土和钨工程研究中心、稀土和钨检测中心、特色资源大数据中心、电子交易中心、大学科技园（大学生创业园）、海归创业园；钨与稀土产业园规划面积达16平方千米，重点建设稀土新材料产业基地、钨新材料产业基地；产业服务园规划面积达73平方千米，重点建设金融、人才、信息、共性技术、决策咨询等服务体系。"两区"中的赣州经开区，重点发展稀土和钨深加工产业；龙南经开区，重点发展稀土矿产品加工产业。

"中国稀金谷"的发展目标是，力争到2018年，稀土稀有金属产业主营业务收入超过2000亿元；到2025年，主营业务收入超过5000亿元，"稀金谷"创新环境更加完善，创新活力显著增强，创新效率和效益明显提高，培育若干具有国际竞争力的稀土稀有金属高新技术产业集群，打造具有世界影响力的科技研发、创新服务、人才集聚平台。

"中国稀金谷"核心区落地赣县区赣州高新区则与该区稀土、钨产业发展密切相关。近年来，赣县区以赣州高新区这一国家级平台为主阵地，大力推进稀土和钨等传统优势产业转型升级，稀土和钨已形成从地质勘探、矿山采选、冶炼加工、产品应用到检测检验、研发设计的完整产业链，是国内较大的稀土、钨产品加工基地之一，为赣州市国家钨和稀土高新技术产业化基地，初步形成红金稀土、诚正有色、腾远钴业、世瑞新材料等龙头企业为骨干的

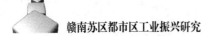

钨和稀土产业集群，产品销售额占国内同类产品的比重超过 13%。作为"中国稀金谷"核心区赣州高新区所在地的赣县，主动作为、先行先试、科学谋划、加快破题。

第一，坚持规划引领。赣县区迅速成立了区主要领导挂帅的"中国稀金谷"规划建设工作领导小组，赣县上下总动员。赣县聘请了北京和君咨询公司为"中国稀金谷"破题提供咨询服务；聘请中国国际工程咨询公司编制"中国稀金谷"建设规划，确立架构模式与功能定位，明确发展目标与任务；聘请中国建筑设计研究院编制《赣州高新区总体概念规划》；聘请北京长城企业战略研究所编制《赣州高新区（稀土和钨新材料科技城）产业发展规划》和《产业发展实施方案》。

第二，大力实施金融创新"双百亿"工程。赣县区政府筹集 100 亿元基础设施建设引导基金和 100 亿元产业发展引导基金，用于"中国稀金谷"平台建设和产业发展。已与江西银行赣州分行成立赣州市首个高新技术产业发展基金，总规模达 22 亿元；与九江银行成立赣县城市发展建设基金、总规模 22 亿元；与赣州银行成立赣县苏区振兴发展基金，总规模达 22 亿元。

第三，推行"五个一"服务机制，促项目加速落地。为加快"中国稀金谷"项目前期工作进程，赣县区专门成立了项目落地办公室，实行"保姆式"代办制度，加速项目落地步伐。朱春华（2017）指出，"在项目落地上，我们对每个项目实行一名责任领导、一个牵头单位、一个服务小组、一张项目推进时限表、一套调度督查机制的'五个一'服务机制，在证照办理、规划报建、土地出让、开工建设等方面开辟绿色通道，行政审批事项平均办结时限压缩在 3.5 个工作日之内。在项目推进上，实行全过程接力式服务，高频调度、责任倒逼、现场办公等方式，帮助企业解决问题"。另外，在 31 万平方米标准厂房加紧建设的同时，大力实施"腾笼换鸟"工程，由政府购买企业闲置厂房，打造"高新技术企业加速器"，免费租赁 4 万平方米厂房给科技含量高的新上项目作为过渡厂房，实现企业"拎包入住"。

第四，着力打造稀土稀有金属自主创新高地。赣县区借助"中国稀金谷"这个大平台，先后与中国科学院宁波材料技术工程研究所、长春应用化学研究所、解放军信息工程大学、海西研究院、欧洲研究所、江西理工大学等科研院所签订战略合作协议。国家离子型稀土资源高效开发利用工程技术研究中心和国家钨与稀土产品质量监督检验中心在赣州高新区设立分支机构。组织开展了赣州·中国稀金谷科技成果对接会、赣州海外高层次人才项目对接会和中国科学院"赣南苏区院士行"等活动，引进了行业高端人才。江西理工大学科技园、大学生创新创业基地在赣州高新区挂牌，稀土新材料、钨新材料中间性试验基地分别在诚正稀土、世瑞钨业挂牌。诚正稀土、腾远钴业等企业建立院士工作站和博士后工作站，占领行业制高点。

2. 现代家居城

南康家具产业是赣州市又一个优势传统产业。"现代家居城"依托南康家具企业近万户的产业基础，打好"拆转建"组合拳，补强"微笑曲线"两端，连续举办五届中国（赣州市）家具产业博览会，南康家具成为全国首个以县级区划命名的工业集体商标。

在改造、提升南康家具传统产业工作中，赣州市、南康区全面推进现代家居研发城、现代家居制造城、现代港口物流城、现代家居营销城和现代家居小镇建设，加速打造主要由"四城一镇"组成的现代家居城，实现"南康家具"向"南康家居"跨越发展，打造全国乃至世界的家居集散地。为此，采取了四大举措。

一是建设赣州港。不沿边、不沿海，赣州市充分利用《国务院关于支持赣南等原中央苏区振兴发展的若干意见》（以下简称《若干意见》）发展南康家具产业的政策机遇，"无中生有"地建成了全国第8个、江西省第一个陆路口岸——赣州国际陆港。不久前，随着赣州国际陆港至盐田港"海丝路"双向班列的开通，这个港口已开通17条内贸和铁海联运班列、19条中欧（亚）班列线路。目前，港口吞吐量已经突破30万标箱，从而得以"木材买全球、家具卖全球"。2018年一季度，赣州港开行中欧（亚）班列25列，开行范围覆盖全球面积50%以上，公铁海联运吞吐量达8.5万标箱，已超过2016年全年货运吞吐量。

二是学习借鉴温州市义乌市的成功经验，通过"个转企、小升规、规改股、股上市"推动南康家具产业转型升级。为推动家具产业转型升级，南康区拿出"壮士断腕、刮骨疗伤"的决心和勇气，学习借鉴温州市义乌市的经验，义无反顾、大刀阔斧地推动"转企升规"，出台了《关于加快推进全区家具产业"个转企、小升规"工作的实施意见》（以下简称《实施意见》）。《实施意见》规定先入规者先入园、入园入区必须先入规；扶持鼓励建设标准厂房，提高土地利用率；环保必须达标；消防安全必须保证；必须掀起技术革命；必须加强品牌创建，市场营销；必须依法纳税；必须把握时间要求。近三年，南康区拆除"小散乱污"家具企业1200余家。目前，有1022家符合规模以上标准的家具企业主动申报入规，其中新增江西省省级规模以上家具企业369家，总量和增量均位居江西省第一。同时，为彻底改变家具产业"小散乱差"现状，提高土地利用率，提升企业生产水平，提高产品附加值，让家具企业轻装上阵，南康区启动到2020年建成1000万平方米标准厂房的建设计划。目前，采取政府统建、企业改建、EPC投建等方式建成和在建标准厂房面积约为620万平方米。

三是通过高标准打造工业（家具）设计中心、建成智能制造标准化样板车间、打造中国水性木器漆涂装展示中心等有效举措，大力推进现代家居研发城建设。工业（家具）设计中心集研发设计、产品展示、创客空间、线上平台、实训基地、设计师之家等功能于一体，有力促进了家具产业发展由"南康模仿"向"南康设计"转变，由传统的低端来料加工向高端智慧创造升级转变，由市场要素驱动向设计创新驱动转变，由价格竞争向品牌竞争转变，由卖产品向卖标准转变。目前，该中心汇聚了100余家知名设计公司、科研院所和一线设计机构，集聚了500多名线上设计师。该区还依托赣南师范大学、江西环境工程职业学院打造设计师实训中心，探索出"课程学习在中心、实践操作在基地、就业创业在南康"的全新人才培养模式；建成智能制造标准化样板车间、中国水性木器漆涂装展示中心，引导南康家具企业向智能制造模式转变，促进南康家具产业的环保升级、转型发展（刘雅琼等，2018）。

四是以发展电商产业、打造高水平家博会、拓展南康家具进出口市场、提升品牌影响力等为主抓手，有效推进现代家居营销城建设。2018年以来，南康区先后举办了家居小镇新春招商引智恳谈会、2018赣州市南康区"一带一路"招商引资（江苏）恳谈会和江西南康（深圳）招商引资推介会等3个大型招商活动，共签约项目48个，签约金额总计362.9亿元。目前，该区已集聚光明电子商务创业孵化园、光明创客空间、泓泰电商产业园、阿里巴巴家具产业带体验中心等家具电商及配套企业1200家，获评"国家电子商务示范基地全国十强"。"南康家具"集体商标日前成功注册，成为全国首个以地名命名的县级工业集体商标。此外，南康区深挖《国务院关于支持赣南等原中央苏区振兴发展的若干意见》政策红利，围绕家具产业转型升级和打造全国乃至世界家具集散地，建设世界家具创新创业孵化园、生态园的目标，聚焦"微笑曲线"研发、销售两端发力，规划建设集生产、生活、生态"三生融合"，产业、文化、旅游"三位一体"的南康区家居小镇。小镇建成后，可吸引创新综合体或众创空间，实现"百家研发创意机构和百家电商总部落户小镇，千名研发销售高端人才在小镇工作生活，万名世界各地采购商在小镇下单采购"的目标，进一步补齐南康家具产业研发、设计、品牌、标准、销售、服务等"短板"（刘雅琼等，2018）。

（二）着力培育壮大战略性新兴产业

如果说中国稀金谷、现代家居城是赣州市都市区甚至赣南的传统优势产业，那么新能源汽车科技城、青峰药谷、赣粤电子信息产业带则是赣州市都市区、赣南苏区的战略性新兴产业。为培育壮大赣州市都市区战略性新兴产业，都市区政府主要采取了如下措施。

1. 新能源汽车科技城

新能源汽车科技城是赣州市打造"两城两谷一带"的核心项目。建设新能源汽车科技城，打造产城融合示范区。赣州市利用稀土、钨、锂等资源优势和动力电池、永磁电机、传动系统等产业基础，规划建设面积达35.2平方千米的"新能源汽车科技城"，其中首期用地面积约22.6平方千米，打造从汽车零部件到整车的完整产业链。

应该说，赣南打造新能源汽车科技城具有比较优势，主要体现在两个方

面。一是具有产业优势。赣州市共有 83 家规模以上的电池、电机、电控和变速箱等新能源汽车零部件企业。赣州市拥有丰富的稀土和锂矿资源，为新能源汽车的电池、电机等提供资源保障。二是具有政策优势。国务院 2012 年出台 21 号文件《关于支持赣南等原中央苏区振兴发展的若干意见》，文件明确支持赣州市"积极培育新能源汽车产业""支持国内整车企业在赣州设立分厂"。李克强同志明确表示支持帮助赣州市经济技术开发区引进新能源汽整车生产项目，国家发展和改革委员会、工业和信息化部（以下简称工信部）、公安部、国务院国有资产监督管理委员会等专门对口支援赣州市上新能源汽车产业。

而且，新能源汽车科技城对赣南苏区振兴发展意义重大。新能源汽车科技城建成后，可承接年产 80 万辆以上整车的产能，可拉动 800 亿元的投资，到 2025 年形成 3500 亿元的产值、200 亿元的税收。此外，按汽车产业 7 倍以上的乘数效益，各种配套加起来可超万亿元产值，并带动 20 万人就业，为赣南中央苏区振兴发展提供强劲动能。

为支持发展新能源汽车产业，赣州市编制出台了《赣州新能源汽车科技城产业发展规划（2016~2025 年)》（以下简称《产业发展规划》），致力于打造 35.2 平方千米的新能源汽车科技城，也是我国南方现规划最大的新能源汽车产业基地。赣州市委、市政府计划用 10 年左右时间，把科技城逐步打造成为南方重要的新能源汽车及关键零部件生产基地、国家级"新能源汽车传动中心"及"储能基地"、我国重要的动力电池回收利用产业基地。同时，科技城内还规划容纳 10 所以上本科大专、职业院校和科研机构，在校学生将达 10 万人，为科技城的发展提供智力和人才支撑，推动产学研融合，为创新发展、可持续发展提供坚强保障。赣州新能源汽车科技城将建设成为产城融合及产、学、研一体化的示范区。

为科学指导好新能源汽车科技城的各项建设，经报请赣州市政府同意后，赣州市城乡规划局、赣州市经济技术开发区管理委员会组织编制了《赣州新能源汽车科技城首期控制性详细规划》。赣州新能源汽车科城首期控规位于赣州职教园，东至大广高速，南至规划城西大道，西至经开区调整后行政边界，北至改道 105 国道，首期控规编制面积为 19.49 平方千米。

为加速新能源汽车科技城建设，赣州市经济技术开发区管理委员会在以下四个方面发力。

第一，在平台建设上，"三驾马车"合力推进。赣州市经开区确定了新能源汽车产业作为首位产业，把新能源汽车科技城作为打好主攻工业攻坚战的主平台来抓，出台《关于扶持新能源汽车及配套产业发展的若干政策（试行)》。为推动新能源汽车科技城建设，赣州市经开区分别组建"一个管理处、一个产业办、一个开发公司"，"三驾马车"齐力推进，形成项目建设的强大合力。该科技城于2016年4月28日正式启动征地拆迁工作，截至2018年上半年，已完成一期19.02平方千米，基础设施建设投入已达91.1亿元，其中，土石方工程达3400万方，修建道路达24千米。

第二，多方筹资，确保项目顺利进行。为保障新能源汽车科技城的快速建设，赣州市经开区专门成立资金保障组，多渠道筹集资金，共调拨征地拆迁、还本付息、项目建设等资金超过68.5亿元，为项目建设提供了有力的资金保障。积极与国家开发银行、基金会等合作，采取PPP等多种模式，推动水、电、路气、管网等建设。日前，赣州发展投资控股集团旗下管理的工业发展基金向赣州新能源汽车科技城项目投入股权资金20亿元，进一步保障了项目建设的资金需求。

第三，在招商引资方面实行产业链招商。赣州市经开区坚持"全链式"发展理念，一方面加快整车项目引进，落地了国机、凯马等一批新能源整车生产项目8个，总投资额达478.25亿元，为产业发展奠定了腾飞的基础。另一方面，大力提升新能源汽车零部件配套企业发展，以孚能科技、格特拉克、五环机器、华氢燃料电池产业园、中车电机、金信诺光纤预制棒等为代表的零部件配套企业，在新能源汽车业内影响力逐步提高。仅2017年1至9月，新能源汽车产业规模以上企业18家，实现主营业务收入36.74亿元，同比增长29.51%，2017年全年主营业务收入突破60亿元。截至2018年上半年，赣州新能源汽车科技城已引进工业项目12个，总投资额达536.25亿元，园区现已入驻凯马、国机、昶洧、宝悦、中电5家整车企业及孚能科技、华氢电池、金信诺科技、三和新能源等一批新能源汽车关键零部件、电池等配套企业，并在 2017 年成功获批为江西省新能源汽车产业重点工业集群。随着国机汽车、凯马汽车、昶洧汽车等项目在 2018 年年底之后陆续投产，新能源汽车产业迎来了井喷式的增长，从而形成了以昶洧新能源、凯马新能源等整车制造项目为龙头，以孚能科技、生一化电池、电机、电控及格特拉克关键零部件生产企业为配套的完备新能源汽车产业生态链。

图 4-1　新能源汽车科技城职教园区的赣南职业技术学院正加紧建设

资料来源：澎湃新闻，问政，2018-06-22。

　　第四，产城融合使产业配套齐头并进。新能源汽车科技城内的职教园区，目前，已落户江西理工大学、赣南职业技术学院、南方新能源汽车工程研究中心等 6 所学校及科研机构（见图 4-1）。其中，赣南职业技术学院、南方新能源汽车工程研究中心已开工建设。规划了总面积达 1036 亩的章良、洋田 2 个城市组团，占地 903 亩的唐龙公园以及具备 3 万吨/天污水处理能力的污水处理厂等项目。启动 110 千伏变电站建设，水电气、通信等已完成管网的设计规划，正在开挖铺设地下管网通道。确定了学校、医院、宾馆、商业综合体和标准厂房、员工宿舍等项目的设计方案，其他相关前期工作也已基本完成。同时还规划了面积达 4.6 平方千米的新能源汽车小镇，致力打造集研发、检测、销售、汽车赛事、论坛、峰会、商住、酒店等于一体的新能源汽车产业生态链，成为全国性的汽车产业基地。经过两年多的建设，科技城已初具规模，一座集"新能源汽车制造、产学研同步、产居融合、产景兼优"的综合型生态新能源汽车科技新城已初具雏形。

2. 青峰药谷

建设青峰药谷，打造大健康产业基地。"青峰药谷"县以中国医药百强企业青峰药业为龙头，打造集生产制造、药材种植、大健康、医疗贸易、公共服务"五大板块"于一体的大健康产业基地。

与上述几大产业不同，赣州市并非药材主产区，生物医药方面的资源优势并不明显，但是，赣州市第五次党代会明确提出，要"建设青峰药谷，打造具有国内领先水平的集药材种植加工、药品研发制造、医药健康旅游为一体的产业基地"。其依据主要如下。

第一，生物医药产业是战略性新兴产业，是能源资源消耗低、污染排放少、附加值高的朝阳产业。"青峰药谷"的建成，将带动章贡区、赣州市医药产业发展，具有良好的社会和经济效益，能够为赣南苏区振兴增加新的发展动能。

第二，赣州市具备一定的产业基础。赣州市制药工业企业中，虽然多数企业规模散、弱、小，但是产值超过亿元有青峰药业和赣南海欣药业两家。尤其是青峰药业的发展壮大，为赣州市生物医药产业的加速发展提供了龙头引擎。在"2016中国药品研发综合实力百强榜"中，青峰药业名列榜单第23位，在江西省名列第一，在中部6省药企中名列第三。该公司现已在赣州市、杭州市、上海市、北京市以及美国波士顿等地设立了新药研发基地，拥有国家发明专利50余项，承担了3项国家"十二五"规划重大新药创制专题科技项目。

第三，建设青峰药谷有利于整合赣州市企业资源，推动赣州市药业企业抱团发展。由于规模以上制药工业企业分布在赣州市各县（市、区），非常不利于实现产业资源和信息的共享，制约了整个产业的集聚发展。赣州市要在全国生物医药产业拥有一席之地，必须要有一个集产品、品牌、运营、人才、技术、服务于一体的药谷。

青峰药谷总体规划面积达 25 平方千米。根据赣州市出台的《关于推进工业十大重点工程项目的实施意见》，青峰药谷将在赣州市构建"一个核心区+三个支撑区"的空间布局，即以青峰药谷为核心，打造国家智能制药产业示范基地；以创新天然药物与中药注射剂国家重点实验室为支撑，构建中医药科技文化产业示范区；以安远县、会昌县、龙南县蕴有大量中药材资源为支撑，构建中药材 GAP 规范化种植基地；以赣南医学院为支撑，构建国家生物医药制药产业"产学研协同创新"基地，全力打造中西部地区有较大影响力的现代中药制剂和生物医药产业集群发展基地。预计到 2020 年，赣州市生物医药产业主营业务收入达 180 亿元。

青峰药谷建设既是赣州市"两城两谷一带"产业战略布局中的重要组成部分，也是章贡区坚定不移主攻工业的龙头项目。章贡区坚持大投入、大发展，加速推进青峰药谷的规划和建设，力争早日将其打造成江西省及我国中部地区具有重要影响力的特色药谷。其措施主要有六项。

一是重视前期规划。按照"一年规划设计、四年形成格局、八年完成目标"的思路，章贡区与南方医药经济研究所达成战略合作，对整个药谷的产业规划进行了完善提升，并聘请了广州博厦建筑设计研究院等，完成了药谷建设的整体规划布局。在完成产业发展规划化的基础上，章贡区聘请同济大学团队完成青峰药谷建设规划。明确定位，青峰药谷将建立生物医药产业创新联盟，建设中医药传承与创新中心，建立若干个国家级生物医药技术中心或重点实验室，培育一批大企业、大品种、大品牌，坚定不移地走产城、文旅融合之路，打造成有品质、有内涵、有实力、高质量的全国一流生物医药产业基地。

二是强化政策支持，以集群理念建设青峰药谷。赣州市出台扶持生物制药产业发展若干政策，大力推进以青峰药谷为核心的生物医药产业发展。章贡区将生物医药产业确立为首位产业并大力培育，成立青峰药谷项目推进领导小组，统筹推进药谷建设。筹备建立药谷数据库，搭建信息交流平台。出台了生物医药产业发展若干政策，对企业受让药品批文、人才引进、用能、社保、税收等方面进行奖补，加大对药谷建设的财政支持和金融扶持力度，设立 10 亿元的区级生物医药产业发展引导基金，全方位支持生物药业产业发展；并根据实际区情，增加了对中药种植和医药总部经济方面的政策支持。开通食品药品行政审批绿色通道，建设药谷安全评价中心等机构和生物医药专业服务平台，为企业提供全方位的跟进服务。处置"僵尸企业"和空壳公司，清理退出技术落后、环保不达标、生产不安全、与产业规划不符、长期亏损的企业，腾出资源要素和用地空间支持首位产业发展。同时，启动了药谷林及药谷范围周边的征地拆迁和平整盘活，对相关建材企业进行了搬迁，适时调整了项目范围的生态红线。章贡高新区为药谷配套建设有创新天然药物与中药注射剂国家重点实验室、企业技术中心、博士后工作站、院士工作站、工程技术研究中心等科技平台。同时，规划建设集药谷展示中心、分析检测中心、产业协同创新中心、企业孵化中心、科技服务等 8 个功能模块的中国赣州医药科创中心。筹备打造转化医学研究院、民宿（专家楼）等青峰药谷公共服务平台。

三是实行产业招商项目洽谈落地"1+4+N"模式，不断加速产业集聚。一方面，章贡区举全区之力实施国家"千人计划"等高端人才引进战略，重点围绕生物医药等产业"招才引智"，并就引进各类人才推出包括项目经费、人才津贴、安家补贴、配套服务等四大政策福利，项目奖励资金最高可达2000 万元，人才津贴最高可达 600 万元。同时，专门组建招才引智招商局，多次前往北京市、深圳市、上海市、苏州市等地招才引智，对国家"千人计划"等高端人才实行"一条龙""店小二"式的服务，从项目谈判、跟踪、落户、注册、审批、运营等各个环节，为高层次人才提供从"落户前"到"落户中"再到"落户后"的一对一无缝对接服务，章贡区已实现项目落地的"全程陪跑"。高标准建设全省首个国家"千人计划"人才产业园，用于承接"千人计划"的产业化项目。以"人才+项目+平台"的模式，引进和创办全国乃至全球具有唯一性、首创性和引领性的项目 13 个，比格威医疗科技的眼科疾病人工智能筛选系统、点内人工智能有限公司的肺癌人工智能诊断系统填补了国内空白，舒糖讯息科技研发的无创血糖仪是全球第一个无创血糖测量的便携式设备。目前，章贡区引进的国家"千人计划"等高端人才已

达到 17 位，其中 15 位是生物医药领域的专家，成为江西省引进"千人计划"最多的一个县（市、区）。另一方面，在招大引强上做足"高新"文章，密切关注国家医药管理体制改革动态，全面梳理医药行业分专业、分领域的龙头企业，了解企业布局方向、搬迁意愿，做好医药行业龙头企业的全方位对接，大力招引科技含量高、投资规模大、产业带动能力强的"大高精专"项目。组建 4 个生物医药专业招商组，聘请企业、行业专家担任产业招商顾问，7 名专家组成咨询团把关招商项目，提高招商质量。普元药业、修正药业、晶康宇、天羔实业等 10 多个项目相继签约落地。2018 年以来，共签约引进生物医药产业项目 13 个，总投资额达 21.6 亿元，达安创谷等 20 个意向项目正在跟踪洽谈。目前，青峰药谷已形成生产制造、药材种植、大健康、医疗贸易、公共服务"五大板块"，共有 22 个在建项目，总投资额达 51.3 亿元，并成功被纳入"中国制造 2025"试点范围，被认定为江西省重点产业集群。

四是加快项目建设速度。章贡区坚持一个项目、一名区领导、一个班子、一套机制的"四个一"工作机制，推行"半月一调度、每月一通报、每季一次集中签约"，对药谷内项目实行倒排工期、挂图作战，定期会议或现场调度，实实在在地把精力集中到抓项目建设上，让工作成效体现在抓项目的实绩上。对于重点项目，组建了攻坚项目服务小组，由一名区领导、一名正科级干部、两名一般干部组成进驻项目现场脱岗蹲点帮扶。在推动医疗器械产业园建设中，着力解决制约产业园项目进展的用地交付、征地拆迁、周边道路建设等问题。在推动青峰药谷二期项目建设中，着力解决项目施工许可、质监提前介入、用水和 323 国道开口等问题。对于进度严重滞后的项目，项目负责人、服务单位负责人要一一面对电视镜头现场表态，并将收到"督办函"。赣区创新督察方式，所有项目建设现场都有督察人员定期不定期地检查、暗访。

五是以绿色生态理念建设药谷。青峰药谷的建设摒弃了大拆大建的方式，贯穿的是"道法自然"的绿色生态理念，将依托境内的自然河流和山丘科学布局，同时融入客家文化、宋城文化以及中医药文化进行园林景观设计，将文化与中药元素巧妙结合。规划区内人口集中、房屋集中的村落都将予以保留。通过壮大生物医药产业，带动村民发展旅游和配套服务业，既旺盛药谷的人气，也解决失地农民的就业问题，从而将青峰药谷建成一座生态花园式、文化氛围浓厚的美丽药谷，建成独具特色的医药健康旅游基地。

六是不断提升自主创新能力。章贡区依托江西中医药大学、赣南医学院和清华大学深圳研究院等高校院所，充分发挥"创新天然药物与中药注射剂"国家重点实验室和院士工作站作用，吸引高端人才，大力推进科技、产业、产品、品牌创新。目前，青峰药物研究中心已经组建，研发团队由400多名国内知名专家、教授、研究员、博士和硕士领衔的全方位多层次科技创新人才组成，正逐渐建立起与国际标准接轨的研发体系（刘寅超等，2016）。

为将青峰药谷打造成为国家智能制药产业示范基地，赣州市和章贡区正致力于通过培育和推行"互联网+智能制药"模式、加大新品研发提高可持续发展能力、联大联强推进深度开发增强现有产品活力等方式，进一步提升生物医药企业自主创新能力（刘寅超等，2016）。

继江西青峰药业有限公司获得"2018年度国家科学技术进步奖二等奖"，青峰药谷于2019年1月再传来两大喜讯：增添一国家级平台、一专家获得国务院政府特殊津贴。在工信部公布的第三批产业技术基础公共服务平台名录中，青峰药谷产业技术基础公共服务平台——章贡高新区企业服务中心成功入选，为江西省首批入选平台。该平台采用"政府+企业+高校"共建模式，由赣州市食品药品检验检测中心、赣南医学院、江西青峰药业有限公司、江西普瑞森基因科技有限公司、江西晶美瑞生物医药有限公司、赣州美康盛德医学检验有限公司等科研院所、大学、企业共同组建，旨在为生物医药研发检测和企业技术创新、国家重大新药创制专项、生物医药产业发展等提供专业、便捷、集中的技术支撑与服务。该平台的成功入选，将为青峰药谷吸引更多高端医药人才、培育更多优质生物医药企业，对助推赣区生物医药产业高质量、跨越式发展具有重大意义。

3. 赣粤电子信息产业带

2016年，赣州市提出打造赣粤电子信息产业带，发展新兴电子产业，加快电子信息产业集群发展，将电子信息产业壮大成千亿产业集群。该产业带

由龙南县、信丰县、南康区、章贡区和赣州经开区等五个核心区组成，每个核心区都定位明确，各具特色。

赣州市为什么提出打造赣粤电子信息产业带呢？大致说来，主要基于以下四点考虑。

第一，该产业具有良好的发展前景，对推动地区经济发展将起到良好的驱动作用。我国正处于经济结构调整和发展方式转变的关键时期，电子信息产业以其旺盛的创新活力、蓬勃的扩张态势、广泛的渗透特性、强劲的带动效应，成为引领我国新一轮经济增长的基础性、战略性、支柱性产业。

随着科学技术快速发展，电子信息产业将进行新一轮的结构转型升级，并由此带来新一轮的产业市场布局和梯度转移。一方面是我国东部沿海地区电子信息产业的创新型发展，并持续积极承接国际先进技术和产业环节的转移，充分利用其人才和技术积累的优势，在基础软件、高端行业电子、新兴电子信息服务以及研发设计等产业环节走在全国前列，不断提升我国在电子信息产业价值链中的地位。另一方面是伴随着东部地区产业成本的提升，我国中西部地区电子信息产业将实现跨越式发展，以资源、要素等优势条件加快承接东部沿海地区的产业转移，尤其是数据中心建设、智慧城市建设等新兴电子信息产业环节的发展，将促进中西部地区电子信息产业处于持续快速上升通道。当前，全球新一轮技术变革以及国家产业战略叠加给赣州市电子信息产业发展带来新的机遇，赣州市应该抓住这个难得的机遇，合理布局，大力发展电子信息产业，打造赣南苏区经济增长新引擎。

第二，赣州市电子制造发展迅速，产业基础逐步夯实。"十二五"规划期间，赣州市电子信息产业保持了平稳发展。截至2015年年底，赣州市规模以上电子信息类企业146家，实现主营业务收入338.56亿元，同比增长4.32%。产业规模位列江西省第三。赣州市园区基础设施正在逐步完善，已拥有国家级经济技术开发区3个，江西省省级电子信息产业园区5个，赣州市市级电子信息产业园区2个。赣州市电子信息产业种类繁多，重点发展电子元器件及新型材料、光电子（LED照明）产业、数字视听、通信终端产业以及软件产业等，赣州市拥有本土软件企业30余家，已通过"双软认证"的企业 9 家，是江西省内除南昌市外，唯一形成软件产业的地级市。

第三，赣州市矿产资源丰富，产业带动作用明显。黑钨储量和离子型稀土储量全国第一，为将来发展电子信息产业的上游原材料产品及相关配套产品提供良好的发展条件。尤其是稀土，作为产业的上游材料，与电子信息产业关系十分密切。通过调整产品结构，逐步把电子信息产业作为稀土的主要应用市场，并带动了电子元器件、永磁马达、LED 照明、PCB、液晶面板、通信线缆等一系列相关产业的发展。

第四，赣州市具有良好的区位优势，辐射周边市场能力较强。作为江西省的南大门，赣州市与广东省毗邻而居，是粤港澳大湾区直接腹地，承接珠三角电子信息产业转移具有天然优势；临近珠三角，地处粤闽浙经济圈，是东南沿海地区向中部内地延伸过渡的核心地带，具有辐射周边市场的潜力，包括东莞市、惠州市、深圳市、福州市、南昌市、武汉市等城市。

任何事物都有两面性。虽然赣州市发展电子信息产业存在上述比较好的条件，电子信息产业对赣州市经济转型升级的拉动作用增强，但横向对比南京市、合肥市、武汉市等国内电子信息产业集聚区，赣州市电子信息产业仍存在技术创新不足、产业布局散乱、核心环节缺失等问题。

第一，技术创新不足，导致内生动力缺乏。"十二五"规划期间，赣州市电子信息产业规模快速增长，但由于产业承接主要集中在生产制造环节，大部分企业在转移时未将技术研发部门同时转移，导致赣州市技术研发能力较弱。同时，江西省内高端资源优先向南昌市倾斜，赣州市仅有江西理工大学、赣南师范大学、赣南医学院三所本科以上高校，以高校培育本地人才的力量尚显不足，同时赣州市对于产业中高端人才、产业领军人才的招引政策尚不完善，致使中高端人才较为匮乏，无法形成以中高端人才为支撑、带动产业创新发展的格局。

第二，产业布局散乱，抑制产业集群潜能。"十二五"规划期间，赣州市虽然从市级层面上进行了产业园区规划，但整体还是以工业园区为主，对电子信息产业的统筹力度不大，对各区县电子信息产业统筹尤其不足，致使各区县间产业重复现象严重，区域间产业同质化竞争激烈，不利于产业集群发

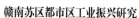
展。同时，由于各区县园区缺乏统一规划、投入不足等原因，园区内部及周边的配套设施建设没有及时完善，不利于为园区招商引资提供外部支撑。

第三，核心环节缺失，引发产业联动不畅。赣州市电子信息产业在部分领域形成了特色，但在整个行业中，由于龙头企业数量偏少，龙头骨干企业支撑引领作用不明显，企业在技术研发、市场开拓等方面总体上处于"单打独斗"状态。赣州市信息终端制造、智慧城市、光电子封装、芯片等核心环节缺失，以核心环节驱动配套产业发展的效果不明显。同时，赣州市的产业配套以及服务支撑体系尚不健全，信息行业分布散乱，企业之间分工协作关系不够密切，没有形成产业联动协同发展的格局。

总之，全球新一轮技术变革以及国家产业战略叠加给赣州市电子信息产业发展带来新的机遇的同时，支撑要素、区域竞争等内外部环境的快速变化也迫使赣州应对诸多挑战。如何抓住机遇，直面困难和问题，将自身优势转化成推动赣南苏区振兴发展的动能，关键还在于政府的积极作为。具体体现在以下两个方面。

第一，赣州市政府的积极谋划。打造赣粤电子信息产业带，解决电子信息产业布局散乱的问题。赣州市明确将产业发展的重点定位于承接珠三角精密电子产业转移，沿赣深高铁沿线规划建设"赣粤电子信息产业带"，着力发展智能终端、智能光电、软件服务等新兴电子产业。出台《赣州市电子信息产业"十三五"发展规划》（以下简称《规划》），按照"承接起步、规模化发展，应用切入、融合化发展，龙头崛起、集群化发展，统筹布局、特色化发展"的发展思路，重点打造"4+2"的新型产业体系；围绕新型电子材料及元器件、光电子、智能终端制造、行业电子打造四大先进制造业产业集群，全面提升特色软件与信息服务业发展水平，悉心培育云计算、大数据及物联网等新型业态；着力构建智能终端、智能照明、智慧城市三大产业链；从创新能力提升、龙头企业培育、智慧城市应用、"两化"融合示范、产业投资促进等方面落实五大任务；同时就产业空间布局提出"赣粤电子信息产业带"的总体方案；结合产业发展路径，从组织保障、政策制定、要素支撑、人才培引、县区互动等方面制定五项措施，以确保规划得到有效实施。《规划》提出赣州市电子信息产业以四大先进制造业为基础，以特色软件和信息服务为支撑，多种新业态为拓展，合理布局，分步实施，力争在2020年实现产值1000亿元，并逐渐完善电子信息产业生态体系。为有效避免同质化竞争，赣州市要求赣粤电子信息产业带上的五个核心区要各具特色，形成互补性发展格局。如龙南县建设赣州电子信息产业科技城，打造电子信息科技创新引领区；信丰县着力发展电子元器件和印制线路板产业基地，打造智能终端制造产业集聚区；南康区重点发展智能家居、智能照明和电商服务产业，打造智能家居应用及产业化基地；章贡区重点发展软件与信息技术服务业，打造特色软件与信息服务业集聚区；赣州经济技术开发区依托汽车整车及零部件制造基础，围绕超颖科技、孚能科技等重点企业产业升级需求，以新能源汽车应用为驱动，聚焦安全控制系统、动力控制系统、车身电子模块、车载信息娱乐系统等重点领域，推动应用企业与电子信息企业开展技术交流和研发合作，将下游应用与电子信息技术进行深度融合，提升电子信息企业在汽车电子领域的技术水平和产业化能力，打造汽车电子及半导体材料特色产业基地。

第二，五个核心区政府积极作为。龙南县、信丰县、南康区、章贡区和赣州经开区政府在贯彻落实赣州市政府战略谋划时行动迅速，高位接入，注重引进行业巨头、大项目、好项目。在招商工作中，按照"首位产业、首位支持"理念，突出电子信息首位产业招商，运用集群思维，加快补链强链，以商招商。龙南县采取以商招商的模式，通过引进的优信普企业，又陆续引进了联茂电子和志浩电子，这三家企业总投资近百亿元。信丰县注重产业的集聚效应，既有可立科、聚声泰等电子元器件生产企业，又有福昌发、迅捷兴等印制电路板生产企业。在招商工作中，通过引进线路板上下游生产企业本地化生产，降低企业成本，同时增加产业链附加值，加快承接珠三角地区产业转移，进一步加快电子信息产业集聚壮大。

在安商工作中，地方政府十分注意及时为企业排忧解难，及时解决项目建设和企业发展中遇到的各种困难，形成了"马上就办、办就办好"的作风和氛围。

一是急企业所急，提高办事效率，加快项目投产。如龙南县建立健全了

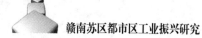
项目快速推进机制，实行"统一受理、项目代办、并联审批、限时办结"审批制度。位于赣州电子信息产业科技城的江西瑞兴龙智能终端产业园项目，是2017年6月落户龙南县的。该项目仅用了半年时间，就完成了11栋厂房、5栋宿舍楼的建设，其中一栋厂房已经开始试生产，全面达产后，将实现年产2400万套液晶显示屏模组，600万台手机、数码电子产品，2000多万套薄膜式电容触摸屏，2017年产值20亿元以上。赣州电子信息产业科技城占地面积15000亩。2016年上半年，这里还是一片平地，但仅仅过了一年，就已经是厂房林立。截至2017年三季度，就有进驻了29家企业。合力泰科技园项目总投资100亿元，项目落户信丰县后，仅用了155天时间，就实现了一期项目投产。

二是优化发展环境。如龙南县深化"一个企业、一名领导、一个部门、一套方案、一抓到底"的帮扶工作机制。持之以恒创优营商环境，奋力打造赣州市乃至江西省审批程序最少、办事效率最高、服务质量最好的投资"洼地"。章贡区运用智能化手段缩短企业与政府之间的距离，提高信息反馈速度。由赣州科睿特软件股份有限公司结合江西省降成本优环境专项行动开发的江西省企业精准帮扶管理平台，已经成为政府帮助企业的一个长效性平台。借助该平台，企业只要把诉求反映到平台，就能得到相关帮扶部门的及时回应。为促进信丰县乃至赣州市工业产业转型发展，进一步完善高新技术产业承接平台，江西省政府批准江西信丰工业园区正式更名为江西信丰高新技术产业园区。该园区建于2001年9月，2006年被江西省政府命名为省级开发区、省级重点工业园区，2011年被江西省工业和信委员会授予"江西信丰电子信息产业基地"称号，2017年3月被确定为省级产城融合示范区。经过16年多的发展，现在园区总体规划面积由666.67公顷扩大至1511.61公顷，形成了"两区一园"的发展格局，即东区、西区、大唐工业园。目前，园区现有投产企业220家，其中规模以上企业97家，在建项目28个，拥有高新技术企业31家，国家、江西省省级科技型中小企业36家。2017年，专利申请1408件、授权613件；2018年上半年申请875件、授权431件。2015～2017年连续三年荣获"江西省专利十强县"。

第五章　研究结论

俗话说，无工不富，说明工业是推动地区经济快速增长的主导力量。千百年来，赣南是农业大区，但是因山多地少，农业为只勉强维系百姓基本的生存。赣南苏区的落后，从根本上说是工业的落后，也可以说赣南苏区发展的最大"短板"就在工业。《国务院关于支持赣南等原中央苏区振兴发展的若干意见》（以下简称《若干意见》）中相当部分是关于支持赣南苏区工业产业发展的政策。

《若干意见》于2012年正式实施后，赣南苏区集中精力进行了两大工作，一是补民生"短板"。充分发挥《若干意见》和精准扶贫精准脱贫政策的叠加效应，通过大规模的土坯房改造等工作，基本解决了老区人民吃、住、行、看的问题。二是大力开展交通能源等基础设施建设。通过几年的努力，动车运营实现"零突破"，昌赣高铁全线铺轨，高铁时代到来。赣深高铁、兴泉铁路加快建设，长赣高铁、瑞梅铁路前期工作取得积极进展，"米"字形铁路网布局成型；广吉高速宁都段、宁定高速、兴赣高速建成通车，新增高速公路通车里程375千米，大广高速南康至龙南段扩容工程开工，"三纵三横六联"高速公路网基本形成；黄金机场改扩建主体工程基本完工、旅客吞吐量及增速居江西省省支线机场之首，瑞金机场完成立项报批，全国性综合交通枢纽地位日益凸显。华能瑞金电厂启动二期两台百万千瓦机组主厂房建设，一期两台66万千瓦机组、二期两台百万千瓦机组的信丰电厂即将开工，赣州能源自我保障能力将全面形成。

上述工作的顺利开展及其取得的巨大成功，为赣南苏区党委政府启动大规模的工业建设奠定了良好的基础。2015年9月，赣州市委及时做出"主攻

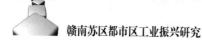

工业、三年翻番"的战略决策，纵深推进赣南苏区振兴发展。2019 年 2 月 23 日上午，赣州市委、市政府召开全市主攻工业发展大会，总结三年来主攻工业的成果经验，并做出了"主攻工业、三年再翻番"的决定。

检视赣南苏区几年来的主攻工业历程，可以发现其成就巨大，经济总量逐年明显增大。

2012 年赣州市实现工业增加值 603.48 亿元，增长 14%，对 GDP 增长的贡献率为 46.8%。规模以上工业增加值达 566.97 亿元，增长 14.8%；实现主营业务收入 2100 亿元，增长 15%。新增规模以上企业 128 户，主营业务收入过亿元企业 485 户，利税超千万元企业 335 户，其中超亿元企业 30 户。50 个投资超亿元项目竣工投产，28 个项目列入江西省战略性新兴产业重点扶持，创建江西省省级产业基地 11 个。赣州市被列为全国唯一的稀土开发利用综合试点城市。稀土、钨新材料等战略性新兴产业预计实现主营业务收入 680 亿元，增长 20%。赣州市工业园区预计实现主营业务收入 1900 亿元，增长 14%。

2013 年，赣州市规模以上工业完成增加值 635.78 亿元，增长 13.2%；实现主营业务收入 2575.33 亿元，增长 21.7%。新增规模以上工业企业 164 家，总数达 1018 家。中烟赣州卷烟厂 60 万大箱卷烟等 60 个投资超亿元项目竣工投产。赣州稀土集团被确定为组建国家级大型稀土企业集团的牵头企业。稀土矿山和冶炼分离企业整治整合成效显著。稀土、钨及其应用产业主营业务收入近 800 亿元。战略性新兴产业完成增加值 201.65 亿元，增长 14.9%。赣州市工业园区实现主营业务收入 2165.54 亿元，增长 17.6%。

2014 年，赣州市规模以上工业主营业务收入突破 3000 亿元，达 3002.8 亿元，增长 14.9%。稀土钨产业集群主营业务收入率先突破千亿元，家具产业集群突破 700 亿元，主营业务收入超 300 亿元的产业集群达到 5 个。战略性新兴产业主营业务收入达 400 亿元，增长 20%。科技创新明显进步。赣州高新技术产业园区以升促建稳步推进，国家离子型稀土资源高效开发利用工程技术研究中心、脐橙工程技术研究中心建设进展顺利，赣州国家钨和稀土新材料高新技术产业化基地获批，国家家具产品质量监督检验中心建成运营，青峰药业创国家技术创新示范企业。"弱磁性矿石高效强磁选关键技术及装备"项目获国家科技进步二等奖。新增高新技术企业6家,总数达63家。专利申请量、授权量均居江西省第二。平台支撑能力明显提升。江西省首个综合保税区——赣州综合保税区加快建设。全国内陆首个进境木材国检监管区——赣州进境木材监管区和定南公路口岸作业区建成运营,进境木材和脐橙出口实现集装箱运输全直通。赣州市、龙南县、瑞金经济技术开发区和赣南承接产业转移示范区、瑞(金)兴(国)于(都)经济振兴试验区等重大平台建设顺利推进,为发展升级提供了强大支撑。

2015年,赣州市制订实施主攻工业三年推进计划、精准帮扶企业实施意见和考评方案,出台七个方面综合配套政策文件,建立市县两级领导挂点帮扶企业全覆盖机制,主攻工业势头良好。赣州市净增规模以上工业企业93户,总数达1188户;规模以上工业增加值753.26亿元,增长9.2%;家具产业成为继稀土钨之后第二个主营业务收入过千亿元的产业集群。新能源汽车整车生产取得突破性进展。国家(赣州)家具产品质量监督检验中心建成运行,青峰药业获批创建企业国家重点实验室。新增国家级博士后科研工作站3个。专利申请量和授权量均列江西省第二,分别增长56.9%、101.2%。

"十二五"规划时期,赣南苏区新兴产业长足发展,战略性新兴产业实现主营业务收入超400亿元,占工业比重达13%。产业集聚度明显提升,规模以上工业企业达1188家,稀土钨、家具产业集群主营业务收入超千亿元,主营业务收入过300亿元的产业集群达6个,新增龙南县、瑞金市国家级经开区和赣州高新区,国家级开发区(高新区)由1个增加到4个,园区主营业务收入过100亿元的达8个。科技创新能力增强,获批3个国家级和1个江西省省级工程技术研究中心,新增3个国家级博士后科研工作站,新设国家级重点实验室,科技创新对经济增长贡献率达55%。

2017年,全年规模以上工业增加值增长9.1%,比2016年回落0.1个百分点,与江西省持平。36个行业大类中,七成以上保持增长,近半数行业增长达两位数,纺织业(55.7%)、家具制造业(28.4%)等持续快于规上工业增速。

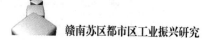

2018年，赣州市实现生产总值2807.24亿元，增长9.3%；财政总收入达459.51亿元，增长12.5%；固定资产投资增长11.3%；规模以上工业增加值增长9.5%；实际利用外资18.44亿美元，增长10.6%；城镇居民人均可支配收入32163元，增长8.8%；农村居民人均可支配收入达10782元，增长11%；工业投资增长19.8%；民间投资增长18%；服务业增加值为1272.7亿元，增长11.5%，这10项指标增幅江西省第一。一般公共预算收入265.21亿元，增长8.1%；社会消费品零售总额达901.71亿元，增长11.1%；出口总额达287.44亿元，增长6.9%，增幅均稳居江西省"第一方阵"。

生态文明建设成效显著。污染防治取得明显成效。中央环保督察年度整改任务全面完成，"回头看"反馈情况总体较好。废弃稀土矿山治理基本完成，近半个世纪的历史遗留问题得到有效破解。钨渣实现综合回收利用，制约钨产业发展的难题得到攻克。群众反映强烈的"三江六岸"污染企业陆续启动搬迁，已拆除大烟囱5座。蓝天保卫战打了漂亮的"翻身仗"，中心城区PM2.5浓度均值优于江西省考核目标。水环境质量保持江西省前列，5个断面劣Ⅴ类水全部消灭。19个江西省省级以上工业集聚区污水处理设施全部建成联网，赣州市生活垃圾焚烧发电厂等一批治根本的环保设施建成运行。45个已开工山水林田湖草生态保护修复项目完成投资额达94.3亿元，完成低质低效林改造面积达113万亩，东江流域出境水质100%达标，河长制、湖长制、林长制全面落实，南方重要生态屏障进一步筑牢。

改革开放实现新突破，营商环境得到明显改善。"放管服"改革深入推进。在江西省率先开展企业开办、工程项目审批、不动产登记三个"一窗办"改革，率先提供错时延时服务，"多证合一"改革实现"39证合一"，赣州市本级和章贡区政务服务事项实现相对集中办理，"最多跑一次"事项占比超过80%，清理取消证明事项126项。赣州市综合保税区开通至中国香港货运直通车，龙南县保税物流中心、定南县铁路集装箱码头建成运营，瑞金市陆路口岸基本建成，全方位开放格局加速形成。

"主攻工业、三年翻番"目标如期实现。规模以上工业企业主营业务收入、工业固定资产投资实现同口径翻番；规模以上工业企业从1188家增加到

1890 家，总量、增量均为江西省第一；高新技术企业从 137 家增加到 501 家；"两城两谷一带"和各地首位产业加速形成壮大，家具产业集群产值突破 1600 亿元，新增江西省省级重点工业产业集群 5 个、总数达 11 个，首位产业集中度从 15% 提高至 45%；战略性新兴产业、高新技术产业增加值占规上工业比重分别达 17.4% 和 33%，分别提高了 4.9 个和 7.5 个百分点；园区基础设施投资翻了两番、增幅连续三年江西省第一；建成标准厂房面积达 1520 万平方米，为三年计划的 1.5 倍。赣州市上下主攻工业氛围浓厚、思路清晰，形成了围绕主导产业和首位产业集群发展、创新发展、招大引强的良好势头。

工业产业发展迈上新台阶。"两城两谷一带"加速壮大。"新能源汽车科技城"引进的国机、凯马整车生产线建成试产，孚能科技经科技部认定为江西省唯一的"独角兽"企业；"现代家居城"规上企业突破 400 家，"南康家具"成为全国首个以县级行政区划命名的工业集体商标、品牌价值蝉联江西省制造业第一；"中国稀金谷"入驻"国字号"创新平台 4 个，新引进中科拓又达等项目 23 个；"青峰药谷"建成江西省首个国家高层次人才产业园，青峰药业获批国家企业技术中心、1 项科研成果获国家科技进步奖二等奖；"赣粤电子信息产业带"新引进 10 亿元以上项目 22 个，投资 5 亿美元的技研新阳等一批项目建成投产。园区平台加快升级，章贡高新区入选国家级绿色园区，信丰县工业园被认定为江西省省级高新区，兴国县获批设立江西省省级军民融合产业基地。金力永磁 A 股上市，瑞京金融资产管理公司获批开业，金融控股集团成功组建，设立赣州发展基金——江西省首支企业纾困发展基金，全国首家并购基金园、赣南苏区企业路演中心成立运营。生产性服务性获得长足发展。投资 20 亿元的赣州综合物流园一期建成投运，赣州市冷链物流中心主体工程完工，传化南北公路港获评全国优秀物流园区，顺丰科技首个无人机物流项目在南康区试点并获全国首张运营牌照，智慧物流"吉集号"荣登中国产业互联网百强榜。

科技创新水平有较大提升。R&D 经费支出占 GDP 比重达 1.2%，专利授权量、万人发明专利拥有量位居江西省前列，科睿特成为江西省唯一入选工信部制造业"双创"试点示范项目，稀土功能材料研究院成功创建省级制造业创新中心，中国联通（江西）工业互联网研究院在赣州市成立运行。成功举办首届赣南苏区人才峰会，76人次的院士亲临指导，21位院士在赣州市建立工作站，建成高层次人才产业园2个，引进国家"千人计划"专家27人、博士等高层次人才327人。赣州市正成为高端人才创新创业的热土！

参考文献

[1] 李炳军. 着力主攻工业 加快振兴发展 [J]. 时代主人，2015 (10).

[2] 李炳军. 解放思想 振兴发展 为同步实现全面小康而努力奋斗 [N]. 赣南日报，2015-12-26.

[3] 彭勇平，黄正坤，郭利平. 赣南等原中央苏区经济社会发展状况调研报告 [J]. 江西省人民政府公报，2012 (8).

[4] 杨北泉等. 赣州将建"四横六纵一环"快速路网 [N]. 赣南日报，2016-08-19.

[5] 国务院. 国务院关于支持赣南等原中央苏区振兴发展的若干意见 [N]. 中华人民共和国国务院公报，2012-07-20.

[6] 吴迪. 殷切的关怀 腾飞的动力 [N]. 赣南日报，2014-02-07.

[7] 刘雅琼等. 南康现代家居城加速崛起 [N]. 赣南日报，2018-06-08.

[8] 2012～2019 年赣州市政府工作报告 [R]. 赣州市政府.

[9] 2012～2019 年信丰县政府工作报告 [R]. 信丰县政府.

[10] 2012～2019 年章贡区（县）政府工作报告 [R]. 章贡区政府.

[11] 2012～2019 年南康区（市）政府工作报告 [R]. 南康区政府.